SIERVOS

PARA SU

GLORIA

MIGUEL NÚÑEZ

SIERVOS
PARA SU
GLORIA

*Antes de **hacer** tienes que ser*

B&H
ESPAÑOL

NASHVILLE, TENNESSEE

Contenido

Introducción

Toda obra literaria tiene una motivación y una intención. La motivación es lo que mueve al autor a dedicar tiempo y esfuerzo para poner por escrito aquellas cosas que han llenado su mente y que luego quiere compartir con otros. Muchas veces el autor de un libro ha estado leyendo y reflexionando por años sobre el tema sobre el cual se propone escribir, hasta que finalmente logra madurar sus ideas al punto que encajan como las piezas de un rompecabezas. Es entonces cuando muchos de nosotros nos proponemos escribir para otros. Por otro lado, la intención tiene que ver más bien con lo que el autor quiere lograr en la vida de sus lectores. Es posible que en algunos casos, la única intención sea el entretenimiento de los lectores, pero en otros la idea es contribuir a la transformación de vidas y esta es la intención detrás de la obra que acabas de comenzar a leer.

En cuanto se lee el título de este libro, se comienza a tener una idea de su temática. No sé cuántos habrán notado el interés en los seres humanos por hacer algo productivo o significativo. Creo que muchos estamos tratando de hacer algo que nos convenza de que nuestra vida cuenta, que nos permita sentir que nuestra vida no es un sinsentido, e incluso para muchos es importante saber que están dejando un legado para la posteridad. Estos sentimientos y emociones lanzan al ser humano al mundo para lograr objetivos y estos requieren que el hombre participe en «hacer cosas».

En general, todos los seres humanos venimos a este mundo con un cierto vacío en nuestro interior que produce una búsqueda de significado, que cada uno emprende de diferentes maneras. El hombre es un hacedor por naturaleza y encuentra identidad en lo que hace. Vemos cómo los niños disfrutan al construir un castillo de arena o un fuerte de soldados, o al colocar soldados en posición de batalla. Parecería que el hombre viene preparado para la batalla y para «hacer».

Contrario a esto, la mujer por naturaleza se inclina más hacia las relaciones y ahí encuentra su identidad. Aun de niñas, vemos como tienden a jugar con sus muñecas desde una edad muy temprana y asumen ellas un rol de madre sin que nadie necesariamente les enseñe cómo vivir la maternidad. Sin embargo, en la medida en que la sociedad le ha quitado valor a la maternidad, hemos visto cómo muchas mujeres también se lanzan al mercado laboral porque encuentran más satisfacción en lo que hacen fuera de su hogar que en lo que podrían hacer en el seno de sus familias. «Hacer» se ha convertido en la adicción de los ciudadanos de nuestra generación.

Es lamentable y preocupante que el ser humano tenga una alta preocupación por las cosas que hace, mientras que no muestra una alta motivación por cultivar una vida interior que le permita manejar mucho mejor su vida exterior. Esto explica los grandes fracasos que de modo continuo vemos en la vida cotidiana, como cuando una persona no preparada interiormente se lanzó a hacer algo, aunque su carácter no tenía la madurez o la fortaleza necesaria para sostenerse en la carrera hasta alcanzar los objetivos.

El ser humano en general y los hombres en particular no queremos esperar para ser formados, sino que nuestra intención primera es que se nos otorguen responsabilidades para comenzar a hacer algunas tareas de inmediato. Es como si nosotros no consideráramos que hemos usado bien el tiempo hasta que no viéramos algunas obras realizadas. En otras palabras, cualquier tiempo empleado en la formación del hombre interior es visto como una pérdida de tiempo y de energías. Llevar a cabo dichas tareas produce en nosotros un sentido de satisfacción y nos hace sentir que tenemos significado. Algo similar ocurre cuando terminamos los estudios en cualquier área; desarrollamos una cierta impaciencia porque experimentamos la necesidad de vernos activos en dicha área para la cual fuimos preparados. Y ciertamente, parte de nuestro aprendizaje se da a la hora de llevar a la práctica aquello que hemos aprendido en la teoría.

En la vida cristiana, las cosas no son muy diferentes. La persona nace de nuevo el día de su conversión y con frecuencia, casi inmediatamente, ese nuevo creyente comienza a preguntar: «¿Qué puedo hacer?». Y cuando escucha que lo mejor que puede hacer es esperar algún tiempo hasta crecer en sabiduría a los pies de Cristo, se siente como si le hubieran echado un balde de agua fría sobre la cabeza y en ocasiones algunos hasta se ofenden. Ese deseo se ve aumentado cuando vemos a otros que ya están haciendo algo para Dios que nosotros también quisiéramos hacer. Es como si estuviéramos programados para hacer cosas, sobre todo en el caso de los hombres. No podemos olvidar que somos un «ser humano» y no un «hacer humano». No hay duda de que es bueno tener la motivación para servir, pero la pregunta es si estamos listos para prestar tal servicio. Cuando el carácter no ha sido formado antes de servir, es mucho el daño que podemos causar. El problema se agrava cuando la motivación para servir no es buena o santa. Nadie comienza a servir con motivaciones puras y de hecho, al no ser perfectos aún, prácticamente hasta nuestra entrada en gloria, estaremos sirviendo muchas veces con algún grado de corrupción en nuestras motivaciones. En ocasiones no somos lo suficientemente honestos como para admitirlo.

Mucho de lo que expondremos más adelante está basado en nuestro crecimiento personal y en nuestra continua observación y reflexión como profesional médico, pastor y consejero. Algunas cosas las hemos experimentado en nuestra propia vida y otras las hemos observado al relacionarnos con amigos, familiares, miembros de la iglesia, pacientes y conocidos en general. Este es el camino de todos.

1

Ser antes de hacer

*Entonces los doce convocaron a la
congregación de los discípulos, y
dijeron: No es conveniente que nosotros
descuidemos la palabra de Dios para
servir mesas. Por tanto, hermanos,
escoged de entre vosotros siete hombres
de buena reputación, llenos del Espíritu
Santo y de sabiduría, a quienes podamos
encargar esta tarea.*

(Hech. 6:2-3)

INTRODUCCIÓN

Algunos de nosotros somos por naturaleza más observadores que otros. Si hay algo que disfruto es la observación del comportamiento humano, que luego nos lleva a la reflexión a través de la revelación de Dios. Siempre me ha resultado curioso ver cómo un niño a muy temprana edad pelea con su madre para evitar que le amarre los cordones de los zapatos y luego lo intenta por sí mismo, pero sin éxito; y esto se repite una y otra vez. Ese niño trata de hacer una tarea cuando aún no tiene el desarrollo psicomotor para realizarla. Algo de eso tiene que ver con la rebeldía, la autonomía y la autosuficiencia, que son grandes piedras de tropiezos para nosotros; pero

11

muchas veces tiene que ver con que nos gusta hacer algo que cuente, como dijimos en la introducción de este libro. Incluso los niños no quieren esperar a madurar para hacer aquellas cosas para las cuales aún no están capacitados. La impaciencia siempre ha caracterizado al ser humano y, mientras Dios nunca parece estar de prisa, nosotros no queremos detenernos. Pero desde ya, comenzamos a subrayar la idea detrás de todo lo que hemos escrito en las páginas que siguen: tenemos que «ser» antes de «hacer» o sufriremos las consecuencias.

El contexto del pasaje citado más arriba es el crecimiento repentino de la iglesia y un liderazgo que necesitaba delegar tareas que ya no podían continuar haciendo dadas sus múltiples obligaciones. La tarea a ser realizada era relativamente simple: servir mesas y distribuir el pan entre los hermanos, lo cual pudo haber incluido al final celebrar la Cena del Señor, como acostumbraba hacer la iglesia primitiva con frecuencia. Y sin embargo, para una tarea tan sencilla como esa, los apóstoles establecieron ciertos criterios relacionados al carácter de las personas que irían a servir. Podemos ver en una acción tan simple como la de servir mesas la importancia que tiene «ser antes de hacer». Este es uno de múltiples ejemplos que encontramos a lo largo de la revelación bíblica, como veremos más adelante en los próximos capítulos.

Tendemos a servir lo antes posible, pues prestar un servicio nos hace sentir útiles. Lamentablemente, servir antes de estar listo no solo nos puede llevar al error, sino también a la deformación del carácter cuando nos enorgullecemos. El autor de Eclesiastés nos recuerda que *hay un tiempo señalado para todo, y hay un tiempo para cada suceso bajo el cielo* (Ecl. 3:1) y que Dios *ha hecho todo apropiado a su tiempo* (Ecl. 3:11).

Durante el primer viaje misionero del apóstol Pablo, lo acompañaron Bernabé y Juan Marcos. Cuando llegaron a Panfilia, Juan Marcos decidió separarse del grupo y regresar a Jerusalén (Hech. 13:13). Más adelante, Pablo no quiso llevar a Marcos en su segundo viaje misionero, precisamente porque él había desertado en Panfilia en la primera ocasión. Esto originó un gran conflicto entre Pablo y Bernabé (Hech. 15:36-40). El texto no especifica las razones que motivaron a Pablo a pensar de esta manera, pero es muy posible que el apóstol, con más experiencia, haya estimado que Marcos no estaba listo para ese tipo de trabajo ministerial. Quizás le faltaba fortaleza de carácter, que podría adquirirse con el tiempo. Eventualmente, este es el mismo Marcos que llegó a escribir el Evangelio que lleva su nombre. Sin embargo, en una etapa más temprana de su vida, el apóstol Pablo no lo consideró listo para la obra.

En aquel entonces, Bernabé decidió tomar a Juan Marcos y partió con él en otra dirección. Es posible que Marcos necesitara de alguien que continuara invirtiendo en él hasta que pudiera estar completamente maduro para la obra que Dios le había asignado. Este hecho comprueba la sabiduría del autor de Eclesiastés al decir que hay un tiempo para cada cosa o para cada suceso bajo el sol. Y es un buen ejemplo para recordarnos que no siempre estamos listos para prestar el servicio que queremos hacer. Lo que acabamos de decir es la motivación de todo el resto de lo que leerás en este libro.

NUESTRA LLEGADA A LA FAMILIA DE DIOS

La Biblia habla detalladamente de cuán profundo fue el impacto de la caída de Adán sobre la integridad de la imagen de Dios en el hombre. Nuestra mente quedó entenebrecida, nuestro corazón endurecido y nuestra voluntad esclavizada. Sin embargo, la Biblia no hace un recuento de cómo cada núcleo familiar caído afecta el desarrollo de los miembros de dichos núcleos. Algunos fueron abandonados por padres que no asumieron su responsabilidad; otros fueron violados por familiares o conocidos; algunos fueron objeto de burla y rechazo; y otros fueron incluso maltratados físicamente, como ha sido el caso de muchos hijos y esposas. Si el mundo está compuesto por millones de familias, entonces podríamos hablar de millones de situaciones diferentes a lo largo de los tiempos y de los continentes.

Lo anterior nos da una pequeña idea de que antes de servir a la familia de Dios, Él tiene que realizar un trabajo para ayudarnos a sanar y crecer, que es lo que la Biblia llama santificación. Nuestro propósito no es ni podría ser presentar una alternativa terapéutica a los problemas que acabamos de mencionar, sino más bien crear conciencia, por un lado, de que a la hora de servir necesitamos una cierta indicación de que realmente hemos madurado lo suficiente para poder llevar a cabo la tarea que se ha de realizar. Si alguien no está listo para dirigir su propio mundo, mucho menos lo estará para dirigir el mundo de otros a su alrededor. No nos engañemos a nosotros mismos. El apóstol Pedro y los demás apóstoles pensaron que estaban listos para tomar de la copa que el Señor Jesús tomaría, y pocas horas después todos lo abandonaron. La muerte y resurrección del Maestro fueron dos eventos que terminaron de prepararlos para la tarea.

Veamos algunas de las manifestaciones que ponen en evidencia nuestra inmadurez emocional y espiritual:

Así que yo, hermanos, no pude hablaros como a espirituales, sino como a carnales, como a niños en Cristo. Os di a beber leche, no alimento sólido, porque todavía no podíais recibirlo. En verdad, ni aun ahora podéis, porque todavía sois carnales. Pues habiendo celos y contiendas entre vosotros, ¿no sois carnales y andáis como hombres? (1 Cor. 3:1-3).

Imaginemos por un momento, como quizás ocurrió, que se hubieran seleccionado personas con estas características para servir en la iglesia de Corinto. Esto explica, por lo menos en parte, el caos con relación al uso de los dones del Espíritu, sobre lo cual el apóstol Pablo escribió en los capítulos 12 y 14 de esa misma carta.

La mejor evidencia de la necesidad de crecimiento en el cristiano antes de comenzar a hacer algo para Dios la encontramos en las dos cartas de Pablo a la iglesia de los corintios, como comenzamos a ver en el texto citado más arriba. Iniciemos entonces nuestro análisis de dicho texto: «Así que yo, hermanos, no pude hablaros como a espirituales, sino como a carnales, como a niños en Cristo» (1 Cor. 3:1). Aquí Pablo está confrontando a estos hermanos porque aunque ellos eran creyentes no pudo hablarles como a creyentes maduros, sino como a niños inmaduros o personas que estaban aún en el mundo. Notemos cómo Pablo equipara esas dos cosas: carnales y niños. Cuando habla de niños, se refiere a inmadurez más que a inocencia. Su inmadurez emocional y espiritual los hizo reaccionar carnalmente, como si fueran todavía incrédulos. Pablo continúa:

> *Os di a beber leche, no alimento sólido, porque todavía no podíais recibirlo. En verdad, ni aun ahora podéis, porque todavía sois carnales. Pues habiendo celos y contiendas entre vosotros, ¿no sois carnales y andáis como hombres?* (1 Cor. 3:2-3).

Mientras estuvo con ellos, los corintios se comportaron como niños. Por tanto, Pablo les dio de beber leche, es decir, les habló de cosas sencillas que pudieran entender. Tiempo después, el apóstol les escribe y envía la carta que hoy conocemos como la segunda epístola a esta iglesia y, aún en esa misiva, encontramos evidencias de su inmadurez. Esta fue una iglesia tan inmadura o tan carnal en sus formas que lo hizo llorar a Pablo (2 Cor. 2:4).

En esa misma epístola, Pablo les ayuda a entender que ninguno de nosotros tiene suficientes razones o la estatura para sentirse orgulloso, porque solo somos siervos de Cristo:

> *Porque cuando uno dice: Yo soy de Pablo, y otro: Yo soy de Apolos, ¿no sois simplemente hombres? ¿Qué es, pues, Apolos? Y ¿qué es Pablo? Servidores mediante los cuales vosotros habéis creído, según el Señor dio oportunidad a cada uno. Yo planté, Apolos regó, pero Dios ha dado el crecimiento. Así que ni el que planta ni el que riega es algo, sino Dios, que da el crecimiento* (1 Cor. 3:4-7).

Al final, ni Apolos ni Pablo ni nosotros somos nada. Esta es una forma madura de ver la vida, de modo que en el día de mañana, cuando un hermano con un don y un talento sea reconocido y aplaudido en la iglesia, no nos sintamos celosos ni lo condenemos, no sintamos envidia ni lo juzguemos. Todo esto es parte del plan de Dios para con Su Iglesia. Aplaudamos al hermano, quien tiene algo que Dios le ha dado.

Con la finalidad de puntualizar la importancia del crecimiento que debe darse en nosotros los creyentes, volveremos a citar parte del texto bíblico anterior, pero de la versión de la Biblia conocida como Nueva Traducción Viviente:

*Tuve que alimentarlos con leche, no con alimento sólido, porque no estaban preparados para algo más sustancioso. Y aún no están preparados, **porque todavía están bajo el control de su naturaleza pecaminosa**. Tienen celos unos de otros y se pelean entre sí. ¿Acaso eso no demuestra que los controla su naturaleza pecaminosa? ¿No viven como la gente del mundo?* (1 Cor. 3:2-3, énfasis agregado).

Esta sección es clave. Nosotros tenemos todavía una naturaleza pecaminosa (la carne), pero esa naturaleza pecaminosa no debe controlarnos. A algunos los controla más que a otros, según el grado de santificación que hayan alcanzado. Cuando estamos bajo gran influencia y control de la naturaleza pecaminosa, con frecuencia hay celos, envidias, contiendas, divisiones, condenaciones y críticas; y de eso está hablando este texto. Te imaginas que con esas luchas comiences a liderar un grupo de jóvenes o de parejas, o algún otro ministerio en tu iglesia. La magnitud del daño puede ser grande, como frecuentemente ha sido el caso en muchas congregaciones. «Los corintios estaban tan arraigados en formas de pensamientos mundanos que iba a tomar un largo tiempo antes de que ellos pudieran tolerar alimento sólido».[1]

Todos nosotros crecemos inseguros y la inseguridad nos vuelve orgullosos. Pero como decía Andrew Murray, «el orgullo tiene que morir en usted o nada del cielo puede vivir en usted».[2] El orgullo es solo una de múltiples manifestaciones de nuestra falta de madurez o falta de santificación.

---

[1] Verlyn D. Verbrugge, *The Expositor Bible Commentary* (1 Corinthians) [Comentario bíblico expositivo (1 Corintios)], Tremper Longman III & David E. Garland (Grand Rapids: Zondervan, 2008), 282.

[2] Andrew Murray, *Humility: The Beauty of Holiness* [Humildad: La belleza de la santidad] (Abbotsford: Aneko Press, 2016), 75.

¿CÓMO LLEGAMOS A LA FAMILIA DE DIOS?

1. Llegamos a la vida cristiana, nacidos de nuevo, pero afectados por el pasado.

El día que entregamos nuestras vidas al Señor llegamos a ser nuevas criaturas, pero todavía con un pasado que nos ha marcado y que tiene manifestaciones en nuestro mundo exterior. Llegamos emocionalmente afectados por formas de crianza, formas de educación, experiencias del pasado, experiencias dolorosas, situaciones a veces de incesto, maltrato físico, maltrato verbal, complejos (de superioridad o inferioridad), y muchas otras experiencias diferentes. La realidad es que llegamos afectados. Luego de años en la fe, no hay garantía de que esas cosas se hayan ido de nosotros a menos que hayamos crecido, lo cual no se da de manera natural. Lo primero que necesitamos hacer es aceptar que llegamos afectados a los pies de Cristo.

2. Necesitamos aceptar que fuimos afectados para apropiarnos de nuestras disfunciones pecaminosas.

Si no aceptamos que fuimos afectados por las experiencias del pasado, nuestra tendencia siempre será la de encontrar culpables en vez de entender por qué somos como somos o por qué nos sentimos como nos sentimos, para luego buscar en Dios y en Su Palabra el camino de redención de la imagen de Cristo en nosotros. Realmente, hay personas que han influido en cómo somos ahora, pero una vez que llegamos a la vida cristiana Dios quiere que nos apropiemos de lo que ya es nuestro y así podamos empezar a cambiar. «Nosotros no vemos las cosas como son, sino como nosotros somos».[3]

3. Llegamos a la vida cristiana con una cosmovisión mundanal.

Preferimos usar el término *mundanal* y no *mundana*, ya que estas dos palabras no significan exactamente lo mismo. *Mundano*, de acuerdo

---

[3] Rabbi Shemuel ben Nachmani, *Talmudic tractate Berakhot* (55b), citado en Marc Gellman, «How We See Sharon—and Israel» [Como vemos a Sharon, e Israel], *Newsweek*, 9 de enero de 2005, acceso el 14 de enero de 2017, http://europe.newsweek.com/how-we-see-sharon-and-israel-108309?rm=eu

al diccionario de la Real Academia Española, tiene que ver con aquello relativo a los placeres del mundo, como la sensualidad y el vicio. *Mundanal*, en cambio, simplemente implica «de este mundo». Llegamos a la vida cristiana con una cosmovisión de este mundo. Valoramos las profesiones, lo que estudiamos, lo que vestimos, con quienes nos relacionamos y juzgamos a los demás tal y como el mundo lo hace. Esa es la forma que hemos conocido por años. El problema es que, a menos que sepamos y aceptemos esa realidad, no podremos ver la diferencia entre la cosmovisión bíblica y la cosmovisión mundanal para cambiarla. Ese es el meollo del problema. Es común escuchar el sermón del domingo con una cosmovisión bíblica, pero vivir el lunes con una cosmovisión mundanal.

La cosmovisión es cómo vemos el mundo, cómo lo juzgamos y cómo reaccionamos ante él. Esa cosmovisión tiene que ser cambiada. Llegamos a la vida cristiana con percepciones erradas y si hay algo de lo cual padecemos es justamente de esto: vivimos con percepciones erradas, aun después de años en la vida cristiana. La única persona que tiene una perspectiva completamente correcta de todo lo que se ve y de todo lo que ocurre es Dios. La pregunta que debemos hacernos es ¿cuán errados estamos en nuestras percepciones? Aquellos de nosotros que somos consejeros podríamos decir que lo usual para el ser humano es tener una percepción errada de la realidad. Podemos percatarnos de lo anterior cada vez que escuchamos a un esposo hablar sobre una situación que está atravesando en su matrimonio y luego escuchamos a la esposa relatar esa misma situación de forma totalmente diferente. En ese momento, uno podría preguntarse si verdaderamente estas dos personas están casadas o no. El esposo relata algo de color blanco y la esposa lo ve de color negro, totalmente opuesto. Vemos en esos casos que existen percepciones distintas entre los esposos y con frecuencia erradas en un grado u otro en cada uno de ellos.

Tenemos una cosmovisión egocéntrica, somos el centro del universo, y ese modo egocéntrico de ver las cosas nos vuelve ingratos. Después de recibir de parte de Dios, de familiares y amigos, no respondemos con suficiente gratitud. También ocurre con la iglesia, los pastores, los líderes y las otras ovejas; todas estas personas nos proveen de ayuda y consejo espiritual, y luego respondemos con ingratitud. La ingratitud no forma parte del carácter de Cristo. Por consiguiente, todo eso tiene que cambiar. Si esa forma de pensar y de actuar no cambia, comenzaremos a enseñar a otros errónea y pecaminosamente. Enseñamos en palabras y en acciones.

4. Entramos a la vida cristiana con una sobrevaloración de nosotros mismos.

Creemos que valemos más de lo que realmente valemos. Es por ello que solemos emitir juicios de condenación contra otros porque al hacerlo podemos afirmar de forma tácita que somos superiores. Quizás nunca hemos predicado un sermón, pero asumimos que podemos hacerlo mucho mejor que ese otro. Dios conoce esto de nosotros y por tanto nos dejó esta instrucción:

> *Porque en virtud de la gracia que me ha sido dada, digo a cada uno de vosotros que no piense más alto de sí que lo que debe pensar, sino que piense con buen juicio, según la medida de fe que Dios ha distribuido a cada uno* (Rom. 12:3).

Esa es nuestra tendencia pecaminosa. Pablo volvió a insistir sobre lo mismo cuando escribió a la iglesia de Corinto:

> *Porque no nos atrevemos a contarnos ni a compararnos con algunos que se alaban a sí mismos; pero ellos, midiéndose a sí mismos y comparándose consigo mismos, carecen de entendimiento* (2 Cor. 10:12).

¿CÓMO AUTOEVALUARNOS?

En la medida en que somos sinceros, podemos, con la ayuda de la Palabra de Dios y del Espíritu de Dios, ir descubriendo las señales de inmadurez en nuestro carácter. A continuación algunas de estas señales:

1. Una necesidad muy grande de aprobación.

Debido a nuestra condición caída, todos anhelamos ser aprobados. Sin embargo, algunos tenemos necesidad extrema de aprobación. A la menor señal de que el otro no nos aprobó, nos ofendemos o irritamos, así fuera un simple saludo que alguien dejó de darnos. Otras veces la necesidad está más escondida. «Aun el compartir públicamente nuestro arrepentimiento o fracasos podría estar motivado por un hambre inconsciente de aprobación».[4] Somos personas complejas con mecanismos de defensa o formas múltiples de ocultar nuestras disfunciones. En el fondo, estas manifestaciones externas corresponden a inseguridades internas. Necesitamos una idea más grande del Dios que adoramos y una idea más pequeña del hombre y de los reconocimientos de esta vida. «Una razón por la que pecamos es porque anhelamos la aprobación de las personas o tememos su rechazo. Necesitamos la aceptación de otros y, cuando nos la dan, esas personas pueden controlarnos. La terminología bíblica para esto sería miedo al hombre».[5]

2. El perfeccionismo.

El perfeccionismo es una señal de inseguridad. A medida que experimentamos mayor grado de inseguridad, experimentamos mayor necesidad de sentirnos seguros, y el perfeccionismo no es más que una forma extrema de querer controlar nuestro entorno porque el control del entorno garantiza nuestra seguridad, lo cual nunca lograremos alcanzar realmente. Conforme maduramos en nuestra relación con Dios, ese perfeccionismo debiera disminuir al sentirnos seguros en Cristo. Cuando hacemos el balance de nuestra vida, no somos tan buenos como pensamos y somos peores de lo que creemos.

3. Los celos.

Los celos son otra indicación de que nuestro mundo emocional necesita madurar. Algunos experimentan celos por sus amistades cuando

---

[4] Peter Scazzeno, *The Emotionally Healthy Leader* [El líder emocionalmente sano] (Grand Rapids: Zondervan, 2015), 56.
[5] Tim Chester, *You Can Change* [Tú puedes cambiar] (Wheaton: Crossway, 2010), 83.

hacen otros amigos. La persona celosa quiere controlar las relaciones de los demás. Frecuentemente los hijos únicos experimentan esa sensación cuando sus padres tienen un segundo hijo. Algunos incluso retroceden en su comportamiento y entonces vemos a niños de ocho y diez años que comienzan de nuevo a mojar las sábanas durante la noche, sin «poder» controlar el esfínter urinario. Hasta ahí llega nuestra condición caída. Donde hay celos, invariablemente hay contiendas (1 Cor. 3:3; 2 Cor. 12:20; Gál. 5:20; Sant. 3:14,16).

4. La condenación frecuente del otro.

Esta actitud está motivada por un sentido de superioridad respecto de los demás; es lo que en inglés se conoce como *self-righteousness* o arrogancia moral. Estas personas tienden a señalar o criticar a cualquier otro que no llene su estándar. Las personas maduras son personas humildes y las personas humildes no se sienten motivadas a condenar al prójimo.

5. El resentimiento y la falta de perdón.

El resentimiento y la falta de perdón son evidencias de ira acumulada. Esta es una señal de alerta de que tenemos profundas áreas de inmadurez. Las personas emocionalmente maduras perdonan con relativa facilidad. Incluso las no cristianas, pero emocionalmente maduras, pueden lograr otorgar el perdón con relativa facilidad dada la imagen de Dios en el hombre. Quizás esas personas no creyentes que logran perdonar a otros no puedan perdonar con la profundidad con la que un hijo de Dios puede hacerlo, o con las bendiciones que se le añaden por ser un hijo de Dios. Las personas con dificultad para el perdón se ven a sí mismas como víctimas y olvidan que la mayor víctima de todas fue el Señor Jesús y nosotros fuimos Sus victimarios.

6. Los arranques incontrolables de ira.

Los arranques de ira que no podemos controlar revelan falta de dominio propio. Esta falta de control se relaciona más con nuestra naturaleza carnal que con la imagen del nuevo hombre. Si no podemos controlar la ira, hay algo de nuestra naturaleza pecadora que está tomando el control en esos momentos en lugar del Espíritu Santo que mora en el creyente. Recordemos que el dominio propio es un fruto del Espíritu (Gál. 5:22-23). La ira en un padre o una madre produce profundos daños en la familia. Lo mismo podemos decir cuando la ira forma parte del carácter del liderazgo de la iglesia. «Nuestra ira surge de nuestro sistema de valores; ella expresa nuestras creencias y motivaciones».[6]

7. Amar servir, pero por las razones equivocadas.

Cuando nos encanta servir, pero por las razones equivocadas, revelamos nuestro egocentrismo. Muchas veces, nos encanta servir a otros porque al hacerlo somos el centro de atención y, en nuestra inmadurez, nos gusta estar en el centro. Cuando somos el centro, la gente nos ve, nos aplaude, nos aprueba y demás. Debemos servir, pero por las razones correctas. «Mucha gente ha cambiado su conducta, pero sus motivaciones y deseos todavía están errados, de manera que Dios no se siente más complacido con la nueva conducta que con la anterior».[7]

Cuando no servimos y estamos en la periferia, nos sentimos rechazados, minimizados, sin valor. La realidad es que hay un momento para estar en la periferia y hay un momento para estar sirviendo.

8. Dificultad para reconocer el talento de los demás.

Cuando tenemos dificultad para reconocer el talento de otro, que no es otra cosa sino una señal de envidia, nos autojustificamos con frases como «No puedo aplaudir a otros porque entonces se podrían enorgullecer». Pero la realidad es que en la Biblia frecuentemente encontramos a Dios elogiando a muchos de Sus hijos. De Moisés se dice que era el más humilde sobre la faz de la tierra (Núm. 12:3). De Job, Dios dice que era un hombre justo o intachable. Pablo exhorta a los hermanos a imitar a Timoteo (Fil. 2:19-24). Si hay algo que hemos aprendido es que no debemos tratar de mantener humilde al otro porque ese no es nuestro rol. Nuestro rol es animar al otro, edificarlo, estimularlo, ayudarlo; y Dios se encarga del resto. Esto nos permite

[6] Robert D. Jones, *Uprooting Anger* [Desarraigar la ira] (Phillipsburg: P&R Publishing, 2005), 17.
[7] Tim Chester, *You Can Change* [Tú puedes cambiar] (Wheaton: Crossway, 2010), 28.

apreciar los talentos de los demás.

9. Dificultad para controlar la lengua.

La dificultad para controlar la lengua revela una falta de llenura del Espíritu en la persona. Esta es una debilidad pecaminosa de la cual Santiago habla en el capítulo 3 de la epístola que lleva su nombre. La falta de control sobre la lengua no solamente es algo pecaminoso, sino que también evidencia una inmadurez espiritual que es la raíz de la falta de control en nuestro hablar. El fruto del Espíritu (Gál. 5:22-23) es el resultado de la llenura del mismo Espíritu. Santiago nos recuerda:

Así también la lengua es un miembro pequeño, y sin embargo, se jacta de grandes cosas. Mirad, ¡qué gran bosque se incendia con tan pequeño fuego! Y la lengua es un fuego, un mundo de iniquidad. La lengua está puesta entre nuestros miembros, la cual contamina todo el cuerpo, es encendida por el infierno e inflama el curso de nuestra vida (Sant. 3:5-6).

10. Dificultad para seguir relacionándonos de cerca con otros que difieren de nosotros.

Esto es algo significativo. Los demás no tienen que estar de acuerdo con lo que nosotros apreciamos, con aquello que nos gusta y con lo que deseamos. Muchos se alejan de personas que difieren de ellos porque se sienten inseguros en su presencia. Otros solo conocen una manera de relacionarse con los demás y es a través de la codependencia. Las personas codependientes necesitan estar de acuerdo **en todo** para sentirse cómodas. La codependencia frecuentemente es una señal de que tenemos una necesidad extrema de aprobación por parte de otras personas a quienes necesitamos para nuestro sentido de identidad. El control es una característica sobresaliente de las relaciones codependientes.[8]

---

[8] Ver Edward T. Welch, *When People Are Big and God Is Small: Overcoming Peer Pressure, Codependency, and the Fear of Man* [Cuando las personas son grandes y Dios es pequeño: cómo superar la presión de los compañeros, la codependencia y el miedo al hombre] (Phillipsburg: P & R Publishing, 1997).

11. Actitud de sospecha hacia los demás.

Existen personas a nuestro alrededor que sospechan de todo el mundo. Emiten juicios de valor y evalúan las intenciones de los demás como si vivieran en su interior. Estas son personas que viven construyendo rompecabezas y jugando ajedrez en su mente y con la gente. Dicha actitud lleva a la manipulación. Así no podemos vivir. No se vive en tranquilidad, en paz, moviendo fichas todos los días en la mente. Si somos emocionalmente maduros, descansamos sabiendo que las fichas del ajedrez las mueve Dios. Puede ser que en determinado momento la gente esté haciendo jugadas, pero lo mejor es dejar que Dios se encargue de esas jugadas. Disfrute de la tranquilidad que brinda tener una relación estrecha con Dios.

Necesitamos tener una vida emocionalmente madura para poder experimentar la plenitud de vida que Cristo compró para nosotros (Juan 10:10). Nuestro deseo es que la gente viva libre de todas las ataduras que estos temores les causan. No hay nada mejor que vivir emocionalmente libre. En Cristo y por Cristo. No por esfuerzo propio. ¿Te imaginas el daño que podemos causar si vivimos amarrados por algunas de las cosas que acabamos de mencionar? Tristemente, esas son las experiencias que se viven en muchas de las iglesias divididas de hoy en día.

LA NECESIDAD DEL TIEMPO

El relato bíblico nos deja ver de diferentes maneras la necesidad de «ser antes de hacer». Moisés pasó 40 años en el desierto y anteriormente había estado 40 años en el palacio del rey de Egipto. Dios comenzó a usarlo como Su profeta 80 años después de haber nacido. ¿Qué hizo Moisés durante su tiempo en el desierto? ¿Qué aprendió? De seguro aprendió mucho porque servir 40 años en la arena y bajo la dirección de un suegro (Jetro) lleva a cualquier persona a la humildad, lo que en efecto ocurrió, pues la Palabra de Dios revela que Moisés fue el hombre más humilde sobre la faz de la tierra, como ya mencionamos. En el palacio de faraón, Moisés fue tratado como un príncipe, pero en el desierto fue simplemente un pastor de ovejas. Así aprendió Moisés humildad; aprendió a servir, aprendió a seguir. Si no has aprendido a seguir a otros, no estás listo para liderar. Créeme. No ha habido ningún buen líder que no haya sido primero un buen seguidor.[9] Josué se formó a la sombra de Moisés, Eliseo bajo el liderazgo de Elías y Timoteo fue formado por Pablo. El buen seguidor aprende sumisión, humildad, paciencia, y aprende también a escuchar. Los grandes líderes siempre han aprendido todo esto primero antes de ser usados grandemente por Dios.

El testimonio del Antiguo Testamento muestra que alcanzar la madurez y llegar a una posición de siervo toma tiempo. Ahora bien, la realidad es que ninguno de nosotros llegará a ser un Moisés; por tanto, no necesitamos 40 años en el desierto. ¡Gracias a Dios! Pero sí necesitamos tiempo. Y si continuamos revisando la vida de este gran profeta de Dios, notaremos otra forma como Dios muestra que necesitamos un tiempo de preparación y un trabajo en nuestro carácter antes de servir. Cuando Moisés se sobrecarga de trabajo, aparece Jetro, un hombre mayor que él y probablemente con mayor madurez emocional, y le aconseja lo siguiente:

Además, escogerás de entre todo el pueblo hombres capaces, temerosos de Dios, hombres veraces que aborrezcan las ganancias deshonestas, y los pondrás sobre el pueblo como jefes de mil, de cien, de cincuenta y de diez. (Ex. 18:21).

Notemos las palabras de Jetro: «hombres capaces, temerosos de Dios, hombres veraces que aborrezcan las ganancias deshonestas». Estos hombres ya habían llegado a «ser antes de hacer». Antes de servir, estos hombres debían exhibir en su carácter las características descritas en el texto citado.

El testimonio del Nuevo Testamento no es diferente. En una de sus epístolas, Pablo instruye a Timoteo, su discípulo más joven, con relación a cuándo colocar a las personas a servir y qué clase de personas deberían servir. Sabemos que existen diversos tipos de servicio y unos

---

[9] Atribuida a Aristóteles en *Politics* [Política], traducido por Benjamin Jowett (Parte IV), http://classics.mit.edu/Aristotle/politics.3.three.html

requieren más tiempo que otros, o requieren más carácter que otros, pero al final la idea es la misma: para poder servir, se debe tener un tiempo de formación del carácter. Si ese carácter no se ha formado, lo mejor es esperar a que se forme. En ese sentido, Pablo le dice a Timoteo en su segunda carta: «Y lo que has oído de mí en la presencia de muchos testigos, eso encarga a hombres fieles que sean idóneos para enseñar también a otros» (2 Tim. 2:2). Aquí vemos que la habilidad de enseñar a otros (el hacer) es precedida por la fidelidad y la idoneidad que se observa en ellos (ser). Lo que Pablo intenta comunicarle a Timoteo es «Timoteo, cuando vayas a seleccionar personas destinadas a la enseñanza, escudriña su carácter y, al hacerlo, piensa en algunos que ya sean fieles y al mismo tiempo idóneos. Luego entonces, les permites "hacer" algo… enseñar». Ese es el orden: el carácter primero y luego el servicio. Es importante que nosotros lo veamos.

Los líderes que Dios asigna no desarrollan su integridad después de ser colocados, sino que su integridad les precede. Esto lo podemos ver en el consejo de Jetro a su yerno Moisés, en las palabras de Pablo a Timoteo, y lo vemos en los requisitos para ser anciano. Un anciano o pastor no debe ser «un recién convertido, no sea que se envanezca y caiga en la condenación en que cayó el diablo» (1 Tim. 3:6). El individuo debe esperar un tiempo después de su conversión antes de poder aspirar a ser anciano. La primera de las condiciones para ser anciano es que el candidato debe ser irreprochable (1 Tim. 3:2). Cuando alguien comienza a servir, el servicio hace recaer mucha responsabilidad sobre la persona y la responsabilidad conlleva poder, influencia, privilegios y derechos que el carácter de alguien inmaduro no estará listo para manejar.

Podemos ver nuevamente que el testimonio de la Escritura es que para manejar servicio, derechos, privilegios, influencia y poder se requiere carácter. La gracia de Dios es la que hace posible todo lo que llegamos a hacer; pero, una vez que pasamos de la gracia de Dios a algo más terrenal, podríamos decir que todo está relacionado con el carácter, y su formación lleva tiempo. Nuestro Dios nunca está de prisa, como ya dijimos. La Biblia es cristocéntrica de principio a fin y, aun así, cuando Cristo vino, tuvo que esperar unos 30 años para predicar el primer sermón. Treinta años de espera para la persona que es el objeto y el sujeto de toda la revelación bíblica. ¿Por qué? Porque Su hora no había llegado. Dios tiene un tiempo para cada cosa bajo el sol, pero el hombre quiere que las cosas se hagan según su cronología. Jesús vivió Su vida de una manera muy diferente:

> *Después de esto, Jesús andaba por Galilea, pues no quería andar por Judea porque los judíos procuraban matarle. Y la fiesta de los judíos, la de los Tabernáculos, estaba cerca. Por eso sus hermanos le dijeron: Sal de aquí, y vete a Judea para que también tus discípulos vean las obras que tú haces. Porque nadie hace nada en secreto cuando procura ser conocido en público. Si haces estas cosas, muéstrate al mundo. Porque ni aun sus hermanos creían en Él. Entonces Jesús les dijo: Mi tiempo aún no ha llegado, pero vuestro tiempo es siempre oportuno* (Juan 7:1-6).

Pablo esperó unos siete a diez años a partir de su llamado camino a Damasco para emprender su primer viaje misionero. En el Antiguo Testamento, Dios estipuló que la edad mínima para servir como sacerdote era de 30 años. No creemos que Dios escogiera esa edad al azar porque nuestro Dios es un Dios de propósito. Sin lugar a dudas, en la historia de la Iglesia ha habido personas que comenzaron a servir a Dios como predicadores aun en la adolescencia. Jeremías fue uno de esos profetas y Charles Spurgeon fue uno de esos predicadores. Pero no hemos tenido muchos Jeremías ni muchos Spurgeon. Además, las excepciones no hacen la regla.

Dios ha enfatizado el desarrollo del carácter a lo largo de toda Su revelación. Cuando Pablo le escribe a Timoteo, le dice: «No permitas que nadie menosprecie tu juventud» (1 Tim. 4:12a). E inmediatamente después agrega: «[A]ntes, sé ejemplo de los creyentes, en palabra, conducta, amor, fe y pureza» (1 Tim. 4:12b). Pablo parece decir: Timoteo, te aconsejo que aun en tu juventud, seas un ejemplo…

en palabra… cuando hablas.
en conducta… en tu estilo de vida.

en amor... en lo que sientes.

en fe... en lo que crees.

en pureza... en lo que ves y haces.

En todo esto Timoteo debía ser un ejemplo, y nosotros hoy en día por igual. Dios hace énfasis en el carácter aun en la juventud, sobre todo para aquellos que queremos servirlo. Es el carácter que nos sostendrá en las crisis. Tenemos que representar bien a nuestro Dios delante de los hombres. Aun este simple ejemplo nos deja ver cuán importante es «ser antes de hacer».

Como lo vimos al inicio del capítulo, cuando la iglesia primitiva comenzó a crecer, fue necesario delegar algunas de las tareas que los apóstoles venían haciendo hasta ese momento. Entonces vemos que después de que la iglesia había aumentado a varios miles de personas, hubo que incluir a otros que pudieran ayudar en la ejecución del ministerio. Por un lado, dicha delegación de funciones fue motivada por algunas quejas que surgieron por parte de las viudas helenistas. Veamos:

> *Por aquellos días, al multiplicarse el número de los discípulos, surgió una queja de parte de los judíos helenistas en contra de los judíos nativos, porque sus viudas eran desatendidas en la distribución diaria de los alimentos. Entonces los doce convocaron a la congregación de los discípulos, y dijeron: No es conveniente que nosotros descuidemos la palabra de Dios para servir mesas. Por tanto, hermanos, escoged de entre vosotros siete hombres de buena reputación, llenos del Espíritu Santo y de sabiduría, a quienes podamos encargar esta tarea. Y nosotros nos entregaremos a la oración y al ministerio de la palabra* (Hech. 6:1-4).

Para una tarea tan simple como servir mesas fue necesario escoger personas de buen testimonio ante los hombres y de un buen caminar delante de su Dios. Observa cómo el texto describe a las personas que debían encargarse de esta tarea: «de buena reputación, llenos del Espíritu Santo y de sabiduría». Esto implica que aquí también Dios estaba enfatizando la necesidad de cultivar el carácter antes de ponernos a trabajar para el reino de los cielos.

REFLEXIÓN FINAL

La Biblia utiliza una sola palabra para describir la manera como nosotros crecemos. Y esa palabra es *santificación*, que describe el proceso progresivo por medio del cual Dios nos hace despojar de las formas de pensamiento y hábitos de vida que caracterizaron al viejo hombre para ir incorporando dentro de nosotros la imagen del nuevo hombre. Esto se produce por el poder santificador del Espíritu Santo, como bien Pablo describe en la Segunda Carta a los Corintios:

Pero nosotros todos, con el rostro descubierto, contemplando como en un espejo la gloria del Señor, estamos siendo transformados en la misma imagen de gloria en gloria, como por el Señor, el Espíritu (2 Cor. 3:18).

En la medida que escudriñamos la Palabra, el Espíritu de Dios va revelando nuestras áreas de pecado y, por medio de la misma acción del Espíritu, nos ayuda a deshacernos de todo aquello que no luce como Cristo. Esta es una acción combinada de la Palabra y el Espíritu de Dios. Por eso oró Cristo de esta forma:

Santifícalos en la verdad; tu palabra es verdad (Juan 17:17).

Ahora bien, en términos prácticos, lo que vamos observando durante dicho proceso de santificación pudiera lucir similar a lo que ha sido descrito como las cuatro etapas de la competencia:[10]

1. Inconscientemente incompetente.

---

[10] Desarrollado por Noel Burch del *Gordon Training International (GTI)* sobre un período de 30 años. Ver Linda Adams, presidente de GTI, «Learning a New Skill is Easier Said Than Done» [Aprender una nueva habilidad: Más fácil decirlo que hacerlo], http://www.gordontraining.com/free-workplace-articles/learning-a-new-skill-is-easier-said-than-done/#

No sabemos cómo actuar o vivir bien, pero no somos conscientes de esto. Por lo tanto, «no sabemos que no sabemos». Alguien tiene que mostrarnos que estamos mal. La Palabra de Dios y el Espíritu de Dios son los agentes principales de revelación de nuestras áreas pecaminosas. Pero Dios usa también a personas dentro de Su pueblo para mostrarnos nuestro pecado y guiarnos a la Verdad.

2. Conscientemente incompetente.

En esta etapa estamos conscientes de nuestro pecado, pero todavía no hemos logrado superarlo porque no ha pasado suficiente tiempo desde que fuimos iluminados por la Palabra y por el Espíritu Santo para haber implementado en nuestras vidas las disciplinas espirituales necesarias para debilitar ese pecado residual del viejo hombre.

3. Conscientemente competente.

Pasado un tiempo, el Espíritu de Dios va desarrollando en nosotros el carácter de Cristo, de tal manera que esa área en particular de pecado con la que hemos estado lidiando va quedando atrás. Pero es algo con lo cual aún tenemos que luchar de manera consciente. Por ejemplo, si vamos a confrontar a alguien con su pecado, quizás necesitemos mucha oración y un recordatorio de que debemos tener gracia si nuestra tendencia natural ha sido ser justicieros. Pero somos capaces de lograrlo y por eso hablamos de ser conscientemente competente.

4. Inconscientemente competente.

Finalmente, cuando Dios ha cultivado el fruto del Espíritu en nosotros, entonces podemos pasar a ser hombres y mujeres bajo el control del Espíritu Santo, con una mente y un corazón transformado, que pueden comportarse como verdaderos hijos de Dios porque ahora hemos llegado a ser algo por la gracia de Dios y no simplemente estamos haciendo las cosas correctamente («haciendo sin ser»). Ahora pensamos a través de Su Palabra y actuamos conforme al Espíritu. Ya el fruto del Espíritu ha sido cosechado:

... [A]mor, gozo, paz, paciencia, benignidad, bondad, fidelidad,

mansedumbre, dominio propio; contra tales cosas no hay ley (Gál. 5:22-23).

Este es el capítulo introductorio de este libro y por eso lo titulamos «ser antes de hacer». Seguir lo que estamos proponiendo implica cambio y, por tanto, crecimiento. Para el cristiano, el nacer de nuevo y permanecer sin crecer no es una opción y para eso necesita una comunidad de creyentes; no podemos crecer en aislamiento.[11]

---

[11] Timothy S. Lane & Paul David Tripp, *How People Change* [Cómo cambia la gente] (Greensboro: New Growth Press, 2008), 63-78.

2

Sé un siervo con un mundo interior organizado

Por tanto, tened cuidado cómo andáis;
no como insensatos, sino como sabios,
aprovechando bien el tiempo, porque
los días son malos. Así pues, no seáis
necios, sino entended cuál es la voluntad
del Señor.

(Ef. 5:15-17)

INTRODUCCIÓN

E l mundo exterior en el que vivimos es un reflejo de nuestro mundo interior, algo que pocos reconocen. Hasta que nuestro mundo interior no esté organizado, será imposible que podamos organizar nuestras vidas. Usualmente hacemos las cosas al revés: queremos organizar primero el mundo exterior cuando el mundo interior todavía está fuera de orden.

Se cuenta que, en una ocasión, una niña se acercó a su padre en cuanto llegó del trabajo y le pidió que por favor jugaran. El padre estaba cansado y deseaba ver televisión por un par de horas. Cuando comenzó a ver su programa preferido, la niña insistió y el padre pensó que podía entretenerla dándole unos lápices para colorear algunas figuras dibujadas en un papel. La niña se entretuvo por poco tiempo y luego regresó con la misma petición. El padre miró hacia un lado y

33

descubrió en la página de un periódico un mapa del mundo. Entonces tuvo una idea. Rompió el mapa en múltiples pedazos, lo puso en un envase, le dio una cinta para pegar y le pidió a su hija que «armara» el mapa del mundo. Poco tiempo después, la niña regresó con el mapa armado. Lo logró en tan poco tiempo que el padre quedó sorprendido. Por tanto, le preguntó: «Hija ¿cómo lo hiciste?», a lo cual ella respondió: «Detrás del mapa había la figura de un hombre. Cuando armas al hombre, el mundo queda armado». Esta es una historia que quizás no sea real, pero que ilustra perfectamente cómo el ser humano quiere arreglar su mundo exterior sin nunca haber organizado su mundo interior.

Hay múltiples razones por las que el mundo interior de una persona se desorganiza, pero en nuestra opinión el común denominador entre todas ellas es el mal uso del tiempo, lo que a su vez se debe a una mala organización de las prioridades. Por eso, el apóstol Pablo instruye a los efesios a que aprovechen bien el tiempo y la razón que les da, según el texto bíblico citado más arriba, es que los días son malos. Si eso fue cierto en el primer siglo, es acertado decir que los días son aún peores en nuestra generación que parece no creer en valores absolutos y que cuestiona toda autoridad. Cuando desaprovechamos el tiempo, no somos sabios, sino más bien insensatos como nos informa el texto de Efesios 5:15.

La manera en que usamos el tiempo es vital. Lo que no usamos ayer no lo volveremos a tener jamás. Las horas que pasaron del día de ayer no se podrán recuperar jamás ni podremos utilizarlas. En otras palabras, no estamos viviendo de aquel lado de la gloria donde tendremos una eternidad por delante, sino que nuestro tiempo es limitado, pues de este lado de la eternidad tenemos el tiempo contado. Para empeorar las cosas, vivimos en medio de mucho pecado, mucha contaminación y mucha corrupción moral; por tanto, si no aprovechamos bien el tiempo que nos ha sido dado, terminaremos sufriendo graves consecuencias.

El uso de nuestro tiempo depende de nuestra cosmovisión. Ya hablamos brevemente en el capítulo anterior sobre este tema. La palabra *cosmovisión* viene de dos raíces distintas: *cosmos*, que significa 'mundo' y *visión* que significa 'ver'. Es la manera como vemos el mundo, pero no solamente el mundo, sino también la vida. La palabra *cosmovisión* fue acuñada por primera vez por Immanuel Kant y la palabra original en alemán es *Weltanschauung*, que implica una visión del mundo y de la vida.[12]

Tenemos una visión errada de este mundo y de esta vida; y por tanto, esa visión distorsionada nos hace vivir erradamente y es la que nos lleva con frecuencia a querer hacer antes de ser. La cosmovisión de una persona es clave porque determinará cómo piensa, qué desea, cómo decide e incluso determinará las metas que persigue y los propósitos para toda su vida. Y al final, todas estas cosas mencionadas establecen cómo usamos el tiempo.

Nuestra cosmovisión nos crea problemas o nos evita consecuencias adversas. Continuamente pensamos, vemos, reaccionamos y nos relacionamos con otros a través de una cosmovisión. Es por esto que necesitamos tener una cosmovisión adecuada. La cosmovisión es la lente a través de la cual vemos todo: la vida y el mundo. Imagínese una cámara fotográfica con una lente que no enfoca bien; todo luce distorsionado. Luego movemos la lente hasta que logramos un enfoque correcto y entonces, todo queda en su lugar. Así es exactamente como vemos con frecuencia la vida: distorsionada. Lo único que enfoca y endereza los sucesos de la vida y del mundo es la Palabra de Dios aplicada a nuestras vidas por medio de Su Espíritu. Eso requiere consumo de la Escritura y comunión con Dios. Ambas cosas. De esta manera, para poder ser antes de hacer, tenemos que consumir la Palabra de Dios y necesitamos tener una comunión íntima con el Espíritu de Dios porque, cuando esas dos cosas se juntan, entonces nuestra lente podrá enfocar bien. Hasta que no veamos la vida enfocada no vamos a poder hacer lo que nos toca.

Nuestras decisiones revelan quiénes somos y determinan también lo que llegaremos a ser. Una decisión que tomemos en el día de mañana puede determinar quiénes seremos dentro de un año. Para bien o para mal. Y esa decisión que tomemos mañana dependerá de toda una cosmovisión.

---

[12] David K. Naugle, *Worldview: The History of a Concept* [Cosmovisión: La historia de un concepto] (Grand Rapids: W. B. Eerdmans Publishing Company, 2002), 64-66.

LA COSMOVISIÓN CRISTIANA ORGANIZA
NUESTRO MUNDO INTERIOR

En el texto de Efesios 5:15-17, el apóstol Pablo nos exhorta a aprovechar bien el tiempo. La palabra traducida como tiempo es *kairos,* que en este caso significa «un momento o período especialmente apropiado».[13] Es una ventana de oportunidad. En el griego hay dos palabras distintas para tiempo: una es *cronos* y la otra es *kairos.* La primera tiene que ver con cronología, el tiempo que se mide en un reloj o el tiempo del calendario, pero esa no es la palabra utilizada en este pasaje. La palabra que aparece en el texto bíblico que estamos considerando es *kairos,* que, como dijimos, hace referencia a un período especial o una ventana de oportunidad durante la cual podemos hacer ciertas cosas, pero llegará el momento cuando esta ventana se cerrará.

Tal vez no hemos pensado que llegará un momento cuando ya no podremos predicar ni ministrar. Pero ese tiempo llegará. Llegará el momento en que sus hijos se irán de la casa y ya no podrá influenciarlos como antes porque se habrán casado y habrán formado otra familia. Hay una ventana de oportunidad que se cerrará. Pablo dice, de manera general: «Aprovechen la oportunidad y no anden como necios».

Decíamos anteriormente que nuestra cosmovisión determina cómo vivimos. La mejor manera de expresar lo que queremos decir es a través de las siguientes palabras del pastor John Piper:

> Tenemos que cultivar la mentalidad de los exiliados. Esto nos hace sobrios y nos despierta para que no vayamos a la deriva con el mundo y para que no demos por sentado que la manera en que el mundo piensa y actúa es la mejor. No suponemos que lo que aparece en la televisión beneficia el alma; no suponemos que las prioridades de los anunciantes ayudan al alma; no suponemos que las estrategias y valores de los negocios y la industria ayudan al alma. No suponemos que nada de esto

---

[13] Frank Thielman, *Ephesians* [Efesios] (Grand Rapids: Baker Academics, 2010), 357.

pueda glorificar a Dios. Nos detenemos, pensamos y consultamos a la Sabiduría de nuestra propia nación, el cielo, y no suponemos que la sabiduría convencional de estos tiempos viene de Dios. Orientamos nuestro rumbo por la Palabra de Dios. Cuando nos vemos como extranjeros y exiliados con nuestra ciudadanía en los cielos, y cuando vemos a Dios como su único Soberano, no nos vamos a la deriva junto con las corrientes de nuestros días. Usted medita sobre lo que es bueno para el alma y lo que honra a Dios en todo: ya sea comida, autos, videos, trajes de baño, control de natalidad, límites de velocidad, horas de acostarse, ahorros financieros, la educación de los hijos, las personas que aún no han sido tocadas por el evangelio, las hambrunas, los campamentos de refugiados, los deportes y todo lo demás. Los extranjeros toman su dirección de Dios y no del mundo.[14]

El llamado es a meditar sobre lo que es bueno para el alma.

¿Te has ha sentado a meditar sobre lo que es bueno para tu alma y principalmente sobre lo que honra a Dios? Por ejemplo, formas de entretenimiento que no complacen a Dios; películas que nos divierten, pero que ofenden la imagen de Dios; formas vanas de hablar; maneras indecorosas de vestir; estilos de vida más parecidos a las vidas de aquellos que no conocen al Señor que a la imagen de Cristo mismo; todo eso no es de provecho para nuestra alma ni honra a nuestro Dios. El pastor Piper nos da ejemplos muy cotidianos que nos deben llevar a pensar. Lo que hagamos o no con esas ideas contribuirá a ordenar o desordenar nuestro mundo interior. Esa cosmovisión nos ayudará, incluso, a no desperdiciar horas frente a un televisor viendo cosas que no benefician al alma y que luego nos llevarán, en muchas ocasiones, a consejería por problemas que contribuyeron a crear. La televisión es un ejemplo, pero puede ser una computadora, un

---

[14] Tomado del sermón del Dr. Piper, «La batalla contra el alma y la gloria de Dios», predicado el 22 de mayo de 1994. Transcripción y audio disponible en: http://www.desiringgod.org/messages/the-war-against-the-soul-and-the-glory-of-god?lang=es (traducción del autor).

negocio, una profesión o cualquier otra cosa. Necesitamos adquirir una forma de pensar distinta a la del mundo o jamás podremos llegar a ser las personas que Dios quiere que seamos.

A continuación, compartimos un ejercicio que alguien llevó a cabo, para darnos una idea de cómo usamos el tiempo. Una semana tiene 168 horas. Supongamos que trabajamos 10 horas al día, en una jornada larga de trabajo. Dormimos 7 horas, que dicho sea de paso, es una buena cantidad de tiempo; no necesitamos 10 horas de sueño. Supongamos también que el tiempo de comidas nos toma 3 horas. Si sumamos todo, llegamos a unas 20 horas diarias. De lunes a viernes, son 5 días multiplicados por 20 horas diarias, que equivalen a 100 horas. Para el sábado y el domingo, vamos a suponer 8 horas de sueño, pero le vamos a seguir asignando las mismas 3 horas a la comida. De manera que el sábado, usaríamos 3 horas para comer y 8 horas para dormir, con un total de 11 horas. Multiplicamos esas 11 horas por 2 (sábado y domingo) y obtenemos un total de 22 horas para el fin de semana. Así pues, ahora tenemos 100 horas que usamos de lunes a viernes, más 22 horas que usamos el fin de semana. Esto da un total de 122 horas. Si restamos ese valor de las 168 horas que tiene la semana, nos restan 46 horas para hacer otras cosas. Si estas horas las multiplicamos por 52 semanas que tiene el año, eso nos deja con 100 días libres (99,66, para ser más exactos). Eso es un poco más de tres meses. ¿Qué hicimos con todo ese tiempo? Tres meses al año, todos los años. Al final, representa mucho tiempo.

El tiempo se va y, muchas veces, somos los más insatisfechos con el uso que le dimos. ¿Por qué? Porque reconocemos que lo desperdiciamos. Como resultado, nuestro mundo interior permanece desorganizado. Usualmente vivimos de una manera en que lo urgente está en el primer lugar, mientras que dejamos lo importante en segundo lugar y lo prioritario en el último. Comúnmente, lo urgente está relacionado con las demandas del trabajo. Nuestro día a día se ve de la siguiente manera: son las siete de la mañana, debemos salir corriendo hacia el trabajo, nos tenemos que ir sin importar que no hayamos orado, que no hayamos leído la Biblia y sin importar que ni siquiera nos despedimos de nuestros hijos. Nos tenemos que ir… Nuestro jefe nos está esperando para algo urgente. Ese es el día a día de muchos de nosotros. Decimos que Dios es importante, pero en la práctica el trabajo es lo prioritario. Después del trabajo están las relaciones, los compromisos: cumpleaños, bodas, despedidas de soltería, *baby showers* y demás actividades. Y mientras tanto, Dios está en un lugar secundario en nuestra agenda.

Muchas veces, escuchamos decir: «Me siento culpable porque no he tenido tiempo esta semana para leer la Biblia y mi tiempo de oración casi ha desaparecido». No obstante, estos individuos han continuado cumpliendo con sus compromisos sociales, su tiempo semanal de ir al salón de belleza, como es costumbre en culturas como la nuestra, o su tiempo de lavar el auto los fines de semana, según sea el caso. Lo cierto es que siempre encontramos la manera de sacar tiempo para llevar a cabo aquellas cosas que nos interesan. Dios es el que usualmente no tiene espacio dentro de nuestras apretadas agendas.

Si no organizamos el mundo interior, las cosas prioritarias nunca encontrarán lugar en nuestras vidas. Si tomamos un recipiente grande y lo llenamos con pequeñas piedras, no tendremos espacio para las grandes. Cuenta una historia que un profesor hizo algo similar frente a sus estudiantes y luego vació el recipiente y lo llenó con piedras grandes. Entonces preguntó: «¿Creen que está lleno?». Los estudiantes le dijeron que sí. Inmediatamente, introdujo múltiples piedras pequeñitas que se deslizaron entre las grandes. Volvió a preguntar: «¿Creen que está lleno?». Y ellos respondieron: «Ahora sí, profesor». Entonces, tomó arena que se deslizó entre las piedras pequeñitas. Una vez lleno, los estudiantes pensaron que por fin estaba totalmente lleno. Pero el profesor tomó agua y la vertió sobre el recipiente y parte del agua pudo aún entrar entre los pequeños granos de arena. La idea detrás de esta ilustración no es que lleguemos a hacer más cosas en el mismo número de horas a la semana. La enseñanza de la ilustración es que cuando colocamos las cosas importantes primero, en su debido lugar, las demás encuentran espacio, pero no ocurre así de la manera inversa. Lo mismo tenemos que hacer en nuestra vida.

Créase o no, la organización de nuestro mundo interior depende de nuestra relación con Dios. Una vez que lo hayamos colocado en el lugar que le corresponde en nuestras vidas, podremos darle el lugar correcto a nuestras relaciones con los demás: nuestro cónyuge, nuestros hijos, nuestros familiares, nuestros amigos y aun el trabajo. Cuando vivimos de ese modo, organizados, usualmente encontramos el espacio para tener comunión con Dios y de esa comunión depende nuestra paz con Él. Incluso, mayor será la probabilidad de educar una descendencia santa para Dios y cosechar mayor satisfacción en la vida.

Si quieres cambiar y empezar de nuevo hoy, pero no sabes por dónde iniciar, una manera en la que puedes determinar lo importante y lo prioritario es preguntándote cómo andan tus relaciones. ¿Cuál de ellas? Empecemos por la más importante: ¿cómo anda tu relación con Dios? Si no anda muy bien, el resto no andará bien y ahí podemos detenernos. Si pensamos: «Mi relación con Dios anda bien, pero la relación con mi esposa o esposo no anda muy bien», tenemos que continuar haciendo introspección porque generalmente esas dos cosas van de la mano. El autor de Proverbios nos dice: «Cuando los caminos del hombre son agradables al Señor, aun a sus enemigos hace que estén en paz con él» (Prov. 16:7). Por supuesto, sabemos que el Libro de Proverbios es un libro de sabiduría y que por tanto, hay ocasiones en que no vemos que sus dichos se cumplan tal y como están enunciados en el proverbio. Sin embargo, al ser un libro de sabiduría, sí nos deja ver que por lo general es así como suceden las cosas en la vida.

¿Te has preguntado alguna vez cuál es el propósito de tu vida? La mayoría de las personas no tienen claro cuál es el propósito de Dios para sus vidas. Se levantan, se van a trabajar, llegan cansados, comen y se acuestan… Se levantan, se van a trabajar, llegan cansados, comen y se acuestan. Tenemos que preguntarnos cuál es el propósito de Dios para nuestra vida porque, cuando no lo tenemos claro, desperdiciamos mucho tiempo haciendo cosas que no forman parte de Su propósito para nosotros.

¿Has elaborado un plan de vida, ya sea por escrito o en tu mente? Con frecuencia, la vida misma va creando ese plan a medida que se desenvuelve, cuando en realidad deberíamos organizar nuestro mundo en relación a Dios para que entonces nuestros planes puedan entrar dentro de Sus propósitos. Si no nos hacemos preguntas, nunca sabremos con certeza dónde nos encontramos. ¿Te has preguntado si en este año hay más del carácter de Cristo formado en ti? Si la respuesta es sí, ¿en qué áreas en particular crees que eso se ha dado? Este tipo de preguntas nos van a ayudar a entender cómo estamos viviendo en relación a lo importante y lo prioritario, porque tendemos a hacer lo urgente primero, pero Dios entiende que hay cosas que debemos atender antes. Lamentablemente, lo que hacemos con frecuencia es permitir que lo urgente tome el lugar de lo prioritario. Lo prioritario ha sido reemplazado y por eso es que Dios no encuentra espacio en nuestra agenda. Esta es la razón por la que el tiempo de comunión con Dios y el tiempo para estudiar y meditar en la Escritura no cabe en nuestro día a día, porque lo urgente ha ido reemplazando todas y cada una de esas cosas. El problema es que, cada vez que reemplazamos lo prioritario, lo urgente nos crea problemas y es entonces cuando el mundo exterior se desorganiza. Entonces, nuestro mundo exterior se desorganizó porque nuestro mundo interior se desorganizó primero.

EL MUNDO EXTERIOR Y EL MUNDO INTERIOR DEL HOMBRE

El mundo exterior tiene que ver con nuestra reputación. Para muchos, lo que la gente piensa de ellos es más importante que lo que Dios piensa. Podemos estar en desacuerdo con este comentario, pero la manera como vivimos, tratando de complacer a los demás y no complaciendo a Dios, prueba lo que acabamos de decir. Por otro lado, el mundo exterior tiene que ver con el trabajo, los compromisos sociales y las apariencias. Hay personas muy bien conceptuadas a los ojos de los demás, pues son personas disciplinadas y, por tanto, muy cumplidoras. El problema es que mucha gente que es catalogada como muy cumplidora no cumple con Dios. Van a todos los funerales, están en todas las bodas, están en todos los cumpleaños, van a todos los eventos sociales, y más ahora que a través de Facebook pueden felicitar y estar en contacto con todo el mundo; pero desafortunadamente muchos de ellos no cumplen con Dios.

El mundo interior tiene que ver con el carácter, con nuestros valores y creencias; tiene que ver con lo que verdaderamente somos y sobre todo con lo que se relaciona con Dios. Debemos ser personas reflexivas si queremos cultivar nuestro mundo interior. Por ejemplo, no podemos simplemente arrepentirnos sin pensar en lo que implica dicho arrepentimiento. En una ocasión, Jonathan Edwards escribió: «Señor, perdóname por lo superficial de mi arrepentimiento». Y esto lo dijo el mejor teólogo que Estados Unidos haya producido. Anteriormente enfatizamos la necesidad de examinarnos y, al respecto, Sócrates, el gran filósofo griego, solía decir que no vale la pena vivir sin examinarse.

En el capítulo anterior mencionamos que los hombres tienden a estar más orientados a las tareas que las mujeres, mientras que ellas son más dadas a las relaciones en comparación con los hombres; esta tendencia se refleja a nivel espiritual en que la mayoría de las mujeres cristianas tienen más comunión con Dios y oran más al Señor que los hombres. Se refleja también en que las mujeres compran la mayor parte de la literatura cristiana (70-80 %, según algunos estudios); además, los mismos estudios reflejan que la mayor parte de la literatura cristiana que los hombres compran la leen las mujeres. Esa orientación hacia las tareas hace que muchos hombres sean exitosos en el trabajo, pero un desastre en sus familias.

Lo anterior se puede ilustrar por medio de un fenómeno geológico llamado *sumidero (sinkhole* en inglés). Son grandes agujeros que se abren en la superficie de la tierra de forma súbita, capaces de tragarse todo lo que se encuentre encima de dicha superficie. Se producen debido a cambios ocurridos en el subsuelo por diferentes razones. Hasta el momento en que se produce el colapso, todo lo que se veía en la superficie lucía muy bien. Así ocurre con muchas vidas que lucen muy bien en lo exterior hasta el día en que el matrimonio o la familia colapsa. Esto nos hace recordar una historia que tuvo lugar en uno de los seminarios más prestigiosos de Estados Unidos. Durante un año en particular, en el acto de graduación hubo un estudiante que se llevó el premio al mejor alumno y recibió los aplausos de todos los asistentes. Después de terminar el acto, ya en su casa, su esposa tomó una pila de libros de su biblioteca, los tiró sobre la mesa y le dijo: «¡Ahí están tus libros! Te puedes casar con ellos. ¡Me voy!». Esto ocurrió el mismo día de su graduación del seminario. Esta historia nos da una idea de cómo existen cosas capaces de corroer el interior de una persona, de una relación, de un matrimonio o de una familia. Esto ocurre porque las prioridades no se han definido claramente y, cuando se las han definido en palabras, no se las han puesto en práctica.

Debemos recordar que nuestras prioridades se relacionan con nuestro propósito de vida. El orden de estas prioridades determina cómo vamos a vivir y además determina los problemas que pueden generarse. Vamos a usar otra ilustración para que nos ayude a entender mejor de qué manera el orden de las prioridades influye en estas cosas. Existe una tesis conocida como el principio de Pareto, que mucha gente ha aplicado en diferentes áreas. No entraremos en detalles sobre la historia de cómo Vilfredo Pareto, de quien este principio recibe su nombre, llegó a formularlo porque no es pertinente a este libro. El principio de Pareto también es conocido como la regla del 80/20. En una de sus aplicaciones, se diría que en control de calidad el 20 % de los defectos afecta el 80 % de los procesos. En una compañía que manufactura múltiples productos, algunos dirían, basados en este principio, que el 20 % de dichos productos probablemente genera el 80 % de los ingresos. Nosotros podríamos aplicarlo de esta otra forma: el 20 % de este libro seguramente producirá el 80 % del impacto en los lectores o el 20 % de un sermón producirá el 80 % del impacto en quienes escuchan. Este no es un principio absoluto, pero nos da una idea de lo que Pareto estaba tratando de ilustrar.

De esa misma manera, podríamos decir que, si organizamos nuestra vida de tal forma que en el primer 20 % de nuestras prioridades se encuentren en Dios y nuestra familia, quizás eso nos evite el 80 % de las consecuencias negativas que pudiéramos cosechar en la vida. Dicho de otra manera, si en ese primer 20 % de nuestras prioridades tenemos al trabajo, los compromisos sociales y las amistades, en lugar de Dios y nuestra familia, esa desorganización de nuestro mundo interior es pues la causa del 80 % de los problemas que tenemos: conflictos personales, conflictos matrimoniales, dificultad con los hijos, problemas morales, éticos, espirituales, económicos, de salud, etc. Quizás uno de los problemas más comunes entre los cristianos es el económico y, en la gran mayoría de los casos, los problemas económicos no son primordialmente económicos, sino del *ser,* de cómo vivimos, cómo visualizamos la vida y el mundo. La manera como concebimos el uso del dinero determina cómo lo gastamos o cómo lo malgastamos. En el área económica, hay gastos en los que no deberíamos incurrir porque hay dinero que no tenemos y si no lo tenemos no lo podemos gastar. Puedes hacer uso de tu tarjeta de crédito, pero esa deuda hay que pagarla eventualmente y con intereses. Los problemas que cosechamos en la vida son los intereses que pagamos por las cosas que dejamos de hacer de manera prioritaria. Esa desorganización se produce en el interior del individuo antes que en el exterior.

LA TOMA DE DECISIONES

A la hora de tomar decisiones, debemos recordar la premisa cristiana de que toda decisión tiene una dimensión espiritual. Por ejemplo, una iglesia o un ministerio debe tener un presupuesto. Sin embargo, si el único criterio o el criterio más importante para determinar los gastos de una iglesia es el presupuesto, Dios ha sido desplazado del lugar que le corresponde porque Él es la ficha clave que determina cómo vemos la vida, cómo reaccionamos ante ella, cómo gastamos el dinero y cómo lo administramos. Dentro de los parámetros que Dios nos ha dado para guiarnos, existe algo llamado presupuesto, que nos permite no malgastar lo que Él ha puesto en nuestras manos. El amo del presupuesto es Dios y ese es un principio que tenemos que recordar. No debemos comprar algo simplemente porque tenemos el dinero para comprarlo, porque si actuamos así Dios ha sido reemplazado. Él es el dueño del oro y la plata. Y por tanto, a la hora de gastar, Dios debe ser la persona que nos guíe a gastar o a ahorrar.

La premisa cristiana es que toda decisión tiene una dimensión espiritual. Ya que toda la creación le pertenece a Dios, entonces toda decisión tiene una dimensión espiritual. Si esto es verdad y creemos que lo es, la vida de oración se hará imprescindible. La Palabra de Dios también lo será porque es la Palabra la que informará nuestra cosmovisión. Por otra parte, la oración es el vehículo por medio del cual, Dios nos irá moviendo en una u otra dirección.

Patrick Morley, en su libro *El hombre frente al espejo,* habla de que las decisiones pueden tener un aspecto prioritario o un aspecto moral. Lo prioritario muchas veces tiene que ver con lo bueno, lo mejor, lo excelente; lo moral tiene que ver con lo correcto o lo incorrecto.[15] La renta de una casa puede ser algo prioritario para la familia, pero la renta de una casa de lujo puede tener un componente moral si los ingresos no son suficientes para dicha renta o si la intención al rentar esa casa es puramente materialista. No se deje atrapar por el prestigio, la búsqueda de dinero, el crecimiento o el mérito. Vivimos atrapados por estas cosas y ellas nos condicionan en cuanto a si nos vemos o no como ciudadanos de otro mundo, de otro reino. Tenemos que visualizarnos como exiliados, tal como menciona John Piper en la cita que usamos al inicio. Al organizar nuestro mundo interior, tenemos que aprender a tomar decisiones morales y prioritarias a la vez.

Por otro lado, muchas veces saber esperar es la mejor decisión. Si alguien nos preguntara qué es lo mejor que hemos hecho en nuestra vida, no diríamos que es predicar, enseñar o dar consejería. Creemos que lo que mejor hemos hecho en la vida es esperar. Dios nos ha enseñado a esperar y, en la espera, nos ha evitado tomar muchas malas decisiones. Dios nos ha economizado mucho tiempo, esfuerzo, energía y hasta dinero. Algunos me han dicho: «Pastor, tomé esa decisión porque tenía que hacer algo», y siempre respondo de la misma manera: «Esperar el tiempo del Señor es hacer algo».

Algunas personas que nos conocen bien nos han preguntado cómo hacemos para realizar tantas tareas como las que usualmente realizamos; con sinceridad, la mejor respuesta tiene que ver con la toma de decisiones y el uso de nuestro tiempo de forma correcta, para no desperdiciarlo. Hay muchas cosas que solo nos llevan a desperdiciar el tiempo. Procuramos siempre usar bien el tiempo porque eso es lo que determina nuestra eficiencia. Hay muchas conversaciones que son puramente triviales y, aunque hay un momento para desarrollarlas, no

---

[15] Patrick Morley, *El hombre frente al espejo* (Grand Rapids: Zondervan, 2002), edición Kindle, Loc. 3098-3111 de 6099.

deben ocupar gran parte de nuestro tiempo. No podemos dedicar gran parte del tiempo a las trivialidades porque estaríamos malgastándolo. Pablo escribe a Timoteo y le recomienda: «Oh Timoteo, guarda lo que se te ha encomendado, y evita las palabrerías vacías y profanas...» (1 Tim. 6:20a). Al escribir su segunda carta vuelve a repetir algo similar: «Evita las palabrerías vacías y profanas, porque los dados a ellas, conducirán más y más a la impiedad» (2 Tim. 2:16). Es necesario tener conversaciones sustanciosas, que nos nutran, que nos ayuden, que nos eduquen, que nos edifiquen y, cuando sea oportuno, entonces tener un tiempo para bromas y para la relajación. Algunos pasan días y días en los que, fuera del intercambio de información necesaria para el diario vivir, solo conversan de los asuntos más superficiales de la vida. Esa no es una manera sabia de invertir nuestro tiempo.

LA DELEGACIÓN DE TAREAS PARA
ORGANIZAR NUESTRO MUNDO

Esta es un área que ha sido difícil y que aún ahora necesitamos mejorar. Si tienes en tus manos más cosas de las que puedes hacer, quizás estás haciendo algunas que Dios no te ha ordenado llevar a cabo; piensa en delegar. Tener más cosas de las que podemos manejar es algo que por supuesto nos ha acontecido a nivel personal y que tal vez nos siga sucediendo. Si hay algo que sabemos es que Dios conoce que tenemos 24 horas en un día y Él no nos pedirá hacer cosas que requieran 30 horas del día para hacerlas, porque ese no es el Dios que conocemos. Así pues, a veces tenemos cosas en «nuestro plato» que Dios no ha colocado allí y que tenemos que eliminar. En ocasiones, la solución es delegar. Hay tareas que tienen que ser delegadas porque otros las pueden hacer mejor o porque necesitas dedicar tu tiempo a las cosas que solo tú puedes hacer. Muchas veces, tendemos a hacer las cosas nosotros mismos porque pensamos que el otro no las hará tan bien como nosotros o porque entendemos que, si las delegamos, demorarán mayor tiempo. Y con frecuencia es así, pero solo al principio porque luego ese otro habrá aprendido a hacerlo bien y su tiempo será mejor usado. La respuesta final no es empaquetar más cosas en un solo día, sino que podamos hacer aquellas que realmente corresponden a nuestra función o nuestro rol.

Llama la atención que cuando Jetro, el suegro de Moisés, lo visitó, lo primero que notó fue que a este gran líder le hacía falta delegar. Revisemos la historia para luego hacer un par de observaciones:

Y aconteció que al día siguiente Moisés se sentó a juzgar al pueblo; y el pueblo estuvo delante de Moisés desde la mañana hasta el atardecer. Cuando el suegro de Moisés vio todo lo que él hacía por el pueblo, dijo: ¿Qué es esto que haces por el pueblo? ¿Por qué juzgas tú solo, y todo el pueblo está delante de ti desde la mañana hasta el atardecer? Y respondió Moisés a su suegro: Porque el pueblo viene a mí para consultar a Dios. Cuando tienen un pleito, vienen a mí, y yo juzgo entre uno y otro, dándoles a conocer los estatutos de Dios y sus leyes. Y el suegro de Moisés le dijo: No está bien lo que haces. Con seguridad desfallecerás tú, y también este pueblo que está contigo, porque el trabajo es demasiado pesado para ti; no puedes hacerlo tú solo. Ahora, escúchame; yo te aconsejaré, y Dios estará contigo. Sé tú el representante del pueblo delante de Dios, y somete los asuntos a Dios. Y enséñales los estatutos y las leyes, y hazles saber el camino en que deben andar y la obra que han de realizar. Además, escogerás de entre todo el pueblo hombres capaces, temerosos de Dios, hombres veraces que aborrezcan las ganancias deshonestas, y los pondrás sobre el pueblo como jefes de mil, de cien, de cincuenta y de diez. Y que juzguen ellos al pueblo en todo tiempo; y que traigan a ti todo pleito grave, pero que ellos juzguen todo pleito sencillo. Así será más fácil para ti, y ellos llevarán la carga contigo (Ex. 18:13-22).

Moisés no había pensado que algunos casos no requerían de su sabiduría o su pericia, ya que otros podían encargarse de ellos para que él pudiera ocuparse de los casos más complejos. Eso liberaría parte de su tiempo para hacer cosas que solo él podía hacer. Ese es el arte de la delegación. Más adelante, cuando Moisés se queja ante Dios por la carga del pueblo, Dios le pide que reúna a 70 ancianos de Israel para que le ayuden a llevar la carga (Núm. 11:16-18). De repente, el liderazgo del pueblo pasó de una persona (Moisés) a 70. ¿Cree que Moisés tenía que aprender a delegar? Eso nos hace sentir mejor cuando no hemos sido buenos en delegar.

Las recomendaciones de Jetro fueron importantes, tan importantes que necesitamos resaltar algunas:

- Moisés tenía que delegar o de lo contrario corría el riesgo de colapsar, como estuvo a punto de ocurrir según vemos en Números 11.
- Moisés tenía que dedicar tiempo para enseñar a aquellos a quienes les delegaría la tarea: «Y enséñales los estatutos y las leyes, y hazles saber el camino en que deben andar y la obra que han de realizar» (Ex. 18:20).
- Para delegar bien hace falta una buena selección de las personas que han de realizar la labor: «escogerás […] hombres capaces, temerosos de Dios, hombres veraces que aborrezcan las ganancias deshonestas» (Ex. 18:21a).

Algunos de nosotros simplemente no sabemos delegar. Pero es bueno poder reflexionar sobre algunas de las cosas que nos impiden hacerlo. Ya en el capítulo anterior vimos algunas de estas características. Entre estas podemos citar:

1. **El perfeccionismo.** Pensamos que nadie hará las cosas como nosotros. Es posible que sea cierto; pero, si no aprendemos a delegar, nuestra institución se estancará prontamente en su crecimiento y no podrá ser efectiva porque todas las decisiones las tiene que tomar la misma persona.

2. **Inseguridad.** Nuestras inseguridades nos llevan a desconfiar del otro. Uno de los beneficios de delegar es que se incrementa la moral del equipo y la confianza que sus miembros

sienten que se ha depositado en ellos. Mientras, tú estarás menos cargado y tendrás más tiempo para atender asuntos de vital importancia.

3. **Temor de perder autoridad.** Es probable que temamos que al delegar podamos perder el poder de decidir en cada momento, pero la autoridad es algo totalmente diferente. La autoridad tiene que ver con el respeto que los demás profesan hacia ti como fruto de tu buen desempeño y de la consistencia entre tus palabras y tus acciones.

Las razones por las que muchas veces no delegamos están relacionadas con nuestro mundo interior. Y de ahí la importancia de revisarlas.

REFLEXIÓN FINAL

¿Por qué dedicar tanto tiempo al tema de delegar en un capítulo que tiene que ver con la organización de nuestro mundo interior? Porque, cuando no delegamos, muchas veces se desorganiza nuestro mundo y quedamos al borde del colapso. Nota cómo Moisés prácticamente llegó a ese punto:

Entonces Moisés dijo al SEÑOR: ¿Por qué has tratado tan mal a tu siervo? ¿Y por qué no he hallado gracia ante tus ojos para que hayas puesto la carga de todo este pueblo sobre mí? ¿Acaso concebí yo a todo este pueblo? ¿Fui yo quien lo dio a luz para que me dijeras: «Llévalo en tu seno, como la nodriza lleva al niño de pecho, a la tierra que yo juré a sus padres»? ¿De dónde he de conseguir carne para dar a todo este pueblo? Porque claman a mí, diciendo: «Danos carne para que comamos». Yo solo no puedo llevar a todo este pueblo, porque es mucha carga para mí. Y si así me vas a tratar, te ruego que me mates si he hallado gracia ante tus ojos, y no me permitas ver mi desventura (Núm. 11:11-15).

Moisés estaba airado con Dios debido a una fatiga generada en parte por el mucho trabajo y también por las quejas continuas del pueblo, como podemos ver si leemos los versículos anteriores a este pasaje. La respuesta de Dios no fue que le ordenara al pueblo no quejarse, pues eso no iba a acontecer dada la naturaleza pecadora del hombre. La respuesta de Dios fue delegar el trabajo de Moisés a 70 hombres... no 3 o 7 o 10, sino 70. Eso es increíble. Si Dios no resolvía ese problema, tanto el mundo interior como el mundo exterior de Moisés sufrirían las consecuencias. Pero Dios en Su misericordia intervino y lo ayudó donde él necesitaba ayuda. Creemos que esta es una gran historia con grandes enseñanzas.

Delegar nos permitirá también disponer de más tiempo para organizar las prioridades, que fue donde comenzamos. El equipo que así se forme nos puede ayudar también a tomar decisiones, que fue otras de las áreas que revisamos en este capítulo. Todo esto nos ayudará a organizar tanto el mundo interior como el exterior.

3

Sé un siervo de mente bíblica

[P]ues como piensa dentro de sí, así es.

(Prov. 23:7a)

Ninguno reflexiona.

(Isa. 44:19a)

INTRODUCCIÓN

Quizás una de las características que más llama la atención en cristianos que asisten a iglesias de buena doctrina es la ausencia de una mente bíblica. Esto sale a relucir en sus conversaciones cotidianas, así como en sus relaciones, en la manera de vivir, en la forma como visten, en la manera como gastan, en la manera como debaten, en la forma como tratan a aquellos que consideran inferiores y en el resto de sus vidas. De acuerdo al *Barna Research Group*, menos de un 50 % de los norteamericanos puede citar los nombres de los 4 Evangelios y un 60 % no puede mencionar 5 de los 10 mandamientos. Un 50 % de estudiantes de secundaria de último año opinaron en una encuesta que Sodoma y Gomorra eran esposos. Y un número considerable opinó que Billy Graham fue quien predicó el

Sermón del Monte.[16] Quizás estas estadísticas nos parezcan risibles; sin embargo, en mi opinión, no creo que el conocimiento bíblico de América Latina sea muy distinto.

En el año 1994, el historiador norteamericano Mark Noll, publicó un libro con el título *The Scandal of the Evangelical Mind* [El escándalo de la mente evangélica], que comienza con la siguiente frase: «El escándalo de la mente evangélica es que no existe una mente evangélica».[17] El autor continúa preguntando por qué los evangélicos que poseen recursos económicos, estatus e influencia, y disfrutan de ellos han contribuido tan poco al mundo académico.

La ausencia de una mente bíblica imposibilita el discernimiento espiritual, lo cual trae consecuencias al individuo y al pueblo de Dios en general. En un momento dado de la historia del pueblo hebreo, Dios dice a través el profeta Isaías: «Por eso va cautivo mi pueblo por falta de discernimiento; sus notables están muertos de hambre y su multitud reseca de sed» (Isa. 5:13). El pueblo de Dios se fue al exilio debido a sus múltiples acciones pecaminosas, pero Dios atribuyó dicho comportamiento a la falta de una mente bíblica en ellos, que el texto que acabamos de mencionar describe como falta de discernimiento. Es imposible para el hombre adquirir una verdadera sabiduría sin conocer a Dios primero. Es precisamente el conocimiento de Dios lo que permite que lleguemos a conocer algo de nosotros mismos para que entonces podamos conocer el resto de lo que nos toca conocer. El gran teólogo Juan Calvino comienza su famosa obra *Institución de la religión cristiana*, con esta idea:

> Casi toda la sabiduría que poseemos, esto es, la verdadera y sólida sabiduría, consta de dos partes, el conocimiento de Dios y de nosotros mismos […]. De nuevo, es cierto que el hombre nunca alcanza un conocimiento claro de sí mismo, a menos que

---

[16] Citado por el Dr. Albert Mohler, «The Scandal of Biblical Illiteracy: It's Our Problem» [El escándalo del analfabetismo bíblico: Es nuestro problema], Christian Headlines.com, acceso el 2 de enero de 2017, http://www.christianheadlines.com/columnists/al-mohler/the-scandal-of-biblical-illiteracy-its-our-problem-1270946.html.

[17] Mark Noll, *The Scandal of the Evangelical Mind* [El escándalo de la mente evangélica] (Grand Rapids: Eerdmans 1995).

haya primero mirado el rostro de Dios y entonces desciende de contemplarlo a Él para escudriñarse a sí mismo.[18]

Con esto, Juan Calvino nos deja ver que el hombre que no escudriña la Palabra de Dios no podrá adquirir una mente bíblica porque todo comienza con el conocimiento de Dios y es precisamente en la Escritura donde Él mejor se revela al ser humano. Hay un conocimiento limitado de Dios al que toda persona puede acceder si observa la creación, mientras que otra parte de ese conocimiento ha sido plasmado en la conciencia de cada ser humano por obra de Dios, tal como explica el apóstol Pablo en Romanos 1:19-20.

EL IMPACTO DE LA CAÍDA SOBRE LA MENTE

Dios creó al hombre (lo bueno); ese hombre desobedece (lo malo); Dios decide redimirlo (lo nuevo) para finalmente glorificarlo (lo perfecto).[19] En la actualidad nos encontramos todavía en el proceso de redención, a través del cual Dios procura restaurar todo lo que fue dañado por la caída. Pero en el ínterin, es necesario que podamos comprender de qué manera la caída afectó al ser humano. La Palabra de Dios usa diferentes adjetivos para referirse a la mente caída y entonces habla de:

- Una mente endurecida (2 Cor. 3:14)
- Un entendimiento cegado (2 Cor. 4:4)
- Una mente envanecida (Ef. 4:17)
- Un entendimiento entenebrecido (Ef. 4:18)
- Una mente carnal (Col. 2:18)
- Una mente depravada (1 Tim. 6:5)
- Una mente embotada (Mar. 6:52)

La caída del hombre fue tan profunda que posteriormente el apóstol Pablo nos enseña que «el hombre natural no acepta las cosas del

---

[18] Juan Calvino, *Institución de la religión cristiana*, 1.2.2.
[19] Adaptado de *La fe cristiana frente a los desafíos contemporáneos* de John Stott (Grand Rapids: Libros Desafío, 2002), 60.

Espíritu de Dios, porque para él son necedad; y no las puede entender, porque se disciernen espiritualmente» (1 Cor. 2:14). Martín Lutero entendió perfectamente cuán profundo fue el impacto de la caída de Adán y por eso escribió:

> Debido al pecado original, nuestra naturaleza está tan torcida e inclinada hacia sí misma hasta los niveles más profundos que no solo tuerce los mejores dones de Dios y los dirige hacia sí para disfrutarlos [como hacen los moralistas e hipócritas], sino que también usa a Dios para obtener estos dones, pero ni siquiera conoce que con esa forma malvada y torcida está buscando todo, incluyendo a Dios, solo para sí misma.[20]

Con estas palabras Martín Lutero nos deja ver que la mente caída produce una orientación del pensamiento y de la vida del hombre totalmente egocéntrica. Adán perdió su orientación vertical (hacia Dios), la cual tenía de manera natural. Luego de la caída, su orientación fue mayormente hacia sí mismo. Por eso, durante la Era de la Razón o la Ilustración, el hombre afirmó aún más que el ser humano es la medida de todas las cosas, lo cual no debe extrañarnos dada la corrupción de la mente humana. Juan Calvino, otro de los grandes reformadores y sin lugar a dudas uno de los más grandes teólogos de la historia de la Iglesia, hizo el siguiente comentario con relación a nuestra corrupción:

> Esta perversidad nunca cesa en nosotros, sino que continuamente produce nuevos frutos (las obras de la carne que ya hemos descrito), de la misma manera como el horno ardiente que produce llamas y chispas o el agua que de forma incesante brota de un manantial [...] porque nuestra naturaleza no solo está destituida de todo bien, sino que es fértil y fructífera con todo tipo de maldad que no puede estarse quieta [...]. Cualquier

---

[20] Martín Lutero, *Luther Lecture on Romans,* [Lutero: Sermón sobre Romanos]. Ed. por Wilhelm Pauck (Louisville: Westminster John Knox Press, 1961), 159.

cosa que esté en el hombre desde el entendimiento hasta la voluntad, desde el alma hasta la carne, han sido corrompidas.[21] Esta es la razón por la que Calvino hablaba de la depravación total del hombre, con lo cual nos enseñaba que todas las facultades del ser humano han sido teñidas por el pecado. Esa mente razona de la siguiente manera:

- **Somos lo que nosotros pensamos que somos.** Por tanto, nuestros títulos y logros nos dan identidad.
- **Hacemos cosas malas, pero no somos malas personas.** Es que los demás nos juzgan injustamente.
- **Si algo sale mal no es nuestra culpa.** Eva y la serpiente en el Edén son la evidencia de esto.
- **Algo malo ha ocurrido y alguien es el culpable.** Así es, pero esa persona no somos nosotros.
- **La moralidad es relativa.** Pero cuando alguien peca contra nosotros, queda claro el principio que se violó.

Todo esto nos deja ver la gran necesidad de cultivar una mente bíblica.

LA IMPORTANCIA DE UNA MENTE BÍBLICA

A principios del siglo xx, vimos el crecimiento del movimiento fundamentalista que se vio amenazado por el cuestionamiento de la autoridad de la Biblia por parte del movimiento de la teología liberal. Lamentablemente, muchos de los fundamentalistas comenzaron a desarrollar una cierta sospecha acerca de todo lo que tenía que ver con el intelecto, como si la fe y la razón fueran opuestas, cuando, en realidad, en la mente de Dios, las dos están conectadas a Su revelación. Si Dios creó el mundo, como en verdad lo hizo, creó al hombre a Su imagen y semejanza, y luego se reveló a él, es lógico concluir que esperaba que por medio de la razón pudiéramos entender Su revelación

---

[21] Juan Calvino, *Institución de la religión cristiana*, I.17.6

y al entenderla desarrolláramos una fe genuina y bíblica.

El apóstol Pablo nos deja ver parte de esto que estamos tratando de explicar en la Epístola a los Romanos: «Y no os adaptéis a este mundo, sino transformaos mediante la renovación de vuestra mente, para que verifiquéis cuál es la voluntad de Dios: lo que es bueno, aceptable y perfecto» (Rom. 12:2). Claramente se nos dice en este texto que por medio de nuestra mente debemos resistirnos a conformarnos a este mundo, para lo cual tendremos la ayuda del Espíritu Santo. Al mismo tiempo, debemos renovar nuestra mente (con la Palabra de Dios) para ser transformados. Es imposible experimentar una transformación de vida si nuestra mente no es transformada primero.

La mente es el centro de operaciones que dirige nuestros pensamientos, nuestras emociones, nuestras decisiones y nuestras acciones. Nosotros primero pensamos, luego sentimos y finalmente tomamos una decisión mental que nos lleva a una acción en la práctica. El rol de la mente en la vida cristiana está revelado de diferentes maneras en la Palabra de Dios. En Mateo 22:37 leemos: «AMARÁS AL SEÑOR TU DIOS CON TODO TU CORAZÓN, Y CON TODA TU ALMA, Y CON TODA TU MENTE». Nuestra mente es la que nos permite entender lo que Dios ha revelado y, por tanto, es la que nos ayuda a conocerlo.

CÓMO SE FORMA O DEFORMA LA MENTE

Mencionamos cómo el apóstol Pablo nos instruye en Romanos 12:2 diciendo que no debemos adaptarnos a las corrientes de este mundo que nos deforman la mente, sino que debemos ser transformados por medio de la renovación de nuestra mente para permitir la formación de la mente bíblica, a lo cual ya hemos aludido. Cada impulso visual o auditivo que la mente recibe deja una huella o memoria en ella. El mundo nos bombardea continuamente con sus ideas y, si no tenemos un filtro apropiado y algo con qué contrarrestar ese bombardeo, la mente va tomando sus formas. Nuestra estrategia contra los patrones de este siglo debe ser ofensiva más que simplemente defensiva; debemos preparar un ataque intencional que renueve nuestra mente mediante la Verdad de Dios. Creemos que a esto aludía el apóstol Pablo en su Segunda Carta a los Corintios cuando escribió:

> *[P]orque las armas de nuestra contienda no son carnales, sino poderosas en Dios para la destrucción de fortalezas; destruyendo especulaciones y todo razonamiento altivo que se levanta contra el conocimiento de Dios, y poniendo todo pensamiento en cautiverio a la obediencia de Cristo* (2 Cor. 10:4-5).

La idea detrás de este texto es que el cristiano debe comparar todo cuanto aprende con el estándar bíblico y luego desechar lo que no es congruente con la revelación de Dios; debe obedecer Su Palabra aun cuando el mundo lo rechace y no lo entienda. Si permitimos que nuestra mente se exponga con frecuencia a antivalores mediante lo que leemos o lo que experimentamos de manera visual, sin lugar a dudas poco a poco nos iremos desensibilizando y aceptando niveles de pecado en nuestras vidas cada vez mayores. Si ya nos hemos expuesto a dichos antivalores y ahora descubrimos que estamos desensibilizados, la decisión correcta debe ser alejarnos de la fuente que nos ha desensibilizado para permitir que la conciencia adormecida pueda volver a sensibilizarse. Tenemos que reemplazar todo lo malo que hemos aprendido con los valores del reino de los cielos. La sociedad tiende a juzgar como bueno algo que en realidad está mal y califica como malo algo que en realidad está bien. Este no es un problema nuevo, sino que comenzó en el jardín del Edén cuando Adán prestó atención a la voz de la serpiente (lo que estaba mal) e ignoró la voz de Dios (lo único que estaba bien). En los tiempos del profeta Isaías, Dios pronunció un oráculo de maldición sobre Su propio pueblo al decir: «¡Ay de los que llaman al mal bien y al bien mal, que tienen las tinieblas por luz y la luz por tinieblas, que tienen lo amargo por dulce y lo dulce por amargo!» (Isa. 5:20). Esa pequeña palabra «ay» presagia un juicio de parte de Dios.

La sustitución de los antivalores por los valores bíblicos es de vital importancia porque la mente piensa de acuerdo a los valores que acumula a través de los años. Lo que debemos preguntarnos es:

¿qué es un valor? Un valor es algo que tiene mérito o significado para nosotros y que nos lleva a reaccionar o a comportarnos de una manera determinada. Nuestros valores dan origen a nuestras emociones, nuestros sentimientos, nuestros deseos, nuestros hábitos y patrones de comportamiento. Algunos prefieren usar la palabra *virtud* porque entienden que se acerca más a lo que la Biblia revela. Esto evita que alguien se refiera a un concepto y, por más distorsionado que esté, diga que para él es un valor. Ciertamente, en nuestros días se ha producido una pérdida masiva de los valores cristianos. Hemos perdido el sentido de la vergüenza, el sentido del deber y el sentido de la culpa. Es imposible que una sociedad pueda funcionar adecuadamente en ausencia de estos tres valores. Si quieres ver cómo luce una sociedad que los ha perdido, solo tienes que leer los periódicos de nuestros días o leer la epístola del apóstol Pablo a los Romanos, específicamente Romanos 1:18-32.

FACTORES QUE CONTRIBUYEN A FORMAR
NUESTROS VALORES

Francis Schaeffer dijo en una ocasión que «vamos acumulando nuestros valores como gérmenes o microbios por las calles de la vida». Esto es muy cierto. El hombre tiende a tomar sus valores de sus ídolos o de aquellas personas que admira. El viejo hombre acumula valores según la carne (Ef. 2:3), pero el nuevo hombre debe escudriñar la Palabra para obtener sus valores a partir de la revelación de Dios. Los valores forman el estándar a través del cual la persona juzga, mide, compara y vive. Cambiar los valores es difícil porque implica dejar de ser lo que éramos y eso atemoriza a muchos. Además, no suele resultarnos tan fácil cambiar nuestros valores debido a la fuente de donde los tomamos:

1. La familia
2. La educación secular y cristiana
3. Los amigos
4. La cultura
5. Los libros

6. Los medios de comunicación
7. Música, arte, drama (películas, novelas, etc.)

Lo que nuestras familias nos enseñan con cierta frecuencia es aceptado sin cuestionamiento; lo que la educación secular transmite es aceptado como lo inteligente; y lo que nuestros amigos nos pasan es recibido como lo que está de moda. Las cosas que aprendemos de la cultura forman parte de nuestra identidad porque la cultura tiende a darnos forma. La música es un buen instrumento para transmitir valores, ya sea para bien o para mal. Se ha dicho que nosotros fuimos creados para filtrar todas nuestras experiencias a través de la conciencia. Pero los valores que transmite la música muchas veces son capaces de esquivar la conciencia, llegar hasta el cerebro y cambiar nuestras formas de conductas.

Muchos de los valores propios del mundo son absorbidos por nuestra mente como por ósmosis, o sea, de forma inconsciente. Sin embargo, los nuevos valores deben ser recogidos de manera intencional. Al venir a Cristo, tenemos que examinar nuestros valores, de lo contrario seguiremos pensando y viviendo como antes. Los viejos valores pueden compararse con una bomba de tiempo que explota cuando menos esperamos y por eso tenemos una necesidad importante de intercambiarlos por los valores del nuevo hombre. La Palabra de Dios habla de este intercambio en Efesios 4:22-24:

> *[Q]ue en cuanto a vuestra anterior manera de vivir, os despojéis del viejo hombre, que se corrompe según los deseos engañosos, y que seáis renovados en el espíritu de vuestra mente, y os vistáis del nuevo hombre, el cual, en la semejanza de Dios, ha sido creado en la justicia y santidad de la verdad.*

OBSTÁCULOS PARA UNA MENTE CRISTIANA

1. Distracción.

Todos nosotros tenemos «déficit de atención teológico», dice el doctor Albert Mohler al describir los efectos de la caída sobre la mente humana.[22] Y con esto nos da a entender que todos nosotros nos distraemos fácilmente con lo que ocurre a nuestro alrededor. Entonces, con frecuencia terminamos conociendo muchas cosas que a Dios no le interesan y desconociendo muchas otras que a nuestro Creador y Redentor le interesan. Cuando Jesús anunció que debía ir a Jerusalén y sufrir muchas cosas a manos de las autoridades judías, Pedro lo interrumpió y le dijo: «¡No lo permita Dios, Señor! Eso nunca te acontecerá. Pero volviéndose Él, dijo a Pedro: ¡Quítate de delante de mí, Satanás! Me eres piedra de tropiezo; porque no estás pensando en las cosas de Dios, sino en las de los hombres» (Mat. 16:22b-23). Este suele ser nuestro problema: en nuestro diario vivir tenemos presente las cosas de los hombres antes que las cosas de Dios. Fácilmente perdemos interés en las cosas del reino de los cielos para poner dicho interés en las cosas de este mundo. Nos distraemos con facilidad con las banalidades de la vida y muchos incluso pierden el interés cuando no son el centro de atención de lo que ha de acontecer.

2. Prejuicios.

Todos los seres humanos, de alguna u otra manera, tenemos prejuicios. Algunos son teológicos y no nos permiten entender posiciones contrarias a las nuestras; otros son de índole filosófica y nos imposibilitan entender (aunque no lo aceptemos) una cosmovisión diferente a la nuestra; otros prejuicios son culturales y nos hacen rechazar cualquier forma cultural diferente de la que crecimos; y aun tenemos prejuicios contra ciertas formas de ser porque, mientras nos llevamos sumamente bien con ciertas personas, hay otras que solo nos irritan. Natanael expresó un prejuicio cultural contra Jesús cuando dijo: «¿Puede algo bueno salir de Nazaret?» (Juan 1:46b). Los judíos tenían prejuicios raciales y religiosos contra los gentiles y por eso los condenaban severamente.

---

[22] Albert Mohler, «The Way the World Thinks: Meeting the Natural Mind in the Mirror and in the Marketplace» [La forma en que piensa el mundo: Conocer la mente natural en el espejo y en el mercado] en *Thinking, Loving and Doing* [Pensar, amar, hacer]. Ed. por John Piper y David Mathis (Wheaton: Crossway, 2011), 56.

3. Orgullo.

El orgullo humano se manifiesta de diferentes maneras, en diferentes momentos y en diferentes lugares. Con frecuencia suponemos que sabemos lo que el otro no conoce, sin siquiera haber escudriñado lo que creemos conocer. Otras veces, suponemos que podríamos hacer algo mejor que el otro, sin nunca antes haberlo hecho. Es como la persona que nunca ha plantado una iglesia, pero está segura de que, si lo hiciera, lo haría mucho mejor que la mayoría de los que sí lo han hecho. Asumimos la posición de juez y acusamos a otros de las mismas cosas de las cuales nosotros somos culpables. Ese orgullo se incrementa cuando poseemos algún grado de conocimiento porque, como bien dice el apóstol Pablo en 1 Corintios 8:1, «el conocimiento envanece».

MARCAS DISTINTIVAS DE UNA MENTE BÍBLICA[23]

- **Razona con una perspectiva eterna.**

La manera como percibimos los sucesos de la vida determina cómo reaccionamos. Lamentablemente, mucho de lo que vemos corresponde más bien al estado de nuestro corazón que a la realidad misma. Cuando los discípulos que estaban en la barca en medio de la tormenta vieron a Jesús caminar sobre las aguas, concluyeron que era un fantasma, aunque no era así. En esa ocasión se combinaron dos factores para darles la percepción equivocada:

1. Una cosmovisión pagana que los llevó a creer en fantasmas.
2. Su falta de fe para creer que Jesús podía caminar sobre las aguas.

Después de la conversión, la manera de Pablo de juzgar a los hombres cambió completamente; y por eso, al escribir a los corintios, expresa lo siguiente:

---

[23] Harry Blamires, «The Concept of a Christian Mind» [El concepto de una mente cristiana], *The Christian Mind* [La mente cristiana] (Regent College Publishing, 2005), 67-188.

De manera que nosotros de ahora en adelante ya no conocemos a
nadie según la carne; aunque hemos conocido a Cristo según la
carne, sin embargo, ahora ya no le conocemos así. De modo que si
alguno está en Cristo, nueva criatura es; las cosas viejas pasaron;
he aquí, son hechas nuevas (2 Cor. 5:16-17).

Esta enseñanza nos deja ver que hay dos formas de evaluar la vida: «según la carne», que corresponde a la manera de pensar del viejo hombre, y «según el Espíritu», que corresponde al nuevo hombre, a la nueva criatura que somos en Cristo. Antes de su conversión, quizás para Pablo un cliente era alguien a quien sacarle provecho; una mujer podía ser alguien con quien tener hijos o de quien obtener placer; un cristiano era alguien para perseguir. Después de su conversión, Pablo no veía a nadie según la carne, sino como potenciales conversos al Señor. Esta es otra ilustración de cómo lo que nosotros somos determina lo que vemos. Existe una perspectiva por encima del sol y una por debajo del sol, como nos dejó ver el rey Salomón en el Libro de Eclesiastés. La perspectiva por debajo del sol llevó a Salomón a considerar que toda la vida era gravosa y carente de sentido, y eso lo dejó completamente vacío. Lamentablemente, así vive gran parte de la humanidad.

- **Piensa en términos de comunidad y no individualmente.**

La mente caída siempre tiende a pensar de manera egocéntrica; pero, al redimirla, Dios comienza a ayudarnos a pensar más en términos de comunidad. Si esto ha sido importante siempre, es aún mucho más importante en medio de una generación tan narcisista como la nuestra. En el primer siglo, las personas tendían más a pensar colectivamente. Por eso, si en una comunidad pequeña alguien recibía un visitante, toda la comunidad consideraba que en cierta manera el visitante era de todos. En el capítulo 2 y 4 del Libro de Hechos, vemos cómo la iglesia respondió como una comunidad unida, al punto extremo de que algunos llegaron a vender lo que tenían para llenar las necesidades de otros. El texto dice que tenían todo en común (2:44). Más adelante leemos: «La congregación de los que creyeron era de un corazón y un alma; y ninguno decía ser suyo lo que poseía, sino que todas las cosas eran de propiedad común»

(4:32). Eso solo es posible cuando el Espíritu de Dios obra en nosotros.

- **Se somete a la autoridad, comenzando por Dios y Su Palabra.**
Por naturaleza, el hombre caído es rebelde y tiene un sentido de autonomía. Ambas cosas se pueden ver en niños pequeños que quieren hacer su propia voluntad. Como se ha observado, al niño nunca hay que enseñarle a desobedecer porque lo hace de manera natural. La lucha continua es enseñarle a esta criatura indefensa a obedecer a aquellos que lo trajeron al mundo y luego al resto de las personas que ejercen autoridad sobre él. Si la obediencia es difícil aun para aquellos que han nacido de nuevo, imaginémonos cuán difícil será para los que no aman a Dios ni Su Revelación. El pecado no es otra cosa que un grito de independencia de parte de la criatura y eso comenzó en el jardín del Edén. En realidad, podríamos decir que se inició en los cielos cuando Lucifer quiso ser como Dios. Pareciera que la criatura aún no tolera tener que someterse; esta es otra conclusión a la que arribamos tan solo observando el comportamiento de un niño.

- **Valora la dignidad de la vida.**
Desde que Estados Unidos aprobó el aborto en el año 1973, hemos estado luchando en diferentes naciones por la dignidad de la vida. La única razón de esta lucha sostenida es que el ser humano ha perdido todo respeto por lo que es la imagen de Dios impresa en él. Con el transcurrir de los años, la aprobación del aborto preparó el camino para la aprobación de la eutanasia en algunas naciones del mundo. Cuando perdemos el respeto por los más indefensos de la sociedad, no respetaremos a nadie más. Poco tiempo después de la caída de Adán y Eva, vemos cómo Caín mató a su hermano Abel (Gén. 4). Ya en Génesis 9:6, Dios se ve en la necesidad de introducir la pena de muerte como una manera de proteger a la raza humana. Naciones que heredaron una cosmovisión cristiana en ciertas áreas hoy han comenzado a eliminar la pena de muerte por homicidio al haber perdido el valor por la dignidad de la vida. Dios introdujo un castigo tan severo precisamente por el alto concepto que tiene de la imagen Suya en cada ser humano, algo que el hombre de hoy no tiene y por eso encuentra horrorosa la pena

de muerte para aquellos que le han quitado la vida a otro ser humano.

- **Valora la revelación de Dios.**
Una mente no cristiana no tiene aprecio por la Palabra de Dios ni por lo que Dios piensa sobre sus decisiones. Por tanto, podríamos decir que la persona que no conoce a Dios toma sus decisiones basada en la información que tiene, en la razón y en su experiencia. Esto desató las dos grandes guerras mundiales entre muchos otros conflictos a nivel mundial. Pero la mente verdaderamente cristiana piensa en otro orden: toma la información que recibe; la filtra a través de su conciencia y en especial a través de la revelación de Dios; luego, mediante el poder de la gracia de Dios, somete todo pensamiento cautivo a los pies de Cristo y así arriba a la decisión final.

LA PÉRDIDA DE LA MENTE CRISTIANA

Por años, los estadounidenses han debatido si Estados Unidos alguna vez fue una nación cristiana. Las opiniones están divididas, pero creemos que existe un mayor consenso respecto a que esta nación al menos recibió un alto impacto de los valores cristianos en algún momento de su historia. Ese impacto le dio, en cierta medida, a la sociedad estadounidense una conciencia cristiana, de modo que muchas de sus leyes eran congruentes con la revelación de Dios. A partir de la década de 1960, esas leyes han comenzado a cambiar y con ellas se ha ido profundizando la pérdida de la mente cristiana. Quizás a algunos les extrañe que nos refiramos a Estados Unidos en vez de a Latinoamérica, pero la razón es muy sencilla. Por un lado, a partir de la Segunda Guerra Mundial, Estados Unidos ha sido la potencia que más ha influenciado al mundo y esto también es cierto con relación a la extensión de la fe cristiana. Por muchos años, ninguna otra nación ha enviado tantos misioneros fuera de sus fronteras. Por otro lado, como la Reforma protestante nunca llegó a nuestras playas, nosotros no hemos visto en nuestros países un impacto a nivel nacional como sí ocurrió en Europa luego de la Reforma y más tarde en Estados Unidos. Al respecto, solo queremos mencionar algunos detalles del legado que los puritanos dejaron en esta nación. Decía Cotton Mather (1663-1728), uno de los puritanos más conocidos, que «la ignorancia no es la madre de la devoción, sino de las herejías». Esta forma de pensar contribuyó a que muchos puritanos fueran altamente educados. Entendemos que vale la pena mencionar algunos de los rasgos que los caracterizaron:

* Fundaron universidades.
* Sus hijos aprendían a leer y a escribir antes de los seis años.
* Estudiaron arte, ciencia, filosofía y otras múltiples ramas del saber como una manera de amar a Dios con la mente.
* El ministro puritano era considerado como una autoridad espiritual e intelectual en la comunidad.[24]

Lamentablemente, esa pérdida de la mente cristiana comenzó mucho antes del año 1960. En el siglo xviii, dos filósofos muy influyentes comenzaron un ataque feroz contra el cristianismo. La Biblia comenzó a verse como una guía ética. Desde mediados del siglo xviii y hasta principios del siglo xx, el movimiento de la Alta Crítica alemana cuestionó severamente la autoridad de la Escritura y comenzó a cuestionar la autoría, la fecha de redacción y la procedencia de cada libro de la Biblia, y así sucesivamente. El resultado fue que, al final, casi todo lo que hasta ese momento era de común acuerdo entre los académicos bíblicos pasó a ser cuestionado. La respuesta de la Iglesia fue un retiro masivo de la sociedad y los evangélicos comenzaron a fundar sus propias escuelas o colegios, sus propias universidades y, con el tiempo, fundaron sus propias estaciones de radio y televisión. Ese movimiento de la Iglesia fue conocido como el fundamentalismo. Con este suceso, la sociedad perdió la sal y la luz del mundo: nosotros como representantes de Cristo.[25]

J. P. Moreland comenta: «Este retiro y marginalización de la iglesia ha tenido consecuencias devastadoras en nuestro intento de pro-

---

[24] Allen Garden, *Puritan Christianity in America* [Cristianismo puritano en Norteamérica] (Grand Rapids: Baker, 1990).
[25] J. P. Moreland, *Love Your God With All Your Mind* [Ama a Dios con toda tu mente] (Colorado: NavPress, 1997), 22-32.

ducir discípulos vehementes, confiados, que pertenezcan a la cultura, pero con una cosmovisión cristiana y con el evangelio de Cristo».[26] El movimiento de la Alta Crítica tuvo consecuencias sobre la Iglesia, ya que dio origen a un movimiento que sospechaba de todo lo que pudiera sonar o lucir como intelectual, racional o contrario a la fe, tal como mencionamos anteriormente. Por tanto, se hizo una mala interpretación de la relación entre la fe y la razón. Los más extremistas no querían ni siquiera que sus hijos estudiaran en las universidades por considerar que la educación era algo completamente secular. Otros consideraron que la educación en los seminarios era peligrosa para la vida de la fe, de lo cual algunos aún no se han recuperado. Por cierto, muchos seminarios de corte liberal han contribuido a dañar la fe de muchos y otros de corte ortodoxo han producidos más académicos que hombres de Dios. Pero la respuesta no es condenar la educación en seminarios, sino corregir lo que está torcido. Muchos han tergiversado la Biblia, pero eso no nos debe llevar a abandonarla, sino a denunciar lo erróneo y rectificar los errores. Lo mismo podemos decir de la educación seminarista. Otro grupo reaccionó produciendo una fe más emocional y un entendimiento más superficial de la fe cristiana, y es aquí donde se encuentran una gran cantidad de cristianos latinoamericanos.

Los esenios en la época de Jesús se apartaron de la sociedad. Esta fue una comunidad de judíos que quiso retirarse de la sociedad para evitar la corrupción y se fueron a vivir alrededor del mar Muerto. Produjeron los famosos documentos encontrados en las cuevas de Qumrán. Posteriormente, quizás a partir del siglo IV-V, se produjo el movimiento monástico, que llevaba a sus miembros, los monjes, a retirarse a lugares apartados para dedicarse a la vida contemplativa y de estudio. Sin embargo, Jesús, Pablo, los reformadores y los puritanos permanecieron inmersos en la sociedad porque entendían su labor de ser sal de la tierra y luz del mundo. Nadie lo expresó mejor que Cristo mismo en el Sermón del Monte:

Vosotros sois la luz del mundo. Una ciudad situada sobre un mon-

---

[26] *Ibid.,* 29.

*te no se puede ocultar; ni se enciende una lámpara y se pone de-
bajo de un almud, sino sobre el candelero, y alumbra a todos los
que están en la casa. Así brille vuestra luz delante de los hombres,
para que vean vuestras buenas acciones y glorifiquen a vuestro
Padre que está en los cielos* (Mat. 5:14-16).

En nuestros días, vemos también que muchos cristianos de modo
erróneo separan lo sagrado de lo secular. Ciertamente, antes de la Reforma protestante, existía una clara división entre el laico y la persona or-
denada para el ministerio. Esto causó esa amplia división entre esos dos
mundos. Lutero, al igual que otros reformadores, enfatizó la doctrina
conocida como el sacerdocio de todos los creyentes. Entendieron que
cada creyente tenía una vocación a la cual había sido llamado por Dios
y desde la cual podía servirlo. Por tanto, el ministro cristiano no tenía razón para sentirse superior al que desempeñaba una función como laico.
Para el cristiano, toda la vida es sagrada porque, como bien entendieron
los reformadores, nosotros vivimos «Coram Deo», lo cual implica que
toda nuestra vida se desenvuelve delante del rostro de Dios. Estas palabras de J. P. Moreland pueden ayudarnos a entender este punto aún más:

> Para un discípulo, el propósito de la universidad no es sola-
> mente conseguir un trabajo. Es, más bien, descubrir una voca-
> ción, identificar un campo de estudio a través del cual pueda
> servir a Jesús como mi Señor. Y una manera de servirle así
> es aprender a pensar en mi carrera de un modo cristiano. El
> cristianismo de una persona no comienza en un estudio bíblico
> en la habitación, cuando sus clases [universitarias] terminan;
> sino que permea toda la vida, incluyendo cómo piensa sobre
> las ideas de nuestra área de especialización.[27]

Otra consecuencia de la pérdida de la mente cristiana es la priva-
tización de la fe. Para muchos, el cristianismo es un uniforme que
se colocan para ir a la iglesia los domingos, pero que jamás vuelven

---

[27] *Ibid.*, 28.

a usar el resto de la semana. Recordamos una ocasión cuando un cristiano nos dijo que prefería no identificarse como tal en su oficina porque luego, cuando no se comportara a la altura de su llamado, los demás terminarían señalándolo. Eso revela un problema grave en el entendimiento de nuestra fe. En primer lugar, lo más importante no es que los hombres nos señalen, sino que Dios lo hace continuamente. En segundo lugar, si tus compañeros de trabajo no pueden notar que hay algo diferente en ti que te distingue de los demás, entonces quizás es que verdaderamente no existe nada distinto en tu interior. Y ya eso es mucho más serio porque estaríamos hablando de alguien que se cree cristiano, sin serlo.

REFLEXIÓN FINAL

Una mente bíblica requiere una autoevaluación para preguntarnos: ¿de qué estamos llenando nuestra mente? ¿En qué estamos gastando esfuerzo mental? ¿Cuáles son las fuentes de nuestra meditación?

El saber o el conocimiento ha sido clasificado de diferentes maneras desde la época de Aristóteles. Para los fines de nuestro estudio, usaremos la siguiente clasificación del saber:

Conocimiento es información.
Perspectiva es sabiduría.
Convicción es convencimiento.
Carácter es el conjunto de nuestros hábitos.
Habilidades es hacer las cosas «buenas» de manera natural.

Muchos tienen información **(conocimiento)**, pero no saben cómo aplicarlo **(sabiduría)**. Por tanto, no hay consistencia en su caminar **(convicción)**. Como consecuencia, nunca exhiben la imagen de Cristo, ni siquiera parcialmente **(carácter)**, que es la manera natural de vivir **(hábitos)**.

Recordemos que podemos memorizar la Biblia sin conocerla. Podemos conocer datos sin entender su contenido y no llegaremos a conocer algo verdaderamente hasta que lo llevemos a la práctica.

4

Sé un siervo apartado

*[S]ino que así como aquel que os llamó
es santo, así también sed vosotros santos
en toda vuestra manera de vivir; porque
escrito está: Sed santos, porque Yo soy
santo.*

(1 Ped. 1:15-16)

INTRODUCCIÓN

La santidad de Dios es el atributo que lo coloca en una categoría exclusiva; lo separa de la creación inanimada y lo separa de cualquier otro ser viviente. Indudablemente, hay otros atributos de Dios que ningún otro ser posee, pero Su santidad es ese atributo que hace que nadie pueda ver Su rostro y vivir. Los serafines que fueron creados para ministrar en Su presencia tienen la sensibilidad de cubrirse el rostro, según revela el profeta Isaías en el capítulo 6. Ningún otro atributo de Dios se repite tres veces como sucede con Su santidad. Tanto Isaías 6:3 en el Antiguo Testamento como Apocalipsis 4:8 en el Nuevo Testamento nos advierten que Dios es «Santo, Santo, Santo». En hebreo, la repetición era una de las maneras de enfatizar ciertas cosas, un equivalente a lo que hoy es subrayar el texto para resaltar, colocarlo en negritas o con un color más acentuado. Pero los hebreos repetían las ideas para resaltarlas. Como dijimos, ningún otro atributo de Dios se repite ni siquiera dos veces en el relato bíblico y mucho menos tres. La santidad de Dios es intrínseca a Su ser, mientras que la nuestra es el resultado, en primer lugar, del sacrificio de Cristo a nuestro favor que nos la adjudica y luego es fruto del obrar de Dios en nosotros a través del proceso de santificación.

La santificación es obra del Espíritu de Dios, pero a diferencia de la salvación, que es obra exclusiva de nuestro Dios (monergismo), es un sinergismo a través del cual Dios, por medio de Su gracia, nos impulsa para que participemos de manera activa en nuestra santificación. Dios es el autor tanto de nuestra salvación como de nuestra santificación. Pero en la salvación, el hombre no tiene ninguna participación; él es solo un receptor de la dádiva y por eso no existen creyentes más salvos que otros, sino que todos gozamos de la misma salvación. Sin embargo, cuando hablamos de santificación, sí encontramos a personas más santificados que otras no solo por el tiempo que han estado en el evangelio, sino también porque, mientras unos han sido diligentes en procurar su santificación, otros han sido perezosos. La santificación no se produce por un proceso de ósmosis, sino por medio de nuestra exposición a los medios de gracia usados por Dios. Cuando decidimos estudiar la Palabra, reflexionar en sus enseñanzas, hacer introspección y aplicarla, o cuando por el contrario decidimos no hacer ninguna de estas cosas, estamos contribuyendo u oponiéndonos al proceso de santificación que Dios ha iniciado en nuestras vidas.

En el versículo de la Primera Carta de Pedro que citamos más arriba, se nos deja ver que Dios no nos exhortó a que nos comportáramos santamente, sino a que seamos santos. Y en ese mandato podemos observar nuevamente el principio de «ser antes de hacer». Si quiere servir a Dios necesita entender que tiene que ser una persona apartada.

EL SIERVO DE DIOS ES UNA PERSONA «APARTADA»

En el hebreo hay dos significados primarios para la palabra *santo*. El primero de los dos es *kodesh* que significa 'separado'. En la mayoría de los casos a lo largo de la historia redentora, cuando Dios llamó a alguien para que lo sirviera, lo apartó de su entorno, de un lugar de corrupción, para llevarlo a donde pudiera ser limpiado. Dios llama a Abraham y le dice: «Vete de tu tierra, de entre tus parientes y de la casa de tu padre, a la tierra que yo te mostraré» (Gén. 12:1). Hasta ese momento, Abraham vivía junto a su padre en una tierra que adoraba a dioses paganos (Jos. 24:3). Entonces, cuando Dios quiso comenzar a trabajar en él, lo apartó de su trasfondo pagano y lo apartó de su familia y de su tierra. Para caminar con Dios debemos apartarnos porque no podemos caminar con Dios y seguir en la misma dirección por donde transitábamos.

Lo mismo ocurrió con la nación de Israel. Dios la sacó al desierto y la separó así del mundo pagano, de los falsos dioses de Egipto, de la idolatría y la inmoralidad, para formar una nación santa para sí. En el Nuevo Testamento, Dios sigue el mismo patrón. La palabra *iglesia* viene del vocablo griego *ekklesia* (de *ek,* 'fuera de', y *klesis,* 'llamamiento'; de *kaleo,* 'llamar').[28] Hemos sido llamados a salir del mundo. Esto es lo que Pablo instruye a los corintios: «Por tanto, **SALID DE EN MEDIO DE ELLOS** Y APARTAOS, dice el Señor; Y NO TOQUÉIS LO INMUNDO, y yo os recibiré» (2 Cor. 6:17, énfasis agregado). La frase «salid de en medio de ellos» no tiene que ver con que seamos mejores, sino con que si nos quedamos allí nuestra carne será seducida por las atracciones del mundo y volveremos al lugar de donde nos sacó el Señor. El líder necesita modelar esa vida de separación.

El Libro de Levítico ha sido llamado el libro de los sacerdotes. En este libro, Dios resalta la santidad de Su ser para que los levitas o líderes espirituales del pueblo no olvidaran nunca la necesidad imperante de modelar para el pueblo algo que honra a Dios y que el pueblo necesita ver en sus líderes: la santidad. En Levítico 11:45, Dios le recuerda al pueblo cómo Él los sacó de la tierra de esclavitud y de la inmoralidad pagana: «Porque yo soy el SEÑOR, que os he hecho subir de la tierra de Egipto para ser vuestro Dios; seréis, pues, santos porque yo soy santo».

En el hebreo hay una segunda palabra que se traduce como santo y es el vocablo *qadosh,* que más bien significa 'sagrado, puro, limpio'.

---

[28] Ver ASAMBLEA (de *ek,* 'fuera de', y *klesis,* 'llamamiento'. de *kaleo,* 'llamar') en *Diccionario expositivo de palabras del Antiguo y Nuevo Testamento de Vine* (Nashville: Grupo Nelson, 2007), 25.

Tanto el concepto de ser apartado para Dios como el de pureza tipifican el estilo de vida que debiéramos llevar. Aquellos que somos elegidos por Dios para servirlo no podemos olvidar que Él demanda de nosotros que modelemos una vida de consagración delante de Su pueblo. No es casualidad que haya ordenado que Aarón llevara sobre su frente la marca que debe distinguir al líder que representa a Jehová: «Harás también una lámina de oro puro, y grabarás en ella, como las grabaduras de un sello: «SANTIDAD AL SEÑOR» (Ex. 28:36). Hoy, esa marca o distintivo debe estar sobre nuestras mentes y nuestros corazones, reflejada en nuestro estilo de vida. Para el cristiano, la separación implica un distanciamiento del pecado y un acercamiento a Dios, a través de un proceso que llamamos santificación. Esa es la forma en que el Nuevo Testamento presenta el nuevo nacimiento. Necesitamos abandonar el pecado y comenzar a hacer obras de justicia, como claramente expresa el apóstol Pablo en Efesios: «El que roba, no robe más, sino más bien que trabaje, haciendo con sus manos lo que es bueno, a fin de que tenga qué compartir con el que tiene necesidad» (Ef. 4:28).

A los que robaban cuando eran incrédulos, Pablo no solo les manda que dejen de robar, sino que ahora que han creído los insta a trabajar para ayudar a los que están en necesidad. Nuestra santificación es apartarnos del mundo para acercarnos a Dios: nos apartamos del mundo, nos apartamos del pecado y nos acercamos a la santidad de Dios. Si eso es cierto para la oveja «común y corriente», lo es aún más para el líder.

LA SANTIDAD TIENE UN PRECIO

Caminar en santidad tiene un costo, pero no se asemeja ni remotamente al que pagó Jesús por nuestra salvación. Decía A. W. Tozer que «la soledad es el precio que el santo paga por su santidad».[29] Cuando decidimos apartarnos para Dios, hay mucha gente que nos da la espalda, mucha gente que no desea seguirnos porque no quie-

---

[29] A. W. Tozer, «The Saint Must Walk Alone» [El Santo debe caminar solo], en *The Best of A. W. Tozer* [Lo mejor de A. W. Tozer], (Grand Rapids: Baker Book House, 1978), 198.

re pagar el precio. El líder de Dios no puede comprometer la Verdad cuando ve que se está quedando solo, como lamentablemente tantos lo han hecho. Muchos prefieren la popularidad y los aplausos antes que la soledad en santidad. La iglesia contemporánea quiere sentirse cada vez más identificada con el mundo secular, más aceptada, más aplaudida; en pocas palabras, quiere sentirse cada vez más cerca de ellos. Lo triste es que el pueblo de Dios no tolera ser diferente; todavía seguimos diciendo que queremos ser como las demás naciones (1 Sam. 8:5,20). Por eso, cada vez que el mundo hace algo nuevo, el pueblo de Dios quiere la «versión cristiana» de esa nueva música secular, de esa nueva moda o de cualquier otra cosa.

Dios ha dejado evidencia en la vida de Su pueblo del punto al cual está dispuesto a llegar para exaltar Su santidad y para que nunca sea trivializada. Quizás la mejor historia para ilustrarlo es la que aparece en Levítico 10:

Nadab y Abiú, hijos de Aarón, tomaron sus respectivos incensarios, y después de poner fuego en ellos y echar incienso sobre él, ofrecieron delante del SEÑOR fuego extraño, que Él no les había ordenado. Y de la presencia del SEÑOR salió fuego que los consumió, y murieron delante del SEÑOR. Entonces Moisés dijo a Aarón: Esto es lo que el SEÑOR habló, diciendo: «Como santo seré tratado por los que se acercan a mí, y en presencia de todo el pueblo seré honrado». Y Aarón guardó silencio (Lev. 10:1-3).

En esta historia aparecen dos hijos del sumo sacerdote consagrados también al sacerdocio, que ofrecen sacrifico al Dios verdadero en el tabernáculo verdadero, con sus respectivos incensarios que han tomado del altar del incienso. Sin embargo, Dios los consume en medio de una experiencia de adoración por haber ofrecido «fuego extraño». De alguna manera, el sacrificio no fue ofrecido como Dios había prescrito, lo cual violaba Su santidad. Podríamos especular un poco al pensar en los incensarios y preguntarnos si acaso pudo haber sido que la fórmula del incienso no era la prescrita. Dios había dicho que esa fórmula solo podía ser usada en la ofrenda a Jehová y que cualquiera que usara esa misma fórmula para otro uso perdería la vida. «Y el incienso que harás, no lo haréis en las mismas proporciones para vuestro propio uso; te será santo [apartado, distinto, separado] para el SEÑOR. Cualquiera que haga incienso como éste, para usarlo como perfume será cortado de entre su pueblo» (Ex. 30:37-38).

Hoy no ofrecemos incienso, pero el principio detrás de la ofrenda del incienso permanece: lo que le ofrecemos a Dios debe ser algo especial para Él. Cuando nos dirigimos a Dios no nos estamos dirigiendo al vecino, sino a alguien que merece respeto, reverencia, honra, gloria y honor. A nuestro parecer, esos principios encuentran su aplicación también en la iglesia de hoy y en otras múltiples cosas que hacemos para el Señor; por lo tanto, necesitamos recordar continuamente la advertencia de Levítico 10:3. El líder del pueblo de Dios necesita encontrar maneras visibles de mostrar a los hijos de Dios, ya que aquello que tiene que ver con Él debe ser tratado con reverencia, con «temor y temblor» para usar una frase paulina.

En ocasiones nos preguntamos: si estuviéramos aún en aquellos tiempos, ¿cuánto de la adoración que se ofrece a Dios hoy no terminaría en una experiencia similar? No lo sabemos porque no ocurre así. Pero es posible porque creemos que en muchas ocasiones lo que se ha ofrecido a Dios ha sido simplemente música y no un canto de adoración que sea digno del Dios que es Santo, Santo, Santo. De hecho, una de nuestras quejas frecuentes ha sido que, en muchas de las iglesias donde hemos estado, la música es un puente para pasar de una parte del servicio a otra y no necesariamente una experiencia de adoración que prepare el corazón del creyente para recibir la Palabra. Incluso, hemos estado en iglesias donde el pastor no participa de la adoración; él entra en medio de ella o después. Eso representa una trivialización de aquello que ofrecemos a Dios.

En el texto que describe la muerte de los hijos de Aarón, llama la atención la frase «como Santo seré tratado por los que se acercan a mí y en presencia de todo el pueblo seré honrado». Esas son las palabras que Moisés le recuerda a Aarón cuando aparentemente va a quejarse porque son sus dos hijos los que han muerto. Aarón probablemente estaba desconcertado porque había consagrado sus dos hijos al sacerdocio y de repente ya no los tenía porque Jehová los había «carbonizado» en medio de la adoración.

Una frase similar es la que Moisés tiene que oír el día que golpea la roca dos veces (Núm. 20) y le habla al pueblo de manera no aceptable para Dios. Jehová solo le había instruido que hablara a la roca de donde brotaría agua, que era lo que el pueblo necesitaba en ese momento. La forma irreverente en que Moisés lo hizo le costó la tierra prometida. ¿Por qué? Porque «[c]omo santo seré tratado por los que se acercan a mí, y en presencia de todo el pueblo seré honrado» (Lev. 10:3). Las palabras que Moisés escuchó el día que Dios le anunció que no entraría a la tierra prometida fueron estas: «Y el Señor dijo a Moisés y a Aarón: Porque vosotros no me creísteis a **fin de tratarme como santo ante los ojos de los hijos de Israel**, por tanto no conduciréis a este pueblo a la tierra que les he dado» (Núm. 20:12, énfasis agregado). El testimonio de los líderes de Dios delante del resto de la congregación es de vital importancia para Dios.

Tal vez nos preguntamos: ¿quién les enseñó a los hijos de Aarón a tratar la adoración a Dios de manera trivial? Aunque no podemos responder esa pregunta de manera categórica, sí podemos decir que por lo menos hubo un incidente en la vida de Aarón en que él trivializó en gran medida la santidad de Dios. Sucedió tempranamente en el recorrido del pueblo de Dios por el desierto, cuando confeccionó un becerro de oro y un altar delante del becerro, y dijo al pueblo: «Mañana será fiesta para el Señor» (Ex. 32:5). En un solo día, Aarón redujo la imagen de Dios a un becerro de oro, algo inconcebible en Su mente. Los líderes del pueblo de un Dios que se describe como tres veces santo jamás podemos darnos el lujo de tratar Su presencia de manera irreverente, en especial delante de Su pueblo. Esto habla de la necesidad que el líder tiene de vivir en santidad, para luego saber cómo relacionarse con Dios santamente delante de Su pueblo. Lo anterior es necesario para que el pueblo no le pierda el temor al pecado y pueda mantener el temor reverente a su Dios. Si bien es cierto que el pueblo de Dios le ha perdido el temor al pecado en múltiples momentos de la historia, no es menos cierto que, con toda certidumbre, los líderes de ese pueblo perdieron la reverencia a nuestro Dios mucho antes.

LA SANTIDAD ES LA CONDICIÓN NÚMERO UNO PARA RELACIONARSE CON DIOS

Una vida de santidad es la condición número uno para relacionarnos con Dios. Cada persona, cosa o lugar con el que Dios se relaciona es llamado santo. Aun una porción de arena en el desierto adquirió este adjetivo cuando Jehová se hizo presente:

Cuando el SEÑOR vio que él se acercaba para mirar, Dios lo lla- *mó de en medio de la zarza, y dijo: ¡Moisés, Moisés! Y él respon-* *dió: Heme aquí. Entonces Él dijo: No te acerques aquí; quítate las* *sandalias de los pies, porque el lugar donde estás parado es tierra* *santa* (Ex. 3:4-5).

Moisés pudo haber transitado por ese lugar múltiples veces en 40 años, pero ese día y por ese momento el lugar fue declarado santo porque la presencia de Dios se hizo presente. En ese instante, el lugar se asoció a Dios y todo lo que se relaciona con Él de manera estrecha es santo por definición. Por eso, en el Nuevo Testamento, la palabra preferida por el apóstol Pablo para referirse a los creyentes es *hagios* que significa 'santos'. Así vemos como…

- Su nombre es santo (Lev. 22:2).
- Su Espíritu es santo (Hech. 2:33; 1 Cor. 6:19).
- Sus caminos son santos (Sal. 77:13).
- Su trono es santo (Sal. 47:8).
- Sus ángeles son santos (Deut. 33:2).

Dios dedicó todo un mandamiento a la protección de la santidad de Su nombre porque representa lo que Él es, al igual que Su Palabra. Por eso, Dios ha engrandecido ambas cosas (Su nombre y Su Palabra) por encima de todo (Sal. 138:2). Y esto debiera llamarnos a todos a la sobriedad, a la santidad, a la seriedad, mucho más de lo que frecuentemente ocurre. Este llamado es aún más cierto en sus líderes.

La lista de lo que representa a Dios y es llamado santo es interminable. A continuación, algunos ejemplos:

1. Sus profetas son llamados santos (Hech. 3:21).
2. En el tabernáculo había un lugar santísimo (1 Crón. 6:49).
3. Su pueblo es llamado «pueblo santo para el Señor»
   (Deut. 7:6).
4. La tierra donde Dios llevó al pueblo judío fue llamada tierra
   santa (Zac. 2:12).
5. Dios espera que vivamos una vida santa (Rom. 12:1).

Si esto está tan claro, ¿por qué el pueblo de Dios y sus líderes no
viven más santamente, en especial en nuestros días? Al parecer, en la
medida en que la Iglesia se ha ido acostumbrando a vivir más cerca
del mundo, en esa misma medida se ha ido desensibilizando, como
veremos más adelante. Eso hace que nos sea más fácil pasar por alto
la santidad de nuestro gran Dios.

El énfasis en este aspecto de nuestro Dios no está solo en
el Antiguo Testamento, como muchos opinan. En el Nuevo
Testamento tenemos un llamado similar, como observamos en
múltiples pasajes (Rom. 12:1, 1 Tes. 4:3, Heb. 12:28-29). En
Romanos 12:1, Pablo nos manda ofrecer nuestros «cuerpos como
sacrificio vivo y santo, aceptable a Dios». Nuestra mente, nuestro corazón, nuestra voluntad y aun los miembros de nuestro
cuerpo tienen que ser santificados para ser usados por nuestro
Dios. De lo contrario, esa falta de santificación se convierte en
piedra de tropiezo. Decía Charles Spurgeon: «Esté consciente
de usted mismo, más que de cualquier otra persona; llevamos el
peor enemigo dentro de nosotros».[30] Muchas personas hoy en día
viven atribuyendo sus tropiezos a Satanás de una manera irres-
ponsable, cuando en realidad nosotros somos los verdaderos responsables de cultivar una vida de santidad bajo la guía y el poder

---

[30] Charles Spurgeon, *John Ploughman's Talk* [Conversaciones de John Ploughman],
1898.

del Espíritu Santo. Claro que Satanás es capaz de tentarnos, pero nosotros podemos ceder o no ceder a sus tentaciones. Satanás fue quien tentó a Adán y Eva, y los hizo caer; pero al final Dios llama y le impone consecuencias a esta primera pareja que no supo resistir la tentación al creerle más a Satanás que a Dios.

LA SANTIDAD REQUIERE DISCIPLINA

La santidad debe cultivarse; requiere límites y disciplina. Por eso, es un esfuerzo continuo en el que siempre debemos estar pendientes de aquellas cosas a las que nos exponemos: conversaciones, personas, imágenes, películas, material escrito, etc. La exposición repetitiva al pecado, en cualquiera de sus formas, nos va desensibilizando con el paso del tiempo y nos vamos acostumbrando a mayores niveles de pecado. Es interesante revisar la historia de los trajes de baño para mujeres. Años atrás, estos trajes cubrían todo el cuerpo, hasta las muñecas y los tobillos. Poco a poco, fuimos acortando su longitud hasta convertirlos en trajes de pequeñísimas piezas. Pero ya hoy en día ni siquiera la desnudez en las playas ruboriza a muchos. Tanta ha sido la desensibilización que aun padres cristianos llevan a sus hijos a estas playas sin ningún sentido de pudor, con la excusa de que ya no hay otros lugares donde ir. El niño que se expone a este tipo de sensualidad a los seis años querrá experimentar muchas otras cosas a los 12 y aun más a los 16 años. Por eso la Biblia nos dice que «[l]as malas compañías corrompen las buenas costumbres» (1 Cor. 15:33), en reconocimiento de cuán influenciable es la carne hacia el pecado y la maldad.

Pablo, como maestro de Timoteo, lo instruyó en relación a la necesidad de vivir una vida disciplinada al decirle en 1 Timoteo 4:7 (RVR1960): «Ejercítate para la piedad». Kent Hughes, en uno de sus libros,[31] hace un comentario muy interesante donde explica que la palabra *ejercítate* viene del vocablo griego

---

[31] Kent Hughes, *Disciplines of a Godly Man* [Disciplinas de un hombre de Dios], (Wheaton: Crossway Books, 2001), 14.

gumnos, que significa 'desnudo'. En la antigüedad, los atletas griegos entrenaban prácticamente desnudos para evitar cualquier obstáculo. Quizás en la mente de Pablo estaba la idea de que nos deshiciéramos de todo aquello que nos sirva de estorbo, como apuntalaba el autor de Hebreos: «Por tanto, puesto que tenemos en derredor nuestro tan gran nube de testigos, despojémonos también de todo peso y del pecado que tan fácilmente nos envuelve, y corramos con paciencia la carrera que tenemos por delante» (Heb. 12:1).

El autor parece separar aquellas cosas que son pecaminosas de aquellas otras que, aun sin ser pecaminosas en sí, representan un gran estorbo (todo peso) para nuestra vida de santificación. Ver un partido de futbol no es pecado, pero algunos hombres son tan fanáticos de los deportes que descuidan el tiempo que deben dedicar a Dios y a su familia por estar frente a un televisor. El deporte no es pecaminoso, pero frecuentemente ha sido de estorbo en nuestro caminar. Cuando este sea el caso, necesitamos deshacernos de eso que está robando tiempo precioso de nuestras vidas. Notemos cómo el autor de Hebreos separa lo que es solo un peso, de lo que es pecado. En otras palabras, hay cosas en nuestra vida que, simplemente, son de peso, que quizás no son pecado, pero representan un estorbo, una incomodidad, un obstáculo para nuestra santificación. Otro ejemplo podría ser la televisión, que no es pecaminosa en sí misma, pero puede llegar a convertirse en un enorme pecado, no necesariamente por los programas que vemos, sino por la cantidad de horas dedicadas, que hacen que nos volvamos irresponsables en múltiples áreas de nuestra vida. Decía A. W. Tozer, a quien ya citamos, que «el abuso de algo inofensivo es la esencia del pecado».[32]

La Palabra de Dios nos manda ejercitarnos para la piedad, para la santidad, de manera que no haya nada en nuestro camino que represente un obstáculo que disminuya nuestra velocidad de avance, o un estorbo que nos haga tropezar. Sin esfuerzo, no se obtiene nada de calidad. Si nuestras vidas de santidad han de tener alguna calidad (no

---

[32] A. W. Tozer, «The Great God Entertainment» [El gran entretenimiento de Dios], en *The Best of A. W. Tozer* [Lo mejor de A. W. Tozer], (Grand Rapids: Baker Book House, 1978), 127.

méritos), tendremos la obligación de invertir tiempo en la reflexión, el estudio y la meditación para poder llegar a ese lugar. Sin embargo, la vida cristiana disciplinada es la excepción y no la regla, sobre todo en el sexo masculino, y eso lo podemos comprobar en las consejerías. No hay disciplina en la vida de oración, en el estudio de la Palabra y en el uso de las finanzas.

La disciplina tiene que ver con nuestro amor por Dios y no con nuestro deseo de impresionar al hombre. Esa es la diferencia entre disciplina y legalismo. La disciplina tiene a Dios en el centro y el legalismo lo tiene al hombre. Cuando hablamos de disciplina, no hablamos de castigar el cuerpo como lo hizo Martín Lutero antes de conocer a Cristo, sino de la vida organizada que tiene sus prioridades en orden, a Dios en el centro, sin excesos, con dominio propio para que los deseos del cuerpo no nos hagan caer y con un balance entre la gracia y la verdad.

¿QUÉ PODEMOS HACER PARA EVITAR LAS CAÍDAS?

Amados hermanos, necesitamos salir de la cueva y buscar a personas con quienes conversar, desahogarnos, rendir cuentas y animarnos mutuamente. Un pastor de más experiencia puede ser un gran mentor. Se ha dicho que cada uno de nosotros debiera tener tres amigos cercanos: un Pablo que nos sirva de mentor, un Bernabé que nos anime y un Timoteo a quien formar. Lamentablemente, la mayoría de los hombres no tiene un amigo cercano porque se sienten temerosos de revelar sus debilidades y sus luchas. Eso hace que muchas veces seamos islas, aislados de los demás, lo cual nos vuelve más vulnerables. Nos creemos autosuficientes; hacemos las cosas sin orar, sin reflexionar, sin meditar y sin consultar porque tendemos a ser individualistas. Las mujeres tienen muy buenas amigas y, por lo general, conocen sus vidas interiores; y, aunque los hombres dicen tener buenos amigos, no saben nada de la vida interior de sus «mejores amigos». Los hombres no comunican, no hablan, no dejan ver lo que está pasando, y su amistad íntima se limita a compartir aquellas cosas que tienen en común, como un *hobby*, el trabajo o algo parecido. Alguien nos dijo en una ocasión que no tenía amigos cercanos porque temía que, si los demás sabían cómo era él, probablemente no querrían ser sus amigos. ¿Se imagina vivir en esa prisión? El aislamiento nos vuelve más vulnerables a las caídas.

Cristo conocía nuestra vulnerabilidad y por eso enseñó: «Y si tu ojo te fuere ocasión de caer, sácalo» (Mar. 9:47, RVR1960). No podemos negociar con el pecado; tampoco podemos trivializarlo y mucho menos ignorarlo. Un pecado de una noche nos hace perder el ministerio y la familia. No corra ese riesgo. Ese ojo derecho puede representar diversas cosas. Para muchos, es una televisión o una computadora; para otros, es una secretaria o asistente; para algunos, es el gimnasio o son las finanzas. La lista puede ser interminable. El pecado es algo con lo que no podemos coquetear. Dice la Palabra: «¿Puede un hombre poner fuego en su seno sin que arda su ropa?» (Prov. 6:27).

Tenemos que establecer límites para lo que comunicamos. Si está casado, no le cuente sus intimidades al sexo opuesto; si está soltero, tenga cuidado de lo que compartirá, de dónde lo compartirá y cómo lo compartirá con el sexo opuesto. El casado tampoco debe establecer amistades íntimas con el sexo opuesto. Cuando viaje, cuide su exposición al sexo opuesto, sobre todo en nuestros días donde muchas mujeres se han vuelto agresivas y en muchos casos se han atrevido a ser ellas las que invitan a los hombres a hacer cosas prohibidas. Hoy en día necesitamos tener muchos más límites que en épocas anteriores.

REFLEXIÓN FINAL

La efectividad de una vida es directamente proporcional a su santidad. Dios no se complace en la falta de santidad y, si Él no es honrado de esa manera, no hará fluir Su gracia y Su poder a través de nosotros. Necesitamos mantener vidas santas si queremos que Dios nos use.

Warren Wiersbe menciona que el ministerio existe «cuando los recursos divinos llenan las necesidades humanas a través de canales de amor para la gloria de Dios»;[33] y eso no ocurrirá si no hay santidad en el liderazgo. Mucho del estancamiento de las iglesias de hoy en día se debe precisamente a la falta de santidad en los púlpitos y en los bancos. Los líderes que no son santos estorban el trabajo de Dios.

El Espíritu Santo es nuestro agente de santificación y, si Él no opera, nada ha de ocurrir porque separados de Cristo nada podemos hacer (Juan 15:5). Pero a la vez, el creyente tiene un rol que jugar en la santificación, que requiere sacrificio, renuncia, rendición de cuentas, sumisión y disciplina. Y como hemos dicho, esto no ocurre por ósmosis. Debemos apartarnos del mundo y de sus formas pecaminosas, y apegarnos a la Vid verdadera, de manera que podamos dar mucho fruto.

---

[33] Warren Wiersbe, *Ten Powerful Principles for Christian Service* [Diez poderosos principios para el servicio cristiano] (Grand Rapids: Baker Books, 2008), 39.

5

Sé un siervo de Su presencia

---

*Ahora pues, si he hallado gracia ante tus
ojos, te ruego que me hagas conocer tus
caminos para que yo te conozca y halle
gracia ante tus ojos [...]. Y Él respondió:
Mi presencia irá contigo, y yo te daré
descanso. Entonces le dijo Moisés: Si
tu presencia no va con nosotros, no nos
hagas partir de aquí.*

(Ex. 33:13-15)

INTRODUCCIÓN

C uando hablamos de «un siervo de Su presencia», nos referimos
al creyente que anhela vivir en la presencia de Dios y que está
dispuesto a pagar el precio que sea necesario para que esta presencia
no se aparte de él. Dios siempre está presente en cada pulgada del universo dada Su omnipresencia, pero cuando hablamos de la presencia
manifiesta de Dios nos referimos a Su actividad expresada en nuevas
conversiones, arrepentimiento de hábitos pecaminosos de parte de
creyentes, fortalecimiento de matrimonios, gozo en la vida de la iglesia y crecimiento a la imagen de Cristo de una forma evidente. Estas
cosas no necesariamente están presentes en cada creyente ni tampoco
están presentes en cada iglesia. Es difícil definir cómo se manifiesta
el anhelo de un creyente por la presencia de Dios, pero Moisés es un
buen ejemplo de un líder con esta característica.

Mientras más estudiamos la vida de Moisés, más nos impresiona su vida, su testimonio como líder, su sabiduría y su legado. Nos impresiona la intimidad con Dios que Moisés exhibió. Nos impresionan sus peticiones, sus resoluciones, su paciencia, su sentir por el pueblo de Dios y su deseo incesante de conocer más de Dios y de vivir en intimidad con Él.

Algunos recordarán que, en un momento temprano de la travesía de los 40 años por el desierto, hubo un incidente extraordinariamente pecaminoso en la vida del pueblo hebreo. Moisés había subido al monte a hablar con Dios y, a medida que los días fueron pasando, el pueblo se impacientó y presionó a Aarón, el sumo sacerdote y hermano de Moisés, y este hombre escogido por Dios no solo cedió ante la presión, sino que puso de manifiesto que, aunque él había salido de Egipto, Egipto no había salido de él. Toda la idolatría que el pueblo había aprendido en 400 años de esclavitud en aquella tierra salió a relucir ese día cuando Aarón formó un becerro con todo el oro que el pueblo ofrendó para tal ocasión (Ex. 2).

Como consecuencia, Dios amenazó al pueblo con no seguir con ellos hacia la tierra prometida para evitar destruirlos en el camino porque, al ser un pueblo tan pecaminoso, sus acciones provocaban a Dios constantemente. Esta noticia entristeció mucho al pueblo. Por tanto, Moisés se propuso hablar con Dios en respuesta a ese anuncio que les acababa de hacer.

En el texto de Éxodo 33:12-23, llaman poderosamente la atención las peticiones de Moisés para con Dios. Él se dirigió al Señor de la siguiente manera:

- «[T]e ruego que me hagas conocer tus caminos» (v. 13).
- «[Que] halle gracia ante tus ojos» (v. 13).
- Si tu presencia no va con nosotros, no nos hagas partir de aquí» (v. 15).
- «Te ruego que me muestres tu gloria» (v. 18).

No hay una sola petición egocéntrica de su parte; todas y cada una de estas cosas tenían que ver con la persona de Dios, lo cual habla de un siervo que vive de manera Dios-céntrica y nos deja ver que este es un hombre «de la presencia de Dios».

En este libro que trata sobre «ser antes que hacer» es importante que enfaticemos la necesidad que tenemos todos los que deseamos servir al Señor, de que nuestro servicio fluya de nuestra relación diaria y continua con nuestro Dios. Es impresionante que, cada vez que nos enteramos de la caída de un siervo de Dios, invariablemente volvemos a leer que su tiempo de oración había mermado o que ya no estaba caminando en intimidad con el Señor. Cuando caminamos con Dios, Su presencia aleja el pecado de nosotros y, cuando entramos en una práctica de pecado, ese pecado nos aleja de Dios. Eso fue así en el Antiguo Testamento, lo fue en el Nuevo Testamento y lo ha sido a lo largo de toda la historia de la Iglesia. Ahora bien, caminar con Dios no es hacer un devocional al día, aunque esto puede formar parte de esa vida de intimidad con Él. Muchos que tienen una práctica devocional no exhiben el carácter de Cristo en sus vidas porque muchas veces durante ese tiempo se lee la Biblia y se la marca, pero desafortunadamente esa Biblia no marca la vida del que la lee, y de ahí sus frecuentes caídas. No hay nada peor que desarrollar un estilo de vida farisaico porque seguir una rutina diaria de oración y devocional nos convence muchas veces de que estamos bien, cuando en realidad esos ejercicios más que ser espirituales han pasado a ser rituales, con los cuales Dios no se complace.

CÓMO PIENSA UN SIERVO DE SU PRESENCIA

Para abordar este punto en particular, vamos a citar un pasaje un tanto largo que se encuentra en Éxodo 33 para que podamos referirnos a él de manera recurrente a lo largo de este capítulo. Después del incidente con el becerro de oro (Ex. 32), Dios decidió distanciarse del pueblo de Israel y así se lo informó a Moisés (Ex. 33). Ante tal anuncio, Moisés reaccionó y las palabras que siguen reflejan el diálogo entre ambos:

Y Moisés dijo al Señor: Mira, tú me dices: «Haz subir a este pueblo»; pero tú no me has declarado a quién enviarás conmigo. Además has dicho: «Te he conocido por tu nombre, y también has hallado gracia ante mis ojos». Ahora pues, si he hallado gracia ante tus ojos, te ruego que me hagas conocer tus caminos para que yo te conozca y halle gracia ante tus ojos. Considera también que esta nación es tu pueblo. Y Él respondió: Mi presencia irá contigo, y yo te daré descanso. Entonces le dijo Moisés: Si tu presencia no va con nosotros, no nos hagas partir de aquí. ¿Pues en qué se conocerá que he hallado gracia ante tus ojos, yo y tu pueblo? ¿No es acaso en que tú vayas con nosotros, para que nosotros, yo y tu pueblo, nos distingamos de todos los demás pueblos que están sobre la faz de la tierra? Y el SEÑOR dijo a Moisés: También haré esto que has hablado, por cuanto has hallado gracia ante mis ojos y te he conocido por tu nombre. Entonces Moisés dijo: Te ruego que me muestres tu gloria. Y Él respondió: Yo haré pasar toda mi bondad delante de ti, y proclamaré el nombre del Señor delante de ti; y tendré misericordia del que tendré misericordia, y tendré compasión de quien tendré compasión. Y añadió: No puedes ver mi rostro; porque nadie puede verme, y vivir. Entonces el SEÑOR dijo: He aquí, hay un lugar junto a mí, y tú estarás sobre la peña; y sucederá que al pasar mi gloria, te pondré en una hendidura de la peña y te cubriré con mi mano hasta que yo haya pasado. Después apartaré mi mano y verás mis espaldas; pero no se verá mi rostro (Ex. 33:12-23).

Dios le había dicho a Moisés que no iría en medio de ellos y que en Su lugar enviaría un ángel que los acompañaría hasta llegar a la tierra prometida. Así Dios mantenía Su promesa de hacerlos llegar hasta allá, pero cambiaba la relación con el pueblo de la intimidad a la lejanía. Ya no iría Su presencia manifiesta con ellos, sino un ángel. Dios consideraba a los israelitas como Su pueblo, pero ahora estaba tan disgustado con ellos que dejó de llamarlos «mi pueblo» y simplemente comenzó a referirse a ellos frente a Moisés como «el pueblo que has sacado de Egipto», según lo que vemos en Éxodo 33:1. Esto refleja que Dios se había comenzado a apartar del pueblo y lo manifiesta con las siguientes palabras: «Y enviaré un ángel delante de ti, y echaré fuera al cananeo, al amorreo, al hitita, al ferezeo, al heveo y al jebuseo. Sube a una tierra que mana leche y miel; pues yo no subiré en medio de ti, oh Israel, no sea que te destruya en el camino, porque eres un pueblo de dura cerviz» (Ex. 33:2-3). Moisés entendió el mensaje perfectamente bien y como lo entendió, se preocupó, se turbó y se entristeció. Con todas estas emociones en su interior, Moisés le respondió al Señor: «Mira, tú me dices: "Haz subir a este pueblo"; pero tú no me has declarado a quién enviarás conmigo» (Ex. 33:12a). Moisés estaba preocupado porque, aunque Dios le anunció que enviaría un ángel que iría delante de ellos hasta la tierra prometida, no le reveló la identidad de ese ángel. Entonces, Moisés le manifestó que había algo que le preocupaba aún más: que Él no fuera con ellos.

Se podría pensar que Moisés fue un tanto presuntuoso al hacerle ese tipo de preguntas al Señor y que debió conformarse con que Dios mismo prometiera enviarles un ángel, pero esto no lo conformaba porque nunca había corrido detrás de un ángel. Él quería la presencia de Dios y nada fuera de Su presencia lo satisfaría. Un ángel era símbolo de protección divina hasta el punto de que, cuando Dios lo promete, le dice que por medio de él echará fuera a las tribus que en ese momento estaban ocupando la tierra prometida. Por tanto, este ángel representaba una bendición o una protección. Sin embargo, Moisés no buscaba una bendición; él quería al que bendice. La bendición es buena, pero la búsqueda del que bendice es mejor. Moisés no quería lo bueno; quería lo mejor.

«Antes de que Dios pudiera responder, el profeta prosiguió para dejar claro que él no estaría satisfecho con nada que no fuera la presencia de Dios. No quería cualquier ángel que lo ayudara; deseaba la guía directa del Dios Todopoderoso [...]. Para liderar al pueblo de manera efectiva, necesitaba conocer la mente de Dios. No quería simplemente que Dios enviara órdenes; deseaba conocer el pensamiento detrás de esos planes: Sus caminos para con Su pueblo. Con ese propósito, Moisés quería permanecer en comunicación constante con Dios. Eso era esencial para su liderazgo espiritual».[34]

---

[34] Phillip Graham Ryken, *Exodus* [Éxodo] (Wheaton: Crossway Books, 2005), 974.

Muchos líderes y ovejas desean tiempo con Dios, pero durante ese tiempo de intimidad suelen buscar más Sus bendiciones que a Dios mismo. Quizás esa es la razón por la que tendemos a buscar a Dios más frecuentemente cuando estamos en necesidad que cuando las cosas van bien. Es como si le dijéramos a Dios que no lo necesitamos tanto cuando las cosas caminan bien. Entonces, en ocasiones Dios tiene que permitir ciertas dificultades en nuestras vidas para volver a producir en nosotros el anhelo de estar con Él. Si así es como solemos buscar a Dios, debemos darnos cuenta de que no lo estamos buscando a Él, sino que procuramos Sus bendiciones. Ese tipo de discípulo se hubiera conformado perfectamente bien con la compañía de un ángel, pero Moisés no. Es un grave problema que los hijos de Dios se conformen con tan poco en su relación con Él. Si Dios solucionara sus problemas sin tener una relación íntima con Él, la mayoría de los hijos de Dios se conformarían con tener los problemas resueltos sin experimentar jamás Su presencia manifiesta. ¡Qué gran lástima y qué gran pena! Adán y Eva tenían todos sus problemas resueltos en el jardín del Edén, pero también tenían la presencia de Dios. En el reino eterno, tendremos todos nuestros problemas resueltos, pero aun así necesitaremos la presencia de Dios.

La mejor evidencia de que Moisés no buscaba nada que no fuera la presencia del Dios Altísimo son las siguientes palabras:

Además has dicho: «Te he conocido por tu nombre, y también has hallado gracia ante mis ojos». Ahora pues, si he hallado gracia ante tus ojos, te ruego que me hagas conocer tus caminos para que yo te conozca y halle gracia ante tus ojos (Ex. 33:12b-13a).

Moisés pudo haberle dicho al Señor: «Si es verdad que he hallado gracia ante tus ojos, no me hagas pasar por tanto trabajo en este desierto». Pero no lo hizo. Pudo haberle pedido a Dios que lo hiciera llegar pronto a la tierra prometida, pero tampoco lo hizo. O quizás pudo haberle requerido al Señor que le mostrara la distancia que les faltaba por recorrer. Pero no escuchamos nada de eso; todas esas son peticiones insignificantes. Moisés solo quería una cosa: la presencia de Dios.

Recuerda que Moisés hablaba con Dios cara a cara como una persona habla con su amigo; y en el texto que estamos revisando vemos que realmente era así. Moisés le dice a Dios: «Además has dicho: "Te he conocido por tu nombre, y también has hallado gracia ante mis ojos"» (Ex. 33:12b). No sabemos cuándo Dios pronunció esas palabras, pero aparentemente en algún momento lo hizo, quizás en la tienda de reunión. La frase «Te he conocido por tu nombre» es una expresión que muestra que Dios lo había conocido íntimamente y que lo había amado de manera especial, hasta el punto de que lo había visto con gracia. Moisés repite las palabras de Dios y entonces le dice: «[S]i he hallado gracia ante tus ojos, te ruego que me hagas conocer tus caminos para que yo te conozca y halle gracia ante tus ojos» (Ex. 33:13). ¡Qué petición tan extraordinaria! Moisés quería conocer los caminos de Dios, cómo opera, cómo trabaja, cómo orquesta la historia.

SÉ UN SIERVO QUE DESEA CONOCER SUS CAMINOS

Un siervo de Su presencia conoce su debilidad y su necesidad de Dios. Moisés no solo le pide a Dios que le muestre Sus caminos, sino que le ruega que le haga conocer Sus caminos. Dios tiene que hacer que nosotros conozcamos Sus caminos porque, de lo contrario, jamás llegaríamos a conocerlos. Esto implica que...

- Dios tiene que revelarnos esos caminos o nunca seremos capaces de verlos por nosotros mismos.
- Dios tiene que orquestar circunstancias en nuestra vida que nos obliguen a ir en Su dirección o siempre estaremos transitando por el camino equivocado.

Moisés sabía que los caminos del Señor no son los nuestros (Isa. 55:8) y, por tanto, estaba interesado en conocerlos para poder servirlo mejor. Conocer los caminos de Dios es esencial para la obediencia. Nos llama la atención con cuán poca frecuencia los grandes hombres de Dios pidieron por las cosas materiales que nosotros pedimos día a día. Jesús nos aseguró que las cosas materiales que ocupan nuestras oraciones se darán por añadidura. Es el reino de Dios y Su justicia (Mat. 6:33) lo que debe constituir el centro de nuestra búsqueda.

Ahora bien, Moisés deseaba conocer esos caminos porque tenía un gran anhelo de conocer más a Dios y por eso le dice: «[T]e ruego que me hagas conocer tus caminos para que yo te conozca» (Ex. 33:13b). Conocer a Dios íntimamente nos asegura una mejor comunión con Él. Y es en la comunión íntima con Dios donde se forja la pasión por Él. La poca pasión es el resultado de la poca comunión.

Un siervo de Su presencia posee una sed continua de Dios. Esta última petición de Moisés es extraordinaria («te ruego que me hagas conocer tus caminos para que yo te conozca»), en vista de que había hablado con Dios en el desierto frente a la zarza ardiente, que Dios había hablado con él antes de cada una de las 10 plagas que cayeron sobre Egipto, que Moisés había pasado 40 días con Dios en la cima del Monte Sinaí y de que hablaba con Dios cara a cara. Pero aun así Moisés le pide a Dios que le enseñe Sus caminos para conocerlo mejor. El deseo de Moisés de conocer a Dios era insaciable. Entonces podemos entender por qué Dios lo miró con agrado y por qué Moisés encontró gracia ante Sus ojos. Sabemos que la gracia de Dios siempre es inmerecida, pero hay una parte que le toca al hombre en el ejercicio de su voluntad y esa parte puede agradar o desagradar a Dios. La mejor ilustración de lo que acabamos de decir es la adoración de Caín y Abel. El texto de Génesis 4:4b-5a dice: «Y el SEÑOR miró con agrado a Abel y a su ofrenda, pero a Caín y su ofrenda no miró con agrado». Claramente, esto implica que hay formas de caminar con Dios que hacen que nos visite con Su favor y hay otras que hacen que nos tenga que visitar con Su disciplina. Moisés tenía un deseo continuo de conocer más a Dios de tal forma que sus peticiones no procuraban la solución de sus problemas, sino que Dios le permitiera conocerlo mejor.

Si tuviéramos más deseos de conocerlo, quizás tendríamos menos problemas en la vida diaria porque Dios abriría nuestros caminos. Fíjate en las palabras del Señor por boca del profeta Jeremías:

Así dice el SEÑOR:
No se gloríe el sabio de su sabiduría,
ni se gloríe el poderoso de su poder,
ni el rico se gloríe de su riqueza;
mas el que se gloríe, gloríese de esto:
de que me entiende y me conoce,
pues yo soy el SEÑOR que hago misericordia,
derecho y justicia en la tierra,
porque en estas cosas me complazco —declara el SEÑOR
(Jer. 9:23-24).

El deseo número uno de Dios para con Sus hijos es que lleguemos a conocerlo cada vez más. Esa es la mejor manera de garantizar que el carácter de Cristo se forme en nosotros. Es además la mejor forma de vivir la vida de plenitud que Cristo compró para Sus redimidos (Juan 10:10). Dios nos ha dejado Su palabra escrita, la cual representa la mejor revelación de Su carácter. Si nos hace falta deseo de leer Su Palabra, debemos pedírselo a Dios porque, como bien dice el Libro de Santiago, no tenemos porque no pedimos (Sant. 4:2).

Pensemos por un momento cuándo fue la última vez que le pedimos a Dios que nos enseñara más de Él, que abriera nuestros ojos. ¿Cuándo? Por cada petición de estas, ¿cuántos cientos de peticiones le hemos hecho por otros motivos? Necesitamos aprender a ver la oración como un ejercicio para experimentar intimidad con Dios y crecimiento espiritual, más que como un ejercicio para devengar beneficios. Lamentablemente, nuestra búsqueda con frecuencia está demasiado centrada en que Dios nos resuelva los problemas.

Para saber si Dios se complació en la oración de Moisés, solo necesitas prestar atención a las palabras que forman parte de la respuesta que le dio: «Mi presencia irá contigo, y yo te daré descanso» (14b). Después de haberle anunciado al pueblo que enviaría un ángel delante de ellos y que Él no iría, una vez más Dios vuelve a prometer que enviará Su presencia con ellos en respuesta a la oración de Moisés. De este modo, Dios mostró de manera parcial cómo son Sus caminos.

Un siervo de Su presencia desea conocer la voluntad de Dios para obedecerla. Cuando Moisés pide a Dios que le muestre Sus caminos, en esencia estaba pidiendo que le mostrara Su voluntad. Esa debe ser la petición del cristiano todo el tiempo: «Señor, quiero conocer tu voluntad». Recordemos que, cuando los discípulos vinieron a Cristo y le pidieron que les enseñara a orar, esta fue parte de la respuesta del Señor: «[O]rad de esta manera: "Padre nuestro que estás en los cielos, santificado sea tu nombre. Venga tu reino. Hágase tu voluntad, así en la tierra como en el cielo. Danos hoy el pan nuestro de cada día"» (Mat. 6:9-11). Cristo les enseñó a Sus discípulos que, antes de hacer peticiones por sus necesidades personales, se enfocaran en la búsqueda de la voluntad de Dios. En ocasiones, la dificultad en medio de la cual nos encontramos es parte de la voluntad de Dios para formar el carácter de Cristo en nosotros. Sin embargo, con frecuencia le pedimos que nos saque de la dificultad sin nunca habernos preguntado si la dificultad es parte de Su voluntad. Del mismo modo, a veces estamos pidiendo por santificación y se nos olvida que parte de la respuesta puede representar dificultades que no solamente responden a nuestra petición por santificación, sino que forman parte de propósitos que nosotros desconocemos, como fue el caso de Job. Nuestra fe, que es más preciosa que el oro, es forjada en medio del fuego de la prueba. Eso dice Pedro a sus seguidores (1 Ped. 1:7).

Un siervo de Su presencia disfruta de las bendiciones de hacer la voluntad de Dios. El resultado de andar en los caminos de Dios es nuestro descanso: «Mi presencia irá contigo, y yo te daré descanso» (Ex. 33:14b). Nuestro cansancio emocional o espiritual no es necesariamente el producto de luchas espirituales como se enseña hoy, aunque hay luchas espirituales. Más bien es el resultado de una de varias posibilidades o de todas a la vez: de no andar en Sus caminos, de hacer las cosas en la carne y no en el Espíritu, de hacer más cosas de las que Dios nos ha ordenado hacer, de caminar sin Su presencia.

Moisés conocía el precio de andar sin la presencia de Dios y era un precio que no estaba dispuesto a pagar: «Entonces le dijo Moisés: Si tu presencia no va con nosotros, no nos hagas partir de aquí»

(Ex. 33:15). Este siervo de Dios conocía perfectamente bien el principio que aparece plasmado en el Salmo 127: «Si el SEÑOR no edifica la casa, en vano trabajan los que la edifican» (v. 1).

Un siervo de Su presencia está interesado en la fama del nombre de Dios y no en la propia. Observa detenidamente el próximo razonamiento de Moisés: «¿Pues en qué se conocerá que he hallado gracia ante tus ojos, yo y tu pueblo? ¿No es acaso en que tú vayas con nosotros, para que nosotros, yo y tu pueblo, nos distingamos de todos los demás pueblos que están sobre la faz de la tierra?» (Ex. 33:16). Moisés crece en cada prueba. Su preocupación es que quede claramente establecido que Jehová no es como los demás dioses y que el pueblo de Jehová no es como los demás pueblos. Sabía que la manera en que los demás pueblos reconocerían que Dios estaba con los israelitas no era evitando que les faltara el pan, el agua o cosas cotidianas como estas. Él reconoce que la diferencia entre ellos y los demás pueblos es que la presencia de Dios vaya o no con ellos. Por eso dice: «¿No es acaso en que tú vayas con nosotros, para que nosotros, yo y tu pueblo, nos distingamos de todos los demás pueblos que están sobre la faz de la tierra?» (Ex. 33:16b). Si la presencia del Señor no estaba con ellos, sin duda sus vidas lucirían como las de los demás pueblos. Entonces, es por esto que la vida de ciertos cristianos luce de manera similar a la de los incrédulos: porque la presencia de Dios no está con ellos de manera ostensible. Su salvación puede estar con ellos, pero no Su presencia manifiesta.

Un siervo de Su presencia desea la gloria de Dios y no la propia. Gracias a que Moisés intercede ante Dios por el pueblo, Él le afirma una vez más que Su presencia irá con ellos hasta la tierra prometida. Sin embargo, parece que Moisés tenía sus dudas al respecto, pues hacía solo unos momentos que Dios le había dicho que ya no iría con ellos; y tal vez por esto hizo la siguiente petición: «Entonces Moisés dijo: Te ruego que me muestres tu gloria» (Ex. 33:18). Moisés primero le pide a Dios que le muestre Sus caminos (v. 13a) con el propósito de poder conocerlo mejor (v. 13b) y finalmente le ruega al Señor que le muestre Su gloria para poder adorarlo mejor (v. 18).

Y Él [Dios] respondió: Yo haré pasar toda mi bondad delante de ti, y proclamaré el nombre del SEÑOR delante de ti; y tendré misericordia del que tendré misericordia, y tendré compasión de quien tendré compasión (Ex. 33:19).

Cuando Moisés bajó del monte Sinaí, luego de haber hablado allí con el Señor durante 40 días y 40 noches, la piel de su rostro estaba tan resplandeciente que el pueblo no podía mirarlo y tuvo que cubrírselo con un velo (Ex. 34:29-35). Vivir en la presencia de Dios transforma a aquellos que la experimentan. De hecho, el apóstol Pablo enseña en una de sus cartas que nosotros somos transformados contemplando el rostro de Dios y la forma de hacerlo hoy en día es pasar tiempo inmersos en Su Palabra. Estas fueron las palabras de Pablo a los corintios: «Pero nosotros todos, con el rostro descubierto, contemplando como en un espejo la gloria del Señor, estamos siendo transformados en la misma imagen de gloria en gloria, como por el Señor, el Espíritu» (2 Cor. 3:18).

LOS CAMINOS DE DIOS

Dios comenzó a mostrar Sus caminos a Moisés desde el mismo momento en que lo llamó de en medio de la zarza ardiente (Ex. 3:1-12). Para aquellos que deseamos caminar con Dios en intimidad de corazón, conocer Sus caminos es de vital importancia. Por tanto, veamos a continuación algunas características de esos caminos:

1. Los caminos de Dios son de santidad.

Las primeras palabras que Moisés escuchó de parte de Dios fueron estas: «¡Moisés, Moisés! Y él respondió: Heme aquí. Entonces Él dijo: No te acerques aquí; quítate las sandalias de los pies, porque el lugar donde estás parado es tierra santa» (Ex. 3:4b-5). Si queremos discernir la voluntad de Dios, tenemos que caminar en santidad (Rom. 12:1-2). Este principio no es negociable. La dificultad que tenemos para encontrar Su voluntad se debe muchas veces a que el camino por donde transitamos no es de santidad. A manera de ilustración, podemos decir que Dios rehúsa transmitir Su voz por una «frecuencia de carnalidad». Uno sabe que la radio tiene dos frecuencias: AM y FM. Es como si en el mundo hubiera dos frecuencias de radio: la FC o frecuencia carnal, por donde Satanás «transmite» su voluntad, y la FS o frecuencia santa, por donde Dios «transmite» la Suya. ¿Cuál de esas dos frecuencias sintoniza tu radio (tu mente y corazón)? Es una simple ilustración, pero nos sirve para enfatizar el punto.

Henry Blackaby, en su libro *The Ways of God* [Los caminos de Dios], dice que «la santidad es el requerimiento de Dios para tener una relación con Él». Blackaby agrega que «debido al pecado, nuestros caminos pueden parecernos correctos ante nuestros propios ojos, pero que al final son caminos de destrucción».[35]

La primera vez que Dios amenaza al pueblo con separarse de él fue precisamente por falta de santidad (Ex. 33:3). Israel no había aquilatado el enorme privilegio de tener al gran YO SOY en medio de ellos. «El principio aquí es que, mientras mayor es nuestro privilegio, mayores son las consecuencias adversas cuando caemos».[36]

El profeta Isaías lo dijo de esta manera: «Pero vuestras iniquidades han hecho separación entre vosotros y vuestro Dios, y vuestros pecados le han hecho esconder su rostro de vosotros para no escucharos» (Isa. 59:2). La santidad en la vida de un creyente es la evidencia de la presencia manifiesta de Dios porque es Él quien nos hace santos. Un pueblo santo refleja la esencia del carácter de Dios; y a eso precisamente fuimos llamados: «Pero vosotros sois linaje escogido, real sacerdocio, nación santa, pueblo adquirido para posesión de Dios, a fin de que anunciéis las virtudes de aquel que os llamó de las tinieblas a su luz admirable» (1 Ped. 2:9). Existen dos formas de anunciar Sus virtudes: proclamarlas o reflejarlas. Cuando nuestras vidas reflejan poca santidad, indican que no conocemos Sus caminos o que no estamos andando en ellos.

---

[35] Henry T. Blackaby, Roy T. Edgemon, *The Ways of God: How God Reveals Himself Before a Watching World* [Los caminos de Dios: Cómo Dios se revela ante un mundo expectante] (Nashville: B&H Publishers, 2000), 83.

[36] John G. Butler, *Moses: The Emancipator* [Moisés, el emancipador] (Clinton: LBC Publications, 1996), 569.

2. Los caminos de Dios son soberanos.

Cuando Moisés fue llamado, inicialmente rehusó ir. En ese momento, Dios comenzó a mostrarle que Sus caminos son soberanos: «Entonces Moisés dijo al SEÑOR: Por favor, Señor, nunca he sido hombre elocuente, ni ayer ni en tiempos pasados, ni aun después de que has hablado a tu siervo; porque soy tardo en el habla y torpe de lengua. Y el SEÑOR le dijo: ¿Quién ha hecho la boca del hombre? ¿O quién hace al hombre mudo o sordo, con vista o ciego? ¿No soy yo, el SEÑOR?» (Ex. 4:10-11). Con esto Moisés debía comenzar a entender que, si quería caminar con Dios, tendría que dejar de cuestionarlo. Como decía Agustín: «Contamos con la misericordia de Dios para nuestros errores pasados, con el amor de Dios para nuestras necesidades presentes y con la soberanía de Dios para nuestro futuro».[37] Podemos hacerle preguntas a Dios cuando no entendemos, pero no tenemos el derecho de cuestionarlo. Con cada una de las plagas que trajo sobre Egipto, Dios le confirmó a Moisés que Sus caminos eran soberanos y mostró soberanía sobre toda la creación. Cuando actuamos con rebeldía, demostramos que no conocemos Sus caminos.

Dios decide si nos acompaña en el camino o si se retira. Y lo que determina si Dios irá con nosotros o no, es nuestro grado de obediencia a Su voluntad. La desobediencia del pueblo hebreo hizo que llegaran a la tierra prometida 40 años después y 600 000 muertos más tarde. La desobediencia del pueblo terminó agotando a Moisés, quien llegó también a desobedecer lo que el Señor le había ordenado y eso le costó la tierra prometida, porque los caminos de Dios son caminos de obediencia. Él no negocia nuestra obediencia. No nos da opciones ni plantea Sus mandatos como exámenes de selección múltiple, sino de selección única.

3. Los caminos de Dios son de fidelidad.

Aun en las peores circunstancias, Dios le recordó al pueblo que enviaría un ángel delante de ellos para hacerlos llegar a la tierra pro-

---

[37] Citado por Charles Swindoll en el tema «God's mercy» [La misericordia de Dios], en *The Tale of The Tardy Oxcart* [El cuento de Tardy Oxcart] (Nashville: Thomas Nelson, 1998).

metida a Abraham, Isaac y Jacob. Dios cumple con lo prometido; lo que comienza lo termina. La pregunta es si nosotros cumpliremos con lo prometido a Dios y a otros. El Señor decide volver a acompañar al pueblo después de oír la petición de Moisés precisamente porque Él es fiel a Sus promesas. Cuando somos infieles, Él permanece fiel (2 Tim. 2:13). Nuestra infidelidad es la evidencia de que no conocemos Sus caminos y de que no lo conocemos a Él.

4. Los caminos de Dios son inescrutables.

De hecho, eso es exactamente lo que Romanos 11:33b dice: «¡Cuán insondables son sus juicios e inescrutables sus caminos!». Su sabiduría supera a la nuestra; Él es quien escribe la historia y cuando la escribe conoce el final desde el principio. Dios dirigió al pueblo de Israel en el desierto, de modo que los puso frente al mar Rojo, rodeado de montañas y con los egipcios a sus espaldas. Éxodo 13:18 nos dice que fue Dios quien los hizo ir en esa dirección. Esa decisión resulta completamente ilógica a la luz de la razón humana, pero Dios la tomó porque sabía que abriría el mar Rojo para que el pueblo de Israel cruzara y que luego lo cerraría sobre el pueblo de Egipto cuando viniera persiguiéndolos. Nadie pudo haber predicho tal movimiento de parte de Dios. Ese solo acto mostró Su poder, Su sabiduría, Su fidelidad para con Su pueblo y Su justicia para con los que lo odian. A veces los callejones sin salida son la evidencia de que Dios nos está guiando para mostrarnos que Él es el Dios que puede obrar cuando ya no hay esperanza. Cuando queremos que Dios nos dé una explicación de todo cuanto haya de ocurrir, demostramos que realmente no conocemos Sus caminos. Es increíble ver cómo, después de 40 años caminando con Dios, el pueblo aún no lo conocía ni conocía Sus caminos. Por eso, el paso del tiempo no garantiza el conocimiento de Dios, sino la intimidad que hayamos desarrollado con Él.

REFLEXIÓN FINAL

Los caminos de Dios son una representación de Su voluntad y esta es un reflejo de Su carácter. No podemos conocer Sus caminos en su totalidad, pero podemos confiar en Sus formas porque Él nos ha revelado Su carácter en Su Palabra y específicamente en la historia que ha construido entre Él y Su pueblo, que está a nuestra disposición.

Un siervo que no confía en el carácter de Dios no está listo para servir. Dios tuvo que convencer a Moisés primero de que ciertamente Él es el gran YO SOY (Ex. 3:14), capaz de obrar milagros con Su poder y capaz de dolerse profundamente por la opresión del pueblo hebreo a manos de los egipcios. Una vez que Moisés se convenció de esto, estuvo dispuesto a regresar ante los hijos de Israel y ante faraón tan solo con una vara en su mano. Es interesante ver cómo la vara que Moisés había usado por muchos años (Ex. 4:2,17) y a la que podríamos llamar «la vara de Moisés» prontamente pasó a ser «la vara de Dios» (Ex. 4:20). En adelante, sería la vara de Dios porque Él la usaría como símbolo para la realización de Sus milagros o como símbolo de Su fianza como pastor del pueblo.

Si Dios es el autor de nuestra historia y nosotros no conocemos la historia completa, es lógico pensar que nuestra mayor búsqueda debe ser la búsqueda de Su presencia. Por otro lado, no hay nadie ni nada en el universo que tenga la estatura de nuestro Dios. Él es el autor de todo lo que existe fuera de sí mismo. Además, en ningún otro lugar encontraremos lo que encontramos en Él: perdón, redención, vida eterna, paz, gozo, significado, propósito, etc. En fin, podríamos hacer esta lista interminable. En Él vivimos, nos movemos y existimos (Hech. 17:28). Una vez más, seguir Sus caminos es seguir Su voluntad y Su voluntad es buena, agradable y perfecta (Rom. 12:2). Al final de nuestros días, «miraremos hacia atrás y concluiremos que nuestras vidas fueron bien vividas y estaremos satisfechos».[38] Una vida bien vivida es el tema del próximo capítulo.

---

[38] James Montgomery Boice, *Romans* [Romanos], Vol. 4 (Grand Rapids: Baker Books, 1995), 1559.

6

Sé un siervo de una vida bien vivida

[A] todo el que es llamado por mi nombre
y a quien he creado para mi gloria, a
quien he formado y a quien he hecho.

(Isa. 43:7)

INTRODUCCIÓN

El texto de Isaías 43:7 nos deja ver que una vida bien vivida es, en esencia, una vida para la gloria del Creador. Y la razón es muy sencilla: Dios nos formó y luego nos llamó para la alabanza de Su gloria. Si vivimos de cualquier otra manera, estamos fuera del propósito para el cual fuimos creados y una vida así no puede producir satisfacción. Cuando Dios pensó en nosotros en la eternidad pasada, inmediatamente pensó en un propósito para el cual debíamos existir. Por tanto, si estamos vivos en esta generación es porque Dios entiende que nos necesita; no de la misma manera en que necesitamos a Dios, sino en el sentido de que Dios nos hizo nacer en este tiempo y no en otro para llenar un propósito a través de nosotros en Su historia. La insatisfacción que posee la gente es multifactorial, pero una razón importante es que muchos viven fuera de los propósitos de Dios. En una ocasión, Jesús mismo reveló que Su venida al mundo tuvo un solo propósito: hacer la voluntad del Padre. Estas fueron Sus palabras exactas: «Mi comida es hacer la voluntad del que me envió y llevar a cabo su obra» (Juan 4:34). Si ese fue el caso de Jesús, debe ser también el nuestro. No vivir de esa manera nos trae insatisfacción y consecuencias.

Hace unos pocos años, alguien publicó un libro titulado *Su mejor vida ahora*. La orientación de este y de muchos otros libros en nuestros días es altamente antropocéntrica, centrada en lo que queremos y en el potencial que se supone tenemos para alcanzar el éxito y la prosperidad según nuestra propia concepción. Cada uno de nosotros tiene una idea de cómo quisiera vivir o dónde quisiera vivir; pero, si ese no es el mismo plan que Dios tiene para nosotros, al final no habremos vivido bien. Entonces, una vida bien vivida tiene que estar alineada a la voluntad de Dios y, por lo tanto, ser congruente con los planes que Él tiene para nosotros. Y aún más, una vida bien vivida no puede estar orientada hacia nuestro interior (egocentrismo); tampoco puede tener una orientación horizontal antes que una vertical. La única posibilidad de vivir bien es tener una orientación vertical que luego nos permita relacionarnos horizontalmente de manera correcta. Por eso, una vida bien vivida es la que se vive para la gloria de Dios. Y ese concepto es mucho más solemne de lo que pensamos. Vivir para la gloria de Dios es vivir en la dirección contraria a la del resto de la humanidad; es como nadar contra la corriente.

Ahora bien, si hay algo que creemos haber llegado a entender es que vivir para la gloria de Dios es la única manera de experimentar la plenitud de vida de la que Cristo habla en Juan 10:10. Es una forma de vivir que de manera natural producirá gozo espiritual. Hemos querido agregar el apellido «espiritual» para dejar claro que cuando hablamos de gozo no estamos pensando en algarabía y festividad, aunque puede haber un tiempo para esas cosas también. Al hablar de gozo nos referimos a una satisfacción interna con la vida que Dios nos ha dado. Por tanto, si vivimos para la gloria de Dios, de manera natural debiéramos ver resultados y frutos en nuestra vida, cosas que ni siquiera tenemos que salir a buscar, sino que son el resultado natural de una vida bien vivida. Una de ellas es que experimentamos una satisfacción espiritual, más o menos continua, con la vida que Dios nos ha otorgado, lo cual nos trae estabilidad emocional y espiritual. En otras palabras, la vida de un hijo de Dios que se caracteriza por un sube y baja continuo no puede ser una vida bien vivida. El versículo en la Palabra de Dios que mejor define cómo se vive bien aparece en la primera carta de Pablo a los corintios: «Entonces, ya sea que comáis, que bebáis, o que hagáis cualquier otra cosa, hacedlo todo para la gloria de Dios» (1 Cor. 10:31). Aquí, el apóstol Pablo define cómo hacer las cosas más sencillas del diario vivir. Por eso, se aplica tanto a la madre que cría a sus hijos como al hombre de negocios, quienes deberían llevar a cabo sus planes teniendo la gloria de Dios como su meta número uno. «Lo que no es o no puede ser, para la gloria del único Dios, probablemente deba ser excluido de "toda otra cosa" que hagas».[39]

CUIDADO CON SUS METAS

Correr la carrera cristiana con una meta en mente es un concepto bíblico. Así lo expresó el apóstol Pablo:

¿No sabéis que los que corren en el estadio, todos en verdad corren, pero sólo uno obtiene el premio? Corred de tal modo que ganéis. Y todo el que compite en los juegos se abstiene de todo. Ellos lo hacen para recibir una corona corruptible, pero nosotros, una incorruptible. Por tanto, yo de esta manera corro, no como sin tener meta; de esta manera peleo, no como dando golpes al aire, sino que golpeo mi cuerpo y lo hago mi esclavo, no sea que habiendo predicado a otros, yo mismo sea descalificado (1 Cor. 9:24-27).

«Corred de tal manera que ganéis», dice Pablo. Sus palabras reflejan un sentido de urgencia. Sin embargo, muchos cristianos no viven con ese sentido de urgencia y esto no concuerda con una vida bien vivida. Hoy cuenta para siempre. Por tanto, no podemos ser vagos espirituales. El texto citado anteriormente dice que «el que compite en los juegos se abstiene de todo» (v. 25a), es decir, mientras entrena ejercita no solo su cuerpo, sino también el dominio propio con tal de

---

[39] Gordon Fee, *The first Epistle to the Corinthians* [Primera Epístola a los Corintios], The New International Commentary on the New Testament [Nuevo comentario internacional sobre el Nuevo Testamento] (Grand Rapids: W. B. Eerdmans, 2014), 538.

alcanzar una meta. «La misma necesidad de tener dominio propio no es menos relevante en el mundo moderno donde la gratificación hedonista inmediata se da por sentado y donde el satisfacer los deseos propios se considera una respuesta saludable independientemente del contexto o de las implicaciones sociales».[40]

Un jugador olímpico está dispuesto a sacrificar horas de sueño para asistir a las prácticas; también se abstiene de ciertas comidas para no ganar peso e incluso se priva de entretenimiento. Hace todo lo necesario sin quejarse porque lo disfruta. El apóstol Pablo parece insinuar entonces que nosotros los cristianos debemos estar dispuestos a abstenernos de todo lo que sea necesario en aras de la causa de Cristo. Esa es una buena meta. Si los atletas corren «para recibir una corona corruptible, pero nosotros, una incorruptible», ¿no debiéramos estar dispuestos a hacer un mayor sacrificio si fuera necesario? Por eso Pablo y el resto de los mártires terminaron dando su vida, porque entendían que la corona que habrían de recibir en gloria era mayor que la corona temporal de los corredores olímpicos. Pablo continúa diciendo: «[Y] o de esta manera corro, no como sin tener meta» (1 Cor. 9:26). Aquí vemos claramente que el apóstol tenía una meta definida en su vida, la cual perseguía con pasión. Pablo estuvo dispuesto a someter su cuerpo a disciplina, asistido por la gracia de Dios, para que los deseos del cuerpo no lo hicieran caer y terminara siendo descalificado.

Ahora bien, necesitamos entender que Pablo no estaba hablando de fuerza de voluntad, sino de dominio propio, el cual es un fruto del Espíritu. En todo esto hay un sentido de sobriedad. Pero, si no tenemos ese sentido de sobriedad en nuestra vida, posiblemente no terminemos bien la carrera. En el Nuevo Testamento, se nos llama a ser sobrios unas nueve veces (1 Cor. 15:34; 1 Tes. 5:6,8; 1 Tim. 3:2; 2 Tim. 4:5; Tito 2:2; 1 Ped. 1:13; 4:7 y 5:8). Aun al joven Timoteo, Pablo le dice: «Pero tú, sé sobrio en todas las cosas, sufre penalidades, haz el trabajo de un evangelista, cumple tu ministerio» (2 Tim. 4:5). No pode-

---

[40] Roy E. Ciampa, *The First Letter to the Corinthians* [Primera Epístola a los Corintios], The Pillar New Testament Commentary [Comentario sobre el Nuevo Testamento Pillar] (Grand Rapids: W. B. Eerdmans, 2010), 438-439.

mos correr bien si no somos sobrios y perseguimos los propósitos de Dios como meta.

La urgencia en las grandes compañías de hoy es alcanzar todas las metas fijadas para cada año. Pero Dios no opera como los hombres. Para Dios, las metas son tan importantes como el proceso que vamos a seguir para alcanzarlas. Por tanto, nuestras metas necesitan un marco de referencia bíblico. Lamentablemente, algunos líderes cristianos trazaron metas para sus vidas o ministerios que tal vez hasta venían de Dios, pero luego las persiguieron de una forma pecaminosa y como resultado se han quedado a mitad de camino al tropezar y caer. De ahí que el proceso que seguimos para alcanzar nuestras metas sea tan importante. Lo que Dios comienza lo termina. Él nunca ha comenzado algo que no haya terminado. Por lo tanto, en lo personal, hemos llegado a la conclusión de que todo proyecto humano que se queda a mitad de camino es porque Dios no lo inició. Si Dios tiene que remover a un Moisés para continuar hacia la tierra prometida con un Josué, lo hará, como en efecto lo hizo, según nos relata el Antiguo Testamento.

Dios no inicia algo que no se propone terminar. Nosotros paramos los proyectos a mitad de camino porque nos desanimamos, nos cansamos, nos sorprendemos con cosas que no esperábamos o se nos acaban los recursos. Pero a Dios no le sucede lo que es habitual entre los seres humanos. Dios dice claramente: «Yo soy Dios, y no hay ninguno como yo, que declaro el fin desde el principio y desde la antigüedad lo que no ha sido hecho. Yo digo: "Mi propósito será establecido, y todo lo que quiero realizaré"» (Isa. 46:9b-10). De este modo, Dios nunca ha concebido un propósito en Su mente que no se llevara a cabo en el universo. Los fracasos son humanos, no divinos. Cuando Dios «fracasa», como en la cruz del Calvario, es solo porque el aparente fracaso es Su victoria. ¡Qué Dios tan grande! Lo que Pablo afirma de nuestra salvación y santificación en Filipenses 1:6 es cierto también de todo lo que Dios se propone: «[E]l que comenzó en vosotros la buena obra, la perfeccionará hasta el día de Cristo Jesús». Así son todos y cada uno de los propósitos de Dios.

Nosotros tenemos que perseguir las metas en el tiempo de Dios, a Su manera y a Su velocidad. El ser humano muchas veces tiende a alcanzar sus metas solo para lucir bien, para ganarse una promoción en el trabajo o simplemente para sentirse bien consigo mismo. Pero el propósito de Dios no es lucir bien; por eso en la cruz Cristo no lució bien, pero sí completó la meta divina. El propósito o la meta de Dios para cada una de Sus criaturas es la alabanza de Su gloria, y Él así lo ha declarado en Su Palabra.

La realidad es que...

- **Podemos alcanzar las metas y estar fuera de la voluntad de Dios.**
- **Podemos alcanzar las metas y destruir a otros a nuestro alrededor.**
- **Podemos alcanzar las metas aun en la iglesia y no haber glorificado a Dios.**

Hoy en día, la meta en el mundo secular es tener las cosas más grandes y más rápidas. Ese modo de pensar ha permeado también la vida del creyente, de forma tal que muchos pastores tienen como objetivo hacer crecer sus congregaciones rápido hasta lograr tener una megaiglesia; mientras que otros quieren plantar más y más iglesias en el menor tiempo posible. Y aunque todo esto parece bueno, no necesariamente lo es. La realidad es que los números nunca han impresionado a Dios. El Señor redujo el ejército de Gedeón de 30 000 hombres a 300, para que quedara claro quién les había dado la victoria. Henry Blackaby, en su libro sobre liderazgo espiritual, nos dice: «Las iglesias frecuentemente usan los métodos del mundo para atraer una muchedumbre. Una gran producción hecha con excelencia, un equipo de sonido de alta tecnología, luces profesionales, folletos llamativos y liderazgo carismático pueden atraer a la muchedumbre, pero no construirán una iglesia. Solo Cristo puede hacerlo».[41] **Los números no necesariamente satisfacen a Dios; no importa si son millones de personas o millones de dólares.** Por eso, en nuestra

---

[41] Henry Blackaby, *Spiritual Leadership* [Liderazgo espiritual] (Nashville: Broadman & Holman Publishers, 2001), 126-127.

iglesia establecimos como uno de nuestros valores no negociables el principio de que las **vidas cambiadas serán nuestra única medida del éxito**. Recuerda que una vida bien vivida es aquella que se vive para la gloria de Dios y eso requerirá una vida de orientación vertical.

En una ocasión, tuvimos la oportunidad de entrevistar al doctor R. C. Sproul en el año 2016. Al final de la entrevista, le preguntamos al Dr. Sproul si podía resumir en una sola frase o idea el contenido de toda nuestra conversación, de manera tal que esa frase sirviera de mensaje final para todos los líderes de Latinoamérica. Estas fueron sus palabras: «Hagan todo lo que esté a su alcance para hacer absolutamente todo para la gloria de Dios». En el griego de la antigüedad, la palabra *gloria* (*doxa*) significaba 'opinión o reputación'.[42] En el Nuevo Testamento, esa opinión siempre es buena. Por tanto, la idea en el Nuevo Testamento es exaltar el nombre de Dios al hablar bien de Él. De esa manera, al vivir para Su gloria, nuestro testimonio de vida contribuye a engrandecer la imagen de Dios frente a los demás y a cambiar la idea que muchos tienen de Él.

LA META: TERMINAR BIEN LA CARRERA

Al reflexionar al final de sus días, quizás a semanas o meses de su muerte, sobre cómo estaba terminando la carrera cristiana, el apóstol Pablo escribe en su Segunda Carta a Timoteo (su discípulo más joven) lo siguiente: «Porque yo ya estoy para ser derramado como una ofrenda de libación, y el tiempo de mi partida ha llegado. He peleado la buena batalla, he terminado la carrera, he guardado la fe» (2 Tim. 4:6-7). A Pablo ya no le quedaba más nada por hacer; él había corrido y terminado bien la carrera. Nota cómo el apóstol se refiere a su muerte como una ofrenda. Para Dios es importante no solo cómo vivimos, sino también cómo morimos. Si vivimos para la gloria de Dios, así deberíamos morir.

En la vida cristiana hay una batalla que pelear y Pablo la llama la

---

[42] Gerhard Kittel y Gerhard Friedrich, *Theological Dictionary of The New Testament* [Diccionario teológico del Nuevo Testamento], en *doxa* (Grand Rapids: W. B. Eerdmans Publishing Company, 1985), 178.

buena batalla. A lo largo del camino, tarde o temprano el creyente enfrenta tentaciones, heridas, ofensas, pérdidas, sufrimientos y dolor, como parte de lo que nos toca vivir para la gloria de Dios en este mundo caído. Todo eso forma parte de la batalla que debemos pelear. Recordemos que la vida cristiana es una carrera; lo importante no es cómo comenzamos, sino cómo terminamos. Muchas personas tienen testimonios extraordinarios de conversión, pero muy malos testimonios de santificación. Entonces, ¿de qué les sirve? Tenemos que correr bien y Dios nos da Su gracia para hacerlo. No es simplemente terminar, es terminar bien. Así pues, una vida bien vivida es aquella que comienza y termina bien. Ahora, esto no implica que no tendremos caídas en el camino. Seguramente habrá tropiezos, algunos de ellos significativos. Como alguien dijo en una ocasión: «El que nunca ha fallado no puede ser grande. El fracaso es la verdadera prueba de la grandeza».[43]

Pedro tuvo un tropiezo enorme en su vida, pero no terminó allí; terminó de otra manera, crucificado por su Señor, de modo que se levantó, peleó la buena batalla y terminó bien la carrera. En cambio, en la Escritura encontramos varios personajes bíblicos que no terminaron bien, que quedaron eliminados muy temprano en el camino. Abimelec, Sansón, Absalón, Acá, y Josías fueron personajes que iniciaron bien, mas cayeron rápidamente. Elí fue otro de esos personajes que tampoco terminó bien. Caminó bien por mucho tiempo, pero terminó mal. Sus hijos, Ofni y Finees, deshonraron a Dios y Elí, aun siendo el sumo sacerdote, no los juzgó como mandaba la ley (Lev. 24:15-16). Como consecuencia, sus dos hijos murieron en batalla en un mismo día y, cuando Elí recibió la noticia de que sus hijos habían muerto y el arca había sido capturada por los filisteos, cayó hacia atrás y murió al desnucarse (1 Sam. 4:11,18).

El relato bíblico nos muestra cómo Dios permitió que la vida de Elí terminara en desgracia, como parte del juicio divino, y cómo sus dos hijos murieron en batalla en un mismo día, también como

---

[43] Herman Melvill, citado por Steve Farrar en *Finishing Strong* [Terminar fuertes] (Sisters: Multnomah Publishers, Inc., 1995), 167.

parte de ese juicio. Asimismo, vemos cómo Dios le anuncia a Elí que prácticamente ninguno de su descendencia llegaría a edad muy avanzada, pero que Él eximiría a algunos para que Elí los viera y sufriera como parte de Su juicio. ¿Por qué? Porque Elí no corrigió a sus hijos a tiempo. En 1 Samuel encontramos las palabras del Señor para Elí:

Por tanto, el SEÑOR, Dios de Israel, declara: «Ciertamente yo había dicho que tu casa y la casa de tu padre andarían delante de mí para siempre»; pero ahora el SEÑOR declara: «Lejos esté esto de mí, porque yo honraré a los que me honran, y los que me menosprecian serán tenidos en poco. «He aquí, vienen días cuando cortaré tu fuerza, y la fuerza de la casa de tu padre, y no habrá anciano en tu casa. «Y verás la angustia de mi morada, a pesar de todo el bien que hago a Israel; y nunca habrá anciano en tu casa. «Sin embargo, a algunos de los tuyos no cortaré de mi altar para que tus ojos se consuman llorando y tu alma sufra; pero todos los nacidos en tu casa morirán en la flor de la juventud. «Y para ti, ésta será la señal que vendrá en cuanto a tus dos hijos, Ofni y Finees: en el mismo día morirán los dos» (1 Sam. 2:30-34).

¡Qué manera tan terrible de terminar la vida!

Otros personajes terminaron a medias. David fue un hombre conforme al corazón de Dios, pero no podemos decir que terminó bien la carrera, aunque tampoco podemos decir que terminó mal. El rey David pecó en gran medida contra Dios y su familia; a partir de ahí, realmente se desintegró. Como resultado, el reino de Israel, después de haber alcanzado su punto máximo de desarrollo bajo su reinado, comenzó un proceso de declive que jamás se revirtió. De este modo, este gran siervo de Dios no concluyó la carrera de la mejor forma.

Sin embargo, hay otros personajes bíblicos que terminaron bien (seres humanos de carne y hueso al igual que nosotros) que estuvieron sujetos a tentaciones y debilidades, pero aun así terminaron bien, hombres como Abraham, Job, Josué, Caleb, Elías, Jeremías, Isaías, Daniel, Pablo, Pedro, Juan y otros tantos más.

Muchos de nosotros corremos la carrera cristiana, pero de una manera muy sanguínea, con mucha pasión al inicio, mas luego perdemos el enfoque en el camino.[44] Cuando esto sucede, algunas ovejas entonces nos dicen: «Pastor, no sé qué me pasó… Recuerdo la época cuando enseñaba, cuando predicaba, cuando evangelizaba, cuando era parte del coro», y así sucesivamente. Esta gente parece vivir en la gloria del pasado. No podemos vivir una vida bien vivida enfocados en el pasado, pues este ya no existe; tenemos que vivir en el presente.

Steve Farrar, en su libro *Finishing Strong* [Terminar fuertes], habla de cómo en el año 1945 había tres jóvenes predicadores que prometían mucho: Billy Graham, Charles Templeton y Bron Clifford. Algunos pensaban que, de esos tres, el que menos prometía era Billy Graham. De hecho, la joven de quien Billy Graham se enamoró aceptó su propuesta de matrimonio, pero meses más tarde rompió su compromiso con Billy porque, según ella, él no prometía gran cosa, pues no veía ningún propósito verdadero en su vida. Sin embargo, aunque estos hombres comenzaron bien la carrera, para el año 1950, Templeton había dejado el ministerio y abandonado la fe diciendo que ya no creía en el cristianismo ortodoxo. Cuatro años después, Clifford había abandonado a su esposa e hijos y había perdido su ministerio, su salud y finalmente su vida debido al alcoholismo.[45] De los tres evangelistas más famosos y prometedores de aquella época, solo uno terminó bien: Billy Graham, que cumplió 98 años en noviembre del año 2016 y se mantiene siendo un gran siervo de Dios, muy respetado tanto dentro como fuera del ámbito cristiano. ¡Gloria a Dios por la vida fiel de este hombre!

Una vida bien vivida deja una marca en los demás. No es posible que pasemos a la historia sin dejar algún legado, ya sea en la vida de nuestro cónyuge, nuestros hijos, nuestra iglesia o nuestros compañeros de trabajo, y pretendamos que hemos vivido bien. Dios nos creó para traer gloria a Su nombre en todo lo que hagamos. Tenemos que dejar un legado de fe que otros puedan imitar y seguir construyendo

---

[44] Steve Farrar, *Finishing Strong* [Terminar fuertes] (Sisters: Multomah Publishers, Inc., 1995), 13-53.
[45] *Ibid.*, 13-15

sobre él. Ahora bien, para no correr el riesgo de que seamos mal interpretados, recordemos que lo que nos permite correr bien la carrera es la gracia de Dios y no la sabiduría humana. Dios nos capacita para correr bien, pero algunos son perezosos.

REQUISITOS PARA LLENAR LAS METAS

Una vida bien vivida presupone varios elementos prácticos:

En primer lugar, necesitamos una estrecha relación con Dios. Cristo estableció esta primera meta para la vida: «AMARÁS AL SEÑOR TU DIOS CON TODO TU CORAZÓN, Y CON TODA TU ALMA, Y CON TODA TU MENTE» (Mat. 22:37). Una estrecha relación con Dios no es lo mismo que hacer un devocional diario, por largo que sea. La evidencia de una estrecha relación con Dios es la formación del carácter de Cristo en nosotros, con muestras del fruto del Espíritu, y una consistencia entre lo que profesamos y lo que practicamos. Dios ha salido en busca del hombre todo el tiempo. Pero esa búsqueda solo le trae beneficios al hombre, y no a Él. Esto nos habla de cuánto nos ama. Dios está completo en sí mismo desde la eternidad, pero ha salido en busca del hombre porque sabe que la única manera en que llegaremos a ser transformados a Su imagen es si permanecemos en estrecha relación con Él. Esta realidad puede verse a lo largo de toda la historia bíblica.

Dios colocó al hombre y a la mujer en el jardín del Edén, un lugar que diseñó hermoso y perfecto, para que allí se relacionaran con Él. Podríamos decir que fue el primer templo de adoración a nuestro Dios. Cuando el pecado de Adán y Eva lo arruinó, Dios decidió hacer un tabernáculo para habitar en medio de Su pueblo. Allí descendió al lugar santísimo y permitió que hombres pecadores se relacionaran con Él por medio de un sacerdote. Más tarde, cuando el pueblo hebreo salió del desierto y se estableció en una nueva tierra, Dios dio instrucciones para la construcción del templo donde Él moraría. Este templo fue inaugurado por el rey Salomón (2 Crón. 6–7). Terminada la revelación a través de los profetas del Antiguo Testamento, Dios nos envió a Su Hijo, en quien moraba y mora la plenitud de la divinidad. De hecho, Cristo se refirió a Su cuerpo como el templo cuando dijo: «Destruid este templo, y en tres días lo levantaré» (Juan 2:19). Los judíos que lo escuchaban no comprendieron el significado de Sus palabras, pues le dijeron: «En cuarenta y seis años fue edificado este templo, ¿y tú lo levantarás en tres días? Pero Él hablaba del templo de su cuerpo» (Juan 2:20-21). Y cuando Jesús partió de este mundo, el Padre y el Hijo enviaron a la tercera persona de la Trinidad, el Espíritu Santo, que vino a morar dentro de cada creyente. Lo que antes estaba afuera, en el lugar santísimo, ahora vino a habitar dentro del ser humano. Finalmente, en la nueva Jerusalén, habitaremos con Jesús y lo veremos cara a cara tal cual es. Será como si regresáramos al Edén. Adán dejó de vivir bien cuando se separó de Dios; por tanto, si queremos tener una vida bien vivida, necesitamos cultivar una estrecha relación con Él.

En segundo lugar, para una vida bien vivida, necesitamos un carácter «enseñable». Una persona con un carácter enseñable es aquella que puede aprender de otros y que permite que otros lo corrijan. Es alguien que intenta mirar a aquellos que van delante, los que han vivido consistentemente y de quienes quiere aprender las respuestas a sus preguntas. En su tercera carta, Juan menciona a alguien que es lo opuesto: «Escribí algo a la iglesia, pero Diótrefes, a quien le gusta ser el primero entre ellos, no acepta lo que decimos» (3 Jn. 1:9). Diótrefes no era enseñable; por tanto, no terminaría bien. Ninguno de nosotros terminará bien si no tiene un carácter enseñable. Por eso dice la Palabra: «Delante de la destrucción va el orgullo, y delante de la caída, la altivez de espíritu» (Prov. 16:18).

En tercer lugar, necesitamos una vida orientada a llenar los propósitos de Dios. Esta área es crucial en la vida del cristiano. Nosotros tenemos muchos ideales personales que no forman parte de los propósitos de Dios para nuestras vidas. Esto se debe a que la mayoría de los cristianos tienen una vida orientada horizontalmente, es decir, una vida que busca llenar sus más altas aspiraciones de este lado de la eternidad. Pero no debemos olvidar lo que Efesios 2:10 nos dice: «[S]omos hechura suya, creados en Cristo Jesús para hacer buenas obras, las cuales Dios preparó de antemano para que anduviéramos en ellas». Muchas veces, hemos caminado en obras que Dios no preparó de antemano y, como Él no las preparó, no se supone que andemos en ellas. Por tanto, tarde o temprano tendremos que regresar a las obras que Él preparó desde la eternidad pasada para nosotros. En ocasiones, será necesario que nos trague un pez grande y que luego nos vomite en la orilla de una playa, como ocurrió en el caso de Jonás. Los caminos de Dios son soberanos y todos tenemos que aprender esa lección.

Necesitas orientar tu vida hacia los propósitos de Dios; en eso consiste una vida bien vivida. Es difícil imaginarnos una vida consagrada a los propósitos de Dios, llena de insatisfacción y queja; no podemos unir esas dos cosas. Dios no nos creó para que nos quejemos cuando las cosas no van bien, sino para la alabanza de Su gloria. No vemos cómo la queja puede glorificar a Dios; no lo refleja, no lo exalta ni tampoco hace que el otro piense mejor de Dios. Y como ya vimos, en eso consiste glorificar a Dios, en engrandecer la imagen que los demás tienen de Él.

Una vida orientada hacia los propósitos de Dios produce satisfacción y gozo de forma natural. Y eso es precisamente lo que Él quiere darnos: una vida de abundancia. Cristo dijo: «[Y]o he venido para que tengan vida, y para que la tengan en abundancia» (Juan 10:10).

En cuarto lugar, para una vida bien vivida, se requiere una vida de fe. Una vida de incredulidad producirá mucha inestabilidad. Esa fe que se requiere debe estar puesta en la persona de Jesús y en Su Palabra, la cual nos habla de cómo es Dios. Necesitamos confiar en Su soberanía y en Su providencia; esas dos cosas van de la mano. La soberanía de Dios implica que tiene el derecho, la autoridad y el poder de hacer todo cuanto desee sin cuestionamiento. Ahora bien, como Su carácter es santo y justo, todo lo que deseará hacer será también santo y justo. Él tiene el derecho porque es dueño del cielo y la tierra. La providencia, por otro lado, tiene que ver con el cuidado especial que Dios tiene de Su creación todos los días, minuto a minuto, segundo a segundo, y eso nos incluye también a nosotros, cuando hablamos del ejercicio de Su gobierno. Necesitamos confiar en el Señor aun cuando llegan las malas noticias, ya que forman parte de Su cuidado soberano y providencial.

Esa vida de fe le permitió a Pablo estar gozoso aun en medio de la prisión, porque confiaba en los propósitos de Dios, en Su soberanía, en Su providencia y en Su amor. ¿Se imagina la estabilidad emocional y espiritual que eso debe producir? Pero la única manera de vivir de esa forma es si la orientación de nuestra vida es vertical, como vemos en las siguientes palabras de Pablo:

Y quiero que sepáis, hermanos, que las circunstancias en que me he visto, han redundado en el mayor progreso del evangelio, de tal manera que mis prisiones por la causa de Cristo se han hecho notorias en toda la guardia pretoriana y a todos los demás; y que la mayoría de los hermanos, confiando en el Señor por causa de mis prisiones, tienen mucho más valor para hablar la palabra de Dios sin temor (Fil. 1:12-14).

Pablo estaba gozoso porque a pesar de estar en prisión, el evangelio continuaba avanzando y su prisión había infundido valor a los demás creyentes y los animó a compartir la Palabra sin temor a las consecuencias.

En quinto lugar, una vida bien vivida requiere un autoexamen. Una vida caracterizada por el autoexamen es la que presta atención a las señales de advertencia. Debido a nuestro corazón engañoso, somos capaces de pecar y no tomar conciencia de nuestro pecado. Ese fue el caso de David, quien después de adulterar con Betsabé y de dar órdenes para que abandonaran a su esposo en el campo de batalla para causarle la muerte, tomó a Betsabé como esposa y no se percató de su pecado hasta que el profeta Natán fue a hablar con él y lo confrontó. Nuestro peor enemigo no está fuera de nosotros, sino dentro. Pecamos y luego tratamos de justificar nuestro pecado argumentando que tomamos esa decisión porque fue un asunto de conciencia o un asunto de convicción. Y tal pudiera ser el caso, pero con frecuencia lo que nosotros llamamos convicción es simplemente rebelión. La rebelión no es más que adherencia a nuestras propias convicciones, mientras que la obediencia es adherencia a convicciones bíblicas.

En sexto lugar, una vida bien vivida es una vida de agradecimiento. El cristiano afirma que Dios es bueno, justo, soberano y que orquesta todas las cosas, pero luego se queja cuando Dios orquesta circunstancias en su vida que no le gustan. Toda queja, a fin de cuentas, es contra Dios, quien envió a nuestra vida esa circunstancia de la cual nos quejamos o permitió que sucediera. Nadie expresa esta idea mejor que Moisés:

> *Y Moisés dijo: Esto sucederá cuando el Señor os dé carne para comer por la tarde, y pan hasta saciaros por la mañana; porque el Señor ha oído vuestras murmuraciones contra Él. Pues ¿qué somos nosotros? Vuestras murmuraciones no son contra nosotros, sino contra el Señor (Ex. 16:8).*

Nuestras murmuraciones niegan todo lo que afirmamos respecto al carácter de Dios. Necesitamos una vida de agradecimiento hacia Dios y hacia los hombres; el resultado será la ausencia de quejas. Nuestras vidas revelan nuestras verdaderas convicciones mejor que nuestras palabras.

En séptimo y último lugar, para una vida bien vivida, necesitamos un pasado sanado. Mucha gente vive herida y resentida en el presente por cosas que nunca sanó o perdonó de su pasado. No podemos movernos hacia delante si estamos aún viviendo en el pasado. Pablo entendió ese principio perfectamente y en otro contexto supo decir:

> *No que ya lo haya alcanzado o que ya haya llegado a ser perfecto, sino que sigo adelante, a fin de poder alcanzar aquello para lo cual también fui alcanzado por Cristo Jesús. Hermanos, yo*

mismo no considero haberlo ya alcanzado; pero una cosa hago: olvidando lo que queda atrás y extendiéndome a lo que está delante, prosigo hacia la meta para obtener el premio del supremo llamamiento de Dios en Cristo Jesús (Fil. 3:12-14).

Para poder vivir de forma tal que Dios sea glorificado a través de nosotros, necesitamos dejar atrás heridas, rencores, relaciones que fueron tóxicas y lo siguen siendo, hábitos pecaminosos que hemos cultivado, costumbres que adquirimos y negocios que no son de la complacencia de Dios. De igual modo, hay pensamientos que necesitamos cambiar, posesiones que regalar o vender, posiciones de las cuales debemos alejarnos, placeres que enterrar, desilusiones que olvidar y múltiples cosas que nos roban el gozo de la salvación y que en algunos casos nos traen consecuencias. Hermanos, «los sufrimientos de este tiempo presente no son dignos de ser comparados con la gloria que nos ha de ser revelada» (Rom. 8:18). No lo olvides. Nuestra perspectiva de la vida determina la calidad de vida que al final tendremos.

REFLEXIÓN FINAL

Para la gran mayoría de personas, una vida bien vivida es una vida de placer, viajes y diversiones, obtenidos de diferentes maneras. Pero para el hijo de Dios, una vida bien vivida consiste en tener una orientación vertical, una perspectiva eterna de la vida y una búsqueda continua de la gloria de Dios. En el pasado, la buena vida consistía en una vida intelectual y moralmente virtuosa. Por tanto, la felicidad equivalía a una vida de virtud. La persona exitosa sabía cómo vivir bien... virtuosamente. Al presente, sin embargo, la buena vida es vista como la satisfacción de cualquier deseo que alguien pudiera tener. Por consiguiente, se considera que alguien es una persona exitosa si obtiene las cosas que desea para satisfacer sus anhelos.

Igualmente, podemos decir que vivimos en medio de una generación que no piensa en la posibilidad de sacrificarse por ningún ideal. Muchos creyentes desean las bendiciones del apóstol Pablo, pero raramente escuchamos a alguien decir que está dispuesto a vivir como él lo hizo. Cuando Adán y Eva comenzaron su vida, tuvieron la mejor vida posible, pero no estaban satisfechos porque en algún momento surgió en ellos el deseo de ser como Dios. A partir de ese momento, no tuvieron una buena vida como la habían tenido anteriormente. Lo que causó este cambio fue la falta de confianza en Dios, una insatisfacción con lo que eran y una falta de gratitud a Dios por todo lo que Él había puesto en sus manos. Y esas son las mismas cosas que hoy en día frecuentemente impiden que los hijos de Dios puedan tener una buena vida.

Vivimos en un planeta caído y, por tanto, tenemos que vivir con expectativas correctas en cuanto a qué esperar de este mundo de este lado de la gloria. Expectativas erradas han causado gran dolor y sufrimiento innecesario a muchos de los hijos de los hombres, incluyendo a los hijos de Dios. Como consecuencia, la vida no nos da lo que deseamos o lo que esperamos. Por tanto, para tener una buena vida, necesitamos aceptar las cosas que no resultan como hubiéramos deseado o pensado en un principio. Y por último, como nuestro Dios es infinitamente bueno y nos ha amado también con un amor infinito, debemos ser personas agradecidas, porque sin importar cómo estemos o vivamos, siempre estaremos mejor de lo que merecemos. En vista de lo anterior, con frecuencia hemos dicho a nuestros aconsejados que hay tres palabras o actitudes claves que pueden reducir la enorme cantidad de casos de consejería en una iglesia, y estas tres son: expectativas (correctas), aceptación y gratitud.

7

Sé un siervo moldeado por el evangelio

Pues el amor de Cristo nos apremia,
habiendo llegado a esta conclusión: que
uno murió por todos, por consiguiente,
todos murieron; y por todos murió, para
que los que viven, ya no vivan para sí, sino
para aquel que murió y resucitó por ellos.
De manera que nosotros de ahora en
adelante ya no conocemos a nadie según
la carne; aunque hemos conocido a Cristo
según la carne, sin embargo, ahora ya no
le conocemos así. De modo que si alguno
está en Cristo, nueva criatura es; las
cosas viejas pasaron; he aquí, son hechas
nuevas.

(2 Cor. 5:14-17)

INTRODUCCIÓN

E n los últimos años, hemos escuchado y leído mucho sobre el evangelio, pero en nuestra experiencia el evangelio que se vive es mucho menos que el que se predica. El texto bíblico de más arriba nos deja ver que «si alguno está en Cristo, nueva criatura es; las cosas viejas pasaron; he aquí, son hechas nuevas», de modo que esa nueva criatura debe exhibir la nueva naturaleza en hechos concretos y visibles. A lo largo de la historia, al hombre siempre le ha sido más fácil hablar sobre algo que hacerlo. La gente habla de política, pero la mayoría nunca ha incursionado en ese ámbito, aun en los niveles más simples. Desconocemos si esta es la experiencia a nivel general, pero ciertamente ha sido la nuestra.

Creemos que el ser humano tiene una excelente capacidad para entender conceptos, ideas, definiciones y proposiciones que luego no sabe cómo llevar a la práctica o simplemente rehúsa hacerlo; es probable que nos sintamos cómodos conociendo las ideas sin practicarlas. De hecho, frecuentemente el cristiano ni siquiera ve la discrepancia entre lo que profesa y lo que vive a nivel práctico. En el plano secular, los políticos son famosos por sufrir ese síndrome. Entre los judíos del primer siglo, el grupo de los fariseos ejemplificó esa dicotomía hasta el punto de que Jesús, refiriéndose a ellos, llegó a decir: «De modo que haced y observad todo lo que os digan; pero no hagáis conforme a sus obras, porque ellos dicen y no hacen» (Mat. 23:3). De igual manera, entre los cristianos de la iglesia primitiva, los corintios tipificaron mejor que nadie la discrepancia entre la teoría y la práctica, ya que estos hermanos (así los llamó Pablo) vivían divididos y usaban los dones del Espíritu de manera inmadura, con pecado de inmoralidad en medio de ellos y con evidencias de glotonería a la hora de celebrar la Cena del Señor. Sin embargo, parece que ellos no veían cuán incongruente era su estilo de vida con el evangelio de Cristo. A estos hermanos, Pablo les predicó a Cristo y a este crucificado, pero no supieron llevar ese mensaje a la práctica.

Es posible estudiar y comprender todas las verdades teológicas centrales de la fe cristiana y aun así relegar el evangelio a un segundo plano. Sabemos que esto es posible porque la iglesia del siglo xx y xxi ha sido culpable de tal pecado en múltiples ocasiones. De ahí el énfasis que se ha hecho en los últimos quince años en el evangelio. El último tiempo, se han preparado muchas conferencias y se han escrito muchos libros sobre este tema, teniendo presente principalmente al pastorado y al liderazgo de la iglesia contemporánea. Pero ¿es posible que 20 siglos de predicación sobre la obra redentora de Cristo no hayan sido suficientes para esclarecer y fortalecer el concepto de lo que es el evangelio? ¿Cómo es posible que generaciones anteriores no hayan tenido dificultad para entender cuál era la esencia del mensaje del evangelio y nuestra generación, con más estudios y más recursos a su disposición, tenga tanta dificultad para comprender su simpleza? Hemos perdido de vista que el evangelio tiene que ver en primer lugar con la obra de Dios a través de la persona de Jesús y luego con la redención del hombre, en ese orden. Necesitamos recobrar la centralidad de la cruz y la resurrección de Cristo como el único mensaje de esperanza para la humanidad.

A finales del siglo pasado, la iglesia en Estados Unidos comprometió el evangelio al abrazar ciencias sociales como la psicología, la sociología, la mercadología, entre otras, porque pensaba que sus métodos la ayudarían a hacer crecer la iglesia. Todo se hizo con la buena intención de producir un crecimiento de la iglesia. Lamentablemente, se estaba levantando la iglesia equivocada.

Al mismo tiempo, en el sur global, al cual pertenece América Latina, muchas iglesias abandonaron el evangelio y se dedicaron a predicar sobre la guerra espiritual de una manera no bíblica. En algunos círculos se hablaba y aún se habla más de Satanás que de Jesús; se habla más de la liberación de demonios que de la evangelización; y se habla más del poder de las fuerzas espirituales de maldad que del poder del evangelio. Paul Washer, misionero, pastor y fundador de la sociedad misionera HeartCry, dice en uno de sus libros: «Uno de los más grandes crímenes cometidos por esta generación de cristianos es la negligencia del evangelio, y de esa negligencia se derivan todos los demás males de la iglesia. El mundo perdido no está tan endurecido hacia el evangelio, sino que lo ignora porque muchos de los que lo proclaman ignoran sus verdades más básicas».[46]

EL EVANGELIO: UNA DEFINICIÓN

El evangelio puede ser definido de diferentes maneras, pero hay elementos claves que no pueden faltar en toda definición. La siguiente

---

[46] Paul Washer, *The Gospel's Power & Message* [El poder & el mensaje del evangelio] (Grand Rapids: Reformation Heritage Books, 2012), VIII.

es una definición nuestra:

El evangelio es el mensaje de redención o de liberación (Col. 1:13-14) proclamado por Cristo, quien no consideró el ser igual a Dios, dejó Su gloria y se encarnó (Fil. 2:5-7) para cumplir a cabalidad la ley divina (Mat. 5:17). Después de haber cumplido cada precepto de la ley (Col. 2:14), fue a la cruz voluntariamente por petición del Padre, que crucificó a Su Hijo y lo exhibió en público derramando Su sangre para el perdón de nuestros pecados (Rom. 3:20-26). Así, el Hijo satisfizo complemente, de una vez y para siempre, la justicia perfecta de Dios, aplacó Su ira contra el pecador y terminó así la enemistad entre Dios y el hombre (Rom. 5:10). Al hacerlo, Dios imputó nuestros pecados a Su Hijo y acreditó a nuestra cuenta la santidad o el carácter moral de Cristo (2 Cor. 5:21), lo cual aseguró nuestro estatus de no culpable ante el Padre (Rom. 8:1). En la cruz, Cristo venció al pecado a nuestro favor y, en la resurrección, venció a la muerte también a nuestro favor (1 Cor. 15:55-57). Así, garantizó todas y cada una de las promesas hechas por Dios a Sus hijos (2 Cor. 1:20). La resurrección constituyó el grito de victoria sobre el pecado y sobre la muerte, no solo en la vida de Jesús, sino también en la nuestra. Eso es el evangelio.

El evangelio…

1. es buenas nuevas;
2. es el camino de la salvación;
3. es la oferta de Dios para todos;
4. es el poder de Dios en acción;
5. es la benevolencia de Dios para pecadores;
6. es la justicia de Dios para los hombres.

Este es el mensaje de buenas nuevas: **la oferta de perdón y vida eterna para el hombre** a expensas de la sangre de Cristo derramada en el Calvario, **con promesas eternas garantizadas** por Su resurrección y Su reinado a la diestra del Padre.

En el mensaje del evangelio hay tres eventos importantes:

1. La vida de Cristo, quien cumplió con la ley de Dios a cabalidad y así acumuló méritos que luego se pueden imputar a favor del hombre.
2. La muerte de Cristo, que pagó por el pecado del hombre.
3. La resurrección de Cristo, que apunta a la victoria sobre la muerte y el pecado. Sin ella, aún estaríamos muertos en nuestros delitos y pecados.

En 1 Corintios, Pablo dice:

Ahora os hago saber, hermanos, el evangelio que os prediqué, el cual también recibisteis, en el cual también estáis firmes, por el cual también sois salvos, si retenéis la palabra que os prediqué, a no ser que hayáis creído en vano. Porque yo os entregué en primer lugar lo mismo que recibí: que Cristo murió por nuestros pecados, conforme a la Escritura; que fue sepultado y que resucitó al tercer día, conforme a la Escritura (1 Cor. 15:1-4).

En este pasaje hay dos eventos centrales al evangelio:

1. La cruz de Cristo: «Cristo murió por nuestros pecados, conforme a la Escritura».
2. La resurrección de Cristo: «[Cristo] resucitó al tercer día, conforme a la Escritura».

Esos dos grandes eventos actúan como dos portalibros que encierran todo el mensaje del evangelio. Pablo les hizo saber a los corintios que estaba entregándoles el mismo mensaje que había recibido; y lo dice de esta manera: «Porque yo os entregué en primer lugar lo mismo que recibí» (1 Cor. 15:3). Con esto, Pablo certifica que el evangelio que transmitió a otros en nada difiere del evangelio que recibió. Y eso es de especial importancia porque es nuestra obligación entregar a la próxima generación el mismo mensaje recibido, sin adulterarlo, sin diluirlo, sin negociarlo.

Charles Spurgeon, hablando del corazón del evangelio, dijo lo siguiente: «El corazón del evangelio es la redención, y la esencia de la redención es el sacrificio expiatorio de Cristo. Los que predican esta verdad predican el evangelio independientemente de toda otra cosa que pudiera confundirlos; pero los que no predican la expiación, independientemente de toda otra cosa que declaren, han perdido el alma y la esencia del mensaje divino».[47]

UNA VIDA TRANSFORMADA
POR EL EVANGELIO

A través de Su Palabra, Dios nos ha dejado ver de diferentes maneras cómo debiera lucir una vida transformada por el evangelio. Los ejemplos, las ilustraciones y las historias están allí para mostrarnos la respuesta a nuestra pregunta. No obstante, existen varios obstáculos que nos dificultan ver lo que ha sido evidente para otros: a) vivimos en medio de una sociedad individualista y no se puede vivir el evangelio correctamente con esa perspectiva; b) no hemos entendido los componentes del mensaje del evangelio; c) nos sentimos satisfechos con conocer la verdad aunque no la practiquemos, como ya mencionamos en la introducción.

Si meditamos en el mensaje del evangelio, descubriremos que en él...

- hay una humillación de parte del Hijo, que se encarna y se hace hombre;
- hay un componente de sacrificio de parte de la segunda persona de la Trinidad, que muere en lugar del pecador;
- hay una sobredosis de gracia llamada «gracia sobre gracia» de parte de Jesús, que se ofreció por los pecados de hombres que no lo merecían;
- hay un perdón incondicional de parte de Dios hacia el hombre.

---

[47] Charles Spurgeon, «*The Heart of The Gospel*» [El corazón del evangelio] (un sermón [n.º 1910] predicado en la mañana del Día del Señor, el 18 de julio de 1886, en la iglesia Metropolitan Tabernacle de Newington, Londres), https://answersingenesis.org /education/spurgeon-sermons/1910-the-heart-of-the-gospel/.

Mencionamos todo lo anterior porque, si nuestra vida ha sido impactada por el evangelio de Jesucristo, deberíamos ser capaces de ver cada uno de estos componentes del evangelio. El Sermón del Monte ilustra perfectamente cómo luce una vida impactada por el evangelio.

Un siervo impactado por el evangelio es un hombre pobre en espíritu (Mat. 5:3). Esta es una persona que reconoce su bancarrota espiritual. Se ve a sí mismo sin mérito alguno, y por tanto, nunca se considera superior a otro; más bien, se considera como el peor de los pecadores. El orgullo en nosotros, en la vida diaria y en nuestras discusiones en el hogar y en las iglesias es el resultado de un evangelio que realmente ha echado raíz en la mente, pero las raíces no son tan profundas como para llegar al corazón.

Un siervo impactado por el evangelio es un hombre que ha llorado por su pecado (Mat. 5:4). Esto hace que pueda llorar por el pecado de los demás, tal como lo hizo Cristo al descender sobre Jerusalén. Ese hombre pobre en espíritu y humilde de corazón es un bienaventurado. Nuestras luchas por ser los primeros, por ser lo máximo, por ser los mejores o por tener siempre la razón no reflejan el impacto del evangelio en nuestras vidas. **Un hombre cautivado por el evangelio es manso y humilde (Mat. 11:29),** y no polémico y argumentativo (2 Tim. 2:24). Ese es un hombre que verdaderamente ha entendido la humillación de Cristo.

El Señor comienza Su descenso en la cumbre; ya no podía ir más alto. Existía en forma de Dios (Fil. 2:6). No importa cuánto nos humillemos; no importa cuánto nos humillen los demás; entre Cristo y nosotros jamás habrá comparación porque, cuando Él comienza a descender por la escalera de la humillación, estaba en la cima, en la parte más alta, en el último escalón, donde nosotros nunca hemos estado y donde nunca llegaremos. No importa cuánto nos humillen ni cuánto nos humillemos; nuestra experiencia jamás será la misma que la de Jesús porque, cuando comenzamos a descender, lo hacemos desde el primer escalón. Cristo tipificó la humildad que debe caracterizar una vida impactada por el evangelio. Dallas Willard dice en uno de sus libros: «Al cristiano con frecuencia se le enseña en palabras y en acciones que es preferible ganar una discusión [...] a ser como Cristo. De hecho, ganar la discusión le da licencia para ser cruel y, en efecto, requiere que sea cruel, directamente cruel, por supuesto».[48]

El evangelio en el corazón de una persona se muestra en **un hombre que en la vida diaria es misericordioso y no rencilloso ni rencoroso (Mat. 5:7). Es un pacificador (Mat. 5:9)** y como consecuencia es un bienaventurado. La falta de reconciliación entre ovejas, entre pastores y ovejas, entre pastores e iglesias, no refleja el evangelio y no podrá traer el avivamiento por el que tanto oramos.

Un hombre impactado por el evangelio sabe perdonar. Ha reconocido cómo Cristo lo ha perdonado y se ha propuesto perdonar de la misma manera. Vive las enseñanzas de Jesús, que dijo: «Si estás presentando tu ofrenda en el altar, y allí te acuerdas que tu hermano tiene algo contra ti, deja tu ofrenda allí delante del altar, y ve, reconcíliate primero con tu hermano, y entonces ven y presenta tu ofrenda» (Mat. 5:23-24). Cuando miramos la cruz y reflexionamos de nuevo sobre las palabras que Cristo pronunció desde allí *(Padre, perdónalos, porque no saben lo que hacen)*, entonces entendemos cómo debe lucir el evangelio en la vida diaria. El evangelio de la cruz nos llama a amar aun a nuestros enemigos. ¿Por qué? «Porque si amáis a los que os aman, ¿qué recompensa tenéis? ¿No hacen también lo mismo los recaudadores de impuestos? Y si saludáis solamente a vuestros hermanos, ¿qué hacéis más que otros? ¿No hacen también lo mismo los gentiles?» (Mat. 5:46-47). Estas palabras que acabamos de citar forman parte del Sermón del Monte.

Un siervo impactado por el evangelio no hace de la felicidad o de lo material su búsqueda número uno. Ese no es su sueño; el *American dream* [sueño americano] no es su sueño, ni tampoco el

---

[48] Dallas Willard, *Renovation of the Heart: Putting on the Character of Christ* [La renovación del corazón: Emular el carácter de Cristo] (Colorado Springs: NavPress, 2002), 238.

sueño latinoamericano, si hubiera tal cosa. Ha entendido que no puede «servir a dos señores; porque o aborrecerá a uno y amará al otro, o se apegará a uno y despreciará al otro. Nadie puede [...] servir a Dios y a las riquezas» (Mat. 6:24). Una vida impactada por el evangelio busca solo una cosa: «el reino de Dios y su justicia» (Mat. 6:33, RVR1960), porque reconoce que el evangelio apunta a la vida venidera y no a la presente. Por tanto, es alguien que está dispuesto a sacrificarse hasta lo sumo porque entiende que aquellos por quienes Cristo murió ya no viven para sí, sino para Aquel que murió y resucitó por ellos (2 Cor. 5:15). Ya no se trata de nuestra felicidad, sino de Su gloria. Por eso el evangelio de la prosperidad y sus proclamadores son la antítesis del evangelio:

- Si el evangelio **se originó en los cielos**, el evangelio de la prosperidad se originó en el infierno.
- Si el evangelio de Jesucristo **nos lleva a la salvación**, el evangelio de aquellos que predican prosperidad nos lleva a la condenación.
- Si el evangelio de Jesucristo **tiene promesas eternas garantizadas,** el evangelio de la prosperidad contiene mentiras temporales y vacías.

La Palabra de Dios es clara al mostrarnos cómo luce una vida impactada por el evangelio. Cada libro del Nuevo Testamento nos ayuda a entender de una manera más cabal cómo luce esa vida. Por su parte, los primeros cuatro capítulos del Libro de Hechos nos presentan otro aspecto de aquellos que han sido transformados por el poder del evangelio.

En el primer siglo, el evangelio en la vida diaria lució de la siguiente manera:

Todos los que habían creído estaban juntos y tenían todas las cosas en común; vendían todas sus propiedades y sus bienes y los compartían con todos, según la necesidad de cada uno. Día tras día continuaban unánimes en el templo y partiendo el pan en los

hogares, comían juntos con alegría y sencillez de corazón, ala-
bando a Dios y hallando favor con todo el pueblo. Y el Señor
añadía cada día al número de ellos los que iban siendo salvos
(Hech. 2:44-47).

No proponemos que vivamos en comunidad hoy ni que vendamos
todo lo que tenemos, pero sí queremos recalcar que el estilo de vida
individualista de la sociedad de nuestros días es incompatible con el
evangelio. Vivir acumulando cosas en nuestras casas que otros necesitan no es compatible con el evangelio de Jesucristo. Tenemos más
de lo que necesitamos y damos menos de lo que debemos. El texto
de Hechos dice que aquellos hermanos en condiciones de escasez
comían juntos con alegría y sencillez de corazón. Esto nos habla de
que el espíritu de quejumbre en nuestra generación disconforme es
incompatible con el evangelio. El versículo 47 dice que esta gente
hallaba favor con todo el pueblo. Claro, porque «[c]uando los caminos del hombre son agradables al SEÑOR, aun a sus enemigos hace que
estén en paz con él» (Prov. 16:7). Más adelante en el Libro de Hechos, vemos cómo esa actitud prevaleció en el tiempo. Ya la iglesia
tenía quizás unas 10 000 personas contando las mujeres y los niños
(Hech. 4:4), pero la actitud de unidad y de generosidad no cambiaba,
tal como muestran los versículos siguientes:

La congregación de los que creyeron era de un corazón y un alma;
y ninguno decía ser suyo lo que poseía, sino que todas las cosas
eran de propiedad común. [...] No había, pues, ningún necesitado
entre ellos, porque todos los que poseían tierras o casas las ven-
dían, traían el precio de lo vendido, y lo depositaban a los pies
de los apóstoles, y se distribuía a cada uno según su necesidad
(Hech. 4:32,34-35).

Ese grupo de personas es representativo de cómo luce una vida
impactada por el evangelio. Lo que vemos es que estos hermanos
eran de un corazón y un alma.

Un siervo impactado por el evangelio muestra el fruto del Espíritu. El fruto del Espíritu en la vida del creyente es lo que permite que una iglesia pueda ser de un corazón y un alma. La dificultad para mostrar el evangelio en nuestras vidas radica en la ausencia del fruto del Espíritu en esas mismas vidas. «Hay una razón por la cual la carne produce una conducta pecaminosa. Simplemente está haciendo lo que le resulta natural. Jesús dijo: "O haced bueno el árbol y bueno su fruto, o haced malo el árbol y malo su fruto; porque por el fruto se conoce el árbol" (Mat. 12:33). La naturaleza pecadora produce pecado porque ha sido un árbol malo desde el inicio. El Espíritu, en cambio, es un árbol bueno que produce fruto espléndido y abundante».[49]

Con frecuencia se habla de que el evangelio es capaz de transformar vidas y, al decirlo, igualmente se hace referencia a cómo el evangelio es capaz de crear fe en el hombre hasta hacerlo nacer de nuevo. Pero una vez que alguien ha nacido de nuevo, el evangelio debe seguir operando hasta producir amor, gozo, paz, paciencia, benignidad, bondad, fidelidad, mansedumbre y dominio propio, que son el fruto del Espíritu (Gál. 5:22-23). Notemos la relación entre la vivencia del evangelio y la vida dependiente del Espíritu. No podemos vivir el evangelio en la vida diaria sin el fruto del Espíritu y ese fruto es el resultado de la llenura del Espíritu. A su vez, la llenura del Espíritu es el resultado de una vida rendida a nuestro Dios y de una vida inmersa en la Palabra. Divorciados de la Palabra no podemos tener una vida de sometimiento y, sin una vida rendida completamente a Dios, no puede haber llenura del Espíritu. Además, sin llenura no podemos tener el fruto del Espíritu y sin el fruto no podemos vivir el evangelio.

En otras palabras, el evangelio es un mensaje, pero ese mensaje tiene que hacerse vida en nosotros y, cuando eso ocurre, Dios se complace y entonces hace soplar Su Espíritu sobre nosotros y grandes cosas ocurren como resultado.

---

[49] Phillip Graham Ryken, *Galatians, Reformed Expository Commentary* [Gálatas: Comentario expositivo reformado] (Phillipsburg: P & R Publishing, 2005), 232.

EL EVANGELIO EN EL LUGAR DE TRABAJO

Antes de plantar una iglesia en Santo Domingo, ejercí junto a mi esposa la carrera de medicina en Estados Unidos durante unos quince años. Esa experiencia nos permitió conocer los retos de vivir el evangelio en el lugar de trabajo. Pero a la vez nos ayudó a entender cómo puede lucir ese evangelio en esos lugares. Al mismo tiempo, podemos decir que lo que más nos frustra es ver cómo vive el cristiano en su lugar de trabajo el evangelio que a Jesús le costó sangre. Muchas veces, las ovejas que trabajan en el ámbito secular lo hacen de una forma que en nada difiere de aquel que no conoce a Cristo. Y esto desdice el poder del evangelio. No nos referimos aquí a si comparten el evangelio en el trabajo o no; tampoco nos referimos a si otros saben que esa persona es cristiana, aunque creemos que ambas cosas debieran estar presentes en una vida impactada por el evangelio. Más bien, nos referimos a que el lenguaje de aquellos que dicen conocer el evangelio con frecuencia revela una búsqueda similar a la del incrédulo. Una gran cantidad de personas que se llaman hijos de Dios parecen buscar prosperidad, posición, poder, prestigio y placer. Ahora bien, si el evangelio impacta una vida como debiera hacerlo, ninguna de esas cinco «P» debiera ser parte de la búsqueda del creyente. Pero lamentablemente lo son y creemos que es así porque el evangelio no ha impactado estas vidas como debería.

Cuando la vida de Pablo fue transformada, consideró que todo lo que le daba prestigio, significado, sentido de importancia y poder era basura:

• De la tribu de Benjamín, ¡basura!
• Circuncidado al octavo día, ¡basura!
• Hebreo de hebreos, ¡basura!

Y aún más, yo estimo como pérdida todas las cosas en vista del incomparable valor de conocer a Cristo Jesús, mi Señor, por quien lo he perdido todo, y lo considero como basura a fin de ganar a Cristo (Fil. 3:8).

Pablo no trabajaba por ninguna de las razones por las que suelen trabajar las personas (recuerda que trabajó de día y de noche con sus propias manos). Trabajó para no ser carga a otros, para no ser piedra de tropiezo de nadie y para que el avance del evangelio no fuera estorbado. Las cinco «P» que citamos más arriba forman parte del «síndrome del éxito», sobre el cual hablaremos en el último capítulo de este libro. Para evitar el síndrome del éxito, necesitamos haber adquirido una cosmovisión cristiana que nos permita ver el mundo con otras lentes. El apóstol Pablo, el más grande evangelista de todos los tiempos, nos puede ayudar a entenderlo a través de sus enseñanzas. Al escribir a los corintios, estas fueron algunas de sus palabras:

Pues el amor de Cristo nos apremia, habiendo llegado a esta conclusión: que uno murió por todos, por consiguiente, todos murieron; y por todos murió, para que los que viven, ya no vivan para sí, sino para aquel que murió y resucitó por ellos. De manera que nosotros de ahora en adelante ya no conocemos a nadie según la carne; aunque hemos conocido a Cristo según la carne, sin embargo, ahora ya no le conocemos así (2 Cor. 5:14-16).

Dos cosas tienen que ocurrir si hemos de vencer exitosamente los riesgos y los retos específicos que se presentan al vivir el evangelio en el lugar de trabajo:

1. No podemos seguir viviendo para nosotros mismos.
2. No podemos considerar a nadie según la carne.

A nuestro parecer, ese es uno de los grandes problemas del cristiano hoy en día. Piensa que ser cristiano es tener una vida más moral, tener una esposa idónea y unos hijos en sumisión. Muchas veces, la persona que se convierte trabaja de una forma más honrada, pero eso es lo único que cambia. El resto de su vida y de su búsqueda sigue igual. La búsqueda de significado, de importancia y de placer continúa sin variación. Si el cristiano quiere vivir el evangelio en el ámbito laboral, tiene que recordar que su vida ya no le pertenece y que tiene un amo a quien le debe todo lo que tiene y todo lo que es; ese amo es quien podrá proveer lo que antes él buscaba en su profesión. Cristo murió por nosotros; por tanto, lo menos que podemos hacer es vivir por Él.

Pablo llegó a entender que su vida ya no le pertenecía; había sido transformada por el evangelio; le pertenecía a alguien; ahora tenía un dueño. Tenía un amo y propietario, pero no era un capataz de esclavos. Su nuevo dueño era un redentor misericordioso. Teniendo en cuenta todo esto, Pablo entendió que sería un acto de ingratitud seguir viviendo para sí mismo, para su propio futuro y de acuerdo a su propia agenda. De hecho, ni siquiera sería lógico vivir para sí mismo después de conocer el temor del Señor (2 Cor. 5:11), después de haber experimentado el amor de Cristo (2 Cor. 5:14), después de creer que Él murió en su lugar (2 Cor. 5:14b). Una y otra vez, la Palabra de Dios nos recuerda que no tenemos derecho a seguir viviendo según la carne porque hemos sido comprados por Cristo y no nos pertenecemos, tal como vemos en 1 Corintios:

¿O no sabéis que vuestro cuerpo es templo del Espíritu Santo, que está en vosotros, el cual tenéis de Dios, y que no sois vuestros? Pues por precio habéis sido comprados; por tanto, glorificad a Dios en vuestro cuerpo y en vuestro espíritu, los cuales son de Dios (6:19-20).

Comprados fuisteis por precio; no os hagáis esclavos de los hombres (7:23).

Si vivimos para nosotros mismos, será difícil dejar lo familiar, lo cómodo, lo conocido, lo seguro y lo controlable.

En segundo lugar, para no sucumbir ante los retos que el ambiente laboral presenta al evangelio, debemos, al igual que Pablo, no considerar a nadie ni a nada según la carne como solíamos hacer. «"Conocer a alguien según la carne" implica tener una evaluación de otros que contribuya a aumentar nuestra ventaja personal».[50] En

---

[50] Mark A. Seifrid, *The Second Letter to the Corinthians* [Segunda Epístola a los Corintios] (Grand Rapids: W. B. Eerdmans Publishing Company, 2014), 247.

el pasado, Pablo pensaba en sí mismo y por eso le importaba tanto su currículum de vida, como suele ocurrir con cualquier inconverso. Como mencionamos brevemente en un capítulo anterior, antes de su conversión, para Pablo un cliente podía ser alguien a quien sacarle el mejor provecho en una negociación y en eso estaría el deleite. Un jefe era alguien a quien se debía obedecer. Un amigo era alguien que se podía utilizar. Y una mujer podría ser alguien con quien tener hijos o de quien obtener placer. Pero ahora, por causa del evangelio, Pablo tenía una perspectiva eterna y ya no veía a nadie desde un punto de vista mundano y, por tanto, nosotros tampoco debemos hacerlo.

Ahora debemos ver a un cliente, un jefe, un amigo o una mujer como posibles conversos para el reino de los cielos, alcanzables por medio de la predicación del evangelio. La gente necesita la redención y el trabajo puede ser nuestro campo misionero. Si no vamos a ir hasta los confines de la tierra, entonces debemos estar dispuestos a evangelizar en nuestra Jerusalén. Si verdaderamente somos una nueva creación, no podemos permanecer en el pasado. El viejo hombre murió: «[L]as cosas viejas pasaron; he aquí, son hechas nuevas» (2 Cor. 5:17). Esto significa, por un lado, que nuestros viejos pecados se han ido, pero también significa que nuestra vieja manera de pensar, de vivir y de evaluar la vida también se ha ido.

Al ser una nueva criatura, el cristiano tiene que entender que el éxito no define quién es; su nuevo amo, Cristo, es quien lo define. **El éxito del cristiano no radica en obtener algunas de las prebendas del mundo, sino en ser fiel a su Señor.** Cada cual dará cuenta por los talentos que Dios le entregó: uno, dos o cinco, como se describe en la parábola (Mat. 25:14-30). **Lo que el cristiano hace en su trabajo no define quién es. El evangelio lo define.** A partir de su conversión, el reino de Dios y Su justicia deben ser la razón de su trabajo porque ya no puede considerar a nadie ni a nada según la carne. **Su salario no es el motivo principal de su trabajo porque tiene mejores recompensas en los cielos** y eso lo define el evangelio. **La fama no puede ser la meta del cristiano,** pues a partir de su conversión **su misión es hacer famoso el nombre de Cristo.**

El hombre secular ama su trabajo muchas veces porque busca en su quehacer diario la cura de su infelicidad, inseguridad, inferioridad, intranquilidad, insatisfacción e insuficiencia. Pero la realidad es que solo el evangelio con todas sus implicaciones tiene el poder para liberarlo de todas esas amarras. Hasta que no entendamos esto con nuestra mente y estas verdades echen raíces en nuestro corazón, viviremos impresionados por los logros de este mundo.

REFLEXIÓN FINAL

La siguiente carta se le atribuye a un pastor africano que aparentemente escribió la noche antes de morir a causa de su fe. Hemos querido que esta carta sea la reflexión final de este capítulo porque su contenido habla por sí mismo y muestra perfectamente cómo luce una vida moldeada por el evangelio:

Soy parte de la comunidad de los que no se avergüenzan. Tengo el poder del Espíritu Santo. Mi suerte ha sido determinada. He cruzado la línea. La decisión ha sido tomada. Soy uno de Sus discípulos. No miraré atrás; no me detendré; no volveré atrás ni me quedaré quieto. Mi pasado ha sido redimido; mi presente tiene sentido y mi futuro está seguro. Ya he terminado y no quiero saber nada de vivir a medias, de deambular por las aceras; no quiero saber de sueños pequeños, de rodillas suaves, de visiones tímidas, de hablar mundano, de dar poco y de metas pequeñas.

Ya no necesito prominencia, prosperidad, posición, promoción, aprobación o popularidad. No necesito tener la razón, ser el primero, ser lo máximo, ser reconocido, ser honrado, ser estimado o recompensado. Ahora vivo en Su presencia; confío en la fe; amo con paciencia; soy levantado por la oración y vivo con poder.

Mi rostro ha sido fijado en una dirección; mi caminar es rápido; mi meta es el cielo; mi camino es estrecho; la carretera es rústica; mis compañeros son pocos; mi guía es confiable y mi misión es clara. No puedo ser comprado, desacreditado, desviado, seducido, devuelto, diluido o retrasado. No pestañearé frente al sacrificio; no dudaré en la presencia de la adversidad; no negociaré en la mesa de mis enemigos; no consideraré la popularidad ni daré vueltas en medio de la mediocridad.

No me rendiré, no callaré, no me detendré, ni me cansaré hasta que haya predicado, orado, pagado y acumulado para la causa de Cristo.

Soy un discípulo de Jesús. Tengo que seguir hasta que Él venga, dar hasta que me caiga, predicar hasta que todos conozcan y trabajar hasta que Él pare.

Y cuando Él venga a recoger a los Suyos, no tendrá problemas en reconocerme. Mis colores serán claramente visibles.

~Autor desconocido.

8

Sé un siervo para Su gloria

*Haya, pues, en vosotros esta actitud
que hubo también en Cristo Jesús, el
cual, aunque existía en forma de Dios,
no consideró el ser igual a Dios como
algo a qué aferrarse, sino que se despojó
a sí mismo tomando forma de siervo,
haciéndose semejante a los hombres.
Y hallándose en forma de hombre, se
humilló a sí mismo, haciéndose obediente
hasta la muerte, y muerte de cruz.*

(Fil. 2:5-8)

INTRODUCCIÓN

E l texto bíblico citado más arriba forma parte de una porción
de la Escritura (Fil. 2:5-11) que muchos piensan formó parte
de un himno que la iglesia primitiva cantaba y que no fue Pablo
quien lo escribió originalmente, sino que más bien lo incorporó a
esta carta que dirigió a la iglesia de Filipo.[51] Esta opinión tiene que
ver con el ritmo y la estructura de este pasaje. De ser cierto, vemos
cómo la iglesia primitiva tenía una idea muy clara de la encarnación
y la glorificación de nuestro Señor. Es un pasaje de extraordinaria

---

[51] David E. Garland, *Philippians* [Filipenses], *The Expositor Bible Commentary*
[Comentario bíblico expositivo], *edición revisada,* Vol. 12 (Grand Rapids: Zondervan,
2006), 216.

belleza y profundidad teológica. Para muchos académicos, es el centro de la carta de Pablo a los filipenses. De hecho, algunos van más allá y dicen que este pasaje, conocido tradicionalmente como la autohumillación de Jesús, es el centro de toda la Biblia porque explica cuánto le costó al Hijo nuestra redención. Le costó el descenso al mundo para garantizar nuestro ascenso a la gloria; le costó la humillación para nuestra glorificación y la muerte para darnos vida.

Cuando Cristo tomó nuestro lugar en aquella cruz, allí mostró el verdadero espíritu de siervo. **Un siervo para Su gloria** no vive para sí mismo; sabe que su voluntad, sus planes y propósitos le pertenecen a su amo, como vimos en el capítulo anterior. La palabra *siervo* usada en este pasaje y en múltiples otros es la palabra *doulos* en griego. Esa palabra, *doulos*, aparece en el Nuevo Testamento unas 124 veces[52] y prácticamente nunca se la traduce correctamente, tal vez porque los traductores no querían dar la impresión errónea con relación a cómo Cristo nos ve. El propósito de un esclavo puede reducirse a uno solo y es complacer a su amo. No creemos que en toda la Biblia exista un pasaje que muestre mejor que Filipenses 2:5-8 cuál debe ser el corazón de un siervo que ha entregado su vida para servir a Dios.

Ahora, la pregunta es ¿por qué Pablo escoge un pasaje tan teológico como este para insertarlo en una carta que ha sido llamada la carta del gozo y que estaba destinada a animar a los creyentes de aquella iglesia en medio de las presiones y persecuciones? Se esperaría que un pasaje así apareciera quizás en el Libro de Romanos o en el Libro de Hebreos, que son probablemente los dos más pesados, en términos teológicos, del Nuevo Testamento. Pero no es así, sino que aparece en la Carta a los Filipenses. ¿Por qué? Creemos que esa es una buena pregunta y queremos sugerir (o quizás especular) que Pablo lo insertó allí en respuesta a las divisiones internas que estaban ocurriendo entre los creyentes en Filipo y que habían llegado a sus oídos. Sobre dichas divisiones, Pablo escribe:

---

[52] John MacArthur, *Slave* [Esclavo] (Nashville: Thomas Nelson, 2012), 15.

Ruego a Evodia y a Síntique, que vivan en armonía en el Señor. En verdad, fiel compañero, también te ruego que ayudes a estas mujeres que han compartido mis luchas en la causa del evangelio, junto con Clemente y los demás colaboradores míos, cuyos nombres están en el libro de la vida (Fil. 4:2-3).

El apóstol mantenía contacto con las iglesias que había fundado y se preocupaba por algunas de las noticias que llegaban hasta sus oídos. Al enterarse del conflicto entre Evodia y Síntique, Pablo les presenta a Cristo como alguien a quien imitar: Su estilo de vida, Su modelo de servicio y Su manera de convivir. Esto explica por qué Pablo antes de hablar sobre la humillación de Cristo, inicia el capítulo 2 de esta manera:

Por tanto, si hay algún estímulo en Cristo, si hay algún consuelo de amor, si hay alguna comunión del Espíritu, si algún afecto y compasión, haced completo mi gozo, siendo del mismo sentir, conservando el mismo amor, unidos en espíritu, dedicados a un mismo propósito. Nada hagáis por egoísmo o por vanagloria, sino que con actitud humilde cada uno de vosotros considere al otro como más importante que a sí mismo, no buscando cada uno sus propios intereses, sino más bien los intereses de los demás (Fil. 2:1-4).

No tenemos tiempo para exponer en detalle esta porción de la Escritura, ya que nuestro enfoque principal es la autohumillación de Cristo; pero, rápidamente, esta es la propuesta de Pablo en el versículo 2:

- Sed de un mismo sentir… Eso requiere humildad.
- Sed de un mismo amor… Eso requiere íntima comunión con Dios.
- Sed de un mismo espíritu… Eso requiere madurez espiritual.
- Sed de un mismo propósito… Eso requiere sumisión de nuestra voluntad a la Suya.

Esta es la estrategia de Pablo para sellar toda posible grieta que pudiera debilitar el cuerpo de Cristo, y podemos verlo con facilidad. Pero la pregunta entonces sería: ¿cómo lo logramos? ¿Cómo logramos ser de un mismo sentir, de un mismo amor, de un mismo espíritu y de un mismo propósito?

LA AUTOHUMILLACIÓN DE CRISTO

La respuesta a la pregunta anterior sobre cómo logramos ser de un mismo sentir, se encuentra en este pasaje sobre la autohumillación de Cristo que estamos considerando. Preferimos usar el término autohumillación, porque se trató de un acto voluntario de nuestro Señor. Faraón fue humillado por Dios; Nabucodonosor fue humillado por Dios; y también Jonás fue humillado por Dios, porque nuestros corazones rebeldes necesitan ser sometidos; pero Cristo no fue humillado por nadie. Se humilló a sí mismo. Raramente tenemos una experiencia de autohumillación. Lo más común es que Dios tenga que someternos a la fuerza. Nuestro ego es más grande que nuestra voluntad. Y por tanto, para muchos de nosotros, lo más importante es hacer que nuestra posición prevalezca, aunque perdamos. Pero perdemos cuando afianzamos nuestra voluntad y eso es lo que caracteriza a la rebelión. Este fue el espíritu de Caín, que contendió con Dios cuando fue reprendido por la ofrenda que trajo al Señor.

Recientemente, leímos una historia relatada por un misionero que ilustra de cierta manera lo que estamos tratando de decir. En una ocasión, este misionero vio cómo dos fuertes y poderosas cabras de montaña caminaban en dirección opuesta y se juntaron de frente en un pasadizo que unía dos montes. El pasillo era sumamente estrecho y solo podía pasar una cabra a la vez; dado lo angosto del camino, no podían tampoco darse la vuelta para regresar. De cada lado había un precipicio muy peligroso. En vez de pelear y arriesgar la vida, en un momento dado una de las dos se encorvó todo lo que pudo y permitió que la otra saltara por encima. Este es un buen ejemplo de lo que implica tener la actitud correcta hasta considerar al otro como superior a uno mismo.

Tristemente, con muy poca frecuencia tenemos la actitud de estas dos cabras; preferimos chocar antes que ceder. En la naturaleza misma, Dios nos enseña cómo debe ser la actitud de un siervo. Entonces Pablo, al conocer cuán rebelde es el corazón del hombre y al haber oído de algo que estaba pasando en la iglesia de Filipo, les escribió y les dijo:

Haya, pues, en vosotros esta actitud que hubo también en Cristo Jesús, el cual, aunque existía en forma de Dios, no consideró el ser igual a Dios como algo a qué aferrarse, sino que se despojó a sí mismo tomando forma de siervo, haciéndose semejante a los hombres. Y hallándose en forma de hombre, se humilló a sí mismo, haciéndose obediente hasta la muerte, y muerte de cruz (Fil. 2:5-8).

Estos versículos presentan el mejor modelo de siervo que se haya escrito en 2000 años de historia y la mejor estrategia para evitar que el enemigo haga estragos entre nosotros. Este texto no tiene paralelo en la historia redentora. El Dios creador dejó de lado todos Sus privilegios para dar la vida por rebeldes que necesitaban convertirse en adoradores.

Decía alguien: «Si quieres saber lo que un hombre es, no le des responsabilidades, sino privilegios».[53] Esta persona explicaba que podemos conseguir con dinero que alguien lleve a cabo sus responsabilidades de manera cabal; pero solo un verdadero siervo sabe manejar los privilegios adecuadamente. Un líder común y corriente, como hemos visto en el mundo secular y aun en la Iglesia de Cristo, usará sus privilegios para promoverse a sí mismo; pero el siervo usará sus privilegios para hacer avanzar la causa del reino.

Si un verdadero siervo no usa sus privilegios para beneficiarse a sí mismo, sino para que la causa del reino avance, queda claramente

---

[53] *A Job counselor* [Un consejero laboral], citado por Warren Wiersbe en *Ephesians through Revelation* [De Efesios al Apocalipsis], The Bible Exposition Commentary [Comentario bíblico expositivo], Vol. 2, (Colorado Springs: Victor, Cook Communications Ministries), 74.

en evidencia que nadie ha sido mejor siervo que nuestro Señor Jesucristo. Ningún otro ha manejado los privilegios como Él. Ningún otro ha manejado el poder, la posición, la autoridad, el conocimiento que tenía de los demás y las tentaciones que tuvo como hombre de la forma en que Cristo lo hizo.

LA ACTITUD QUE HUBO EN CRISTO JESÚS

En el texto original, la palabra actitud *(phroneo)* hace referencia más bien a la forma de pensar, a la inclinación natural de nuestros pensamientos. Por eso en algunas traducciones de la Biblia, el texto de Filipenses 2:5 dice: «Haya, pues, en vosotros la misma **mente** que hubo en Cristo Jesús». El Señor Jesús, antes de encarnarse, tuvo **una actitud mental, una disposición de espíritu y una inclinación natural** que usualmente nosotros no tenemos y que le permitió considerar la misión que se le encargaría. Antes de emprender una misión con Dios, Él tiene que formar en nosotros una actitud mental propia de un siervo (ser antes de hacer). Ahora quisiéramos pedirte que nos permitas utilizar un tecnicismo por un momento, que después trataremos de explicar de una forma sumamente llana. La expresión «Haya, pues, en vosotros» está en el tiempo presente, en el modo imperativo y en la voz activa. Eso suena complicado, pero es sumamente sencillo y nos ayuda a entender algunas cosas que quisiéramos enfatizar. Que esta expresión esté en tiempo presente nos ayuda a entender que Pablo nos llama a tener una actitud o forma de pensar similar a la de Jesús, pero de manera continua; debemos asumir esa forma de pensar como estilo de vida. No es que vamos a tener esa actitud hoy y mañana vamos a tener otra. ¡No! Nada de eso. La actitud de Jesús debe ser nuestro estilo de vida, según este texto. Dios no nos llama solo a que nos comportemos como un siervo, pues eso puede cambiar de tanto en tanto, sino que nos llama a **SER** siervos y no solo a que actuemos como siervos de manera intermitente, que es lo que muchas veces vemos y hacemos.

La voz activa del verbo que mencionamos apunta a que se trata de una decisión personal que requiere un acto de la voluntad. No somos transformados en siervos de manera pasiva. ¡No! Esa transformación requiere nuestra participación. Necesitamos decidir en contra de los deseos de la carne a fin de complacer a nuestro Dios y no debemos esperar a que tengamos el deseo de hacerlo, como muchas veces ocurre. La falta de una actitud de siervo en nosotros obedece a nuestra condición rebelde, que frecuentemente admitimos al escuchar sermones, leer libros y artículos o en conversaciones personales, pero que no cambiamos. Dios tiene que formar nuestro corazón de siervo y no hay nada mejor que el desierto para eso; pero a la vez tenemos que tomar una decisión. ¿Dónde se junta la voluntad soberana de Dios con la voluntad del hombre? La respuesta a esta pregunta escapa a nuestra comprensión, pero la Biblia afirma ambas cosas.

Y para completar la idea, que la forma verbal esté en el modo imperativo implica que Pablo no está haciendo una sugerencia o dando una simple opinión, sino que, en su autoridad apostólica, les ordena a los filipenses a que continuamente adopten como patrón de vida la forma de pensar o la actitud que hubo en Cristo Jesús cuando decidió encarnarse. Dios tiene que transformarnos en siervos porque nacemos rebeldes, pero Cristo desde la eternidad fue ese gran siervo porque se ofreció para ser el Cordero inmolado. Una cosa es nacer siervo como Cristo y otra muy distinta es tener que ser transformado en siervo. Los discípulos tuvieron que ser transformados en siervos y las vidas de Pedro, Juan, Jacobo y Pablo son buenas ilustraciones de esta realidad. Kent Hughes, en su comentario sobre Filipenses, cita al poeta Robert Raines, que escribió las siguientes líneas pensando en aquella ocasión en que Juan y Jacobo discutían por sentarse a la mano derecha y a la mano izquierda de Cristo cuando Él viniera en Su reino:

Yo soy como Juan y Jacobo.
Señor, yo evalúo a los demás
En términos de lo que ellos pueden hacer por mí;
Y cómo ellos puedan avanzar mis programas, alimentar mi ego,
Satisfacer mis necesidades y
Darme ventaja estratégica.
Yo me aprovecho de las personas,

Aparentemente para tu gloria,
Pero en realidad es para mi gloria.
Señor, vengo a ti a obtener una posición ventajosa
Y a obtener favores especiales...
Tu guía para mis propósitos,
Tu poder para mis proyectos,
Tu aprobación para mis ambiciones,
Tu cheque en blanco para lo que yo quiera...
Yo soy como Juan y Jacobo.[54]

Somos como Juan y Jacobo. Y por eso necesitamos este modelo que nos ofrece el apóstol Pablo en Filipenses 2.

ABANDONÓ SU GLORIA

Antes de Su encarnación, Cristo existía en forma de Dios o existía como Dios desde la eternidad pasada y seguirá existiendo así porque, por definición, Él no puede variar Su esencia. Dios es inmutable. La palabra traducida en Filipenses 2:6 como forma es *morphe* en griego, que según los estudiosos es un vocablo que habla de la expresión externa de una realidad interior, lo cual implica que Cristo existía como Dios en Su esencia misma desde toda la eternidad. Juan 1:1 afirma este principio de que Jesús era Dios desde la eternidad pasada. La encarnación de Cristo tiene un carácter especial, ya que el simple hecho de que Dios se hiciera hombre, aun sin que nada más ocurriera, implica un acto de humillación extraordinario. El Dios eterno que no puede ser contenido ni aun por los cielos y que existe fuera del tiempo y del espacio entró a este mundo temporal a compartir la humanidad con el hombre. Aquel de quien Job decía que «ni los cielos son puros ante sus ojos» (15:15b) tendría ahora que vivir en medio de hombres altamente pecadores. Este es un ejemplo singular de la divinidad de Dios.

La humillación de Cristo nada tiene que ver con la nuestra. Comen-

---

[54] Kent Hughes, *Philippians* [Filipenses] (Wheaton: Crossway Books, 2007), 82-83.

zó como Creador; nosotros comenzamos como criaturas. Comenzó como Señor y nosotros como esclavos. Comenzó como exaltado y nosotros como criaturas caídas, corrompidas, con una mente entenebrecida, un corazón de piedra y una voluntad rebelde, orgullosa y prisionera del pecado. Todo el que esté en esa condición merece ser humillado. Pero no Cristo, el Mesías, el Redentor, aquel que es santo, santo, santo y cuyos ojos son tan puros que no pueden ver el pecado. Esa era la condición en la que Cristo existía desde la eternidad. Y a pesar de estar exaltado, se hizo siervo.

El Hijo disfrutaba de la pureza del reino de los cielos, de la adoración de los ángeles y arcángeles y de siervos que estaban gozosos de servirlo. Descendió en posición, pero no en esencia o naturaleza porque nunca dejó de ser Dios verdadero y de tener la misma naturaleza que el Padre.

Mencionamos que la mejor manera de saber cómo es alguien de verdad es observando cómo maneja sus privilegios. Si ese es el caso, entonces el ejemplo de siervo que Cristo nos dejó es insuperable porque ningún otro ser tiene ni ha tenido a su mano más poder, más autoridad, más privilegios y más conocimiento que la persona de Jesús. Y teniendo todo esto, Él es quien se autohumilla. Jesús...

- con todo el poder del universo a Su disposición, se dejó clavar en un madero;
- con una autoridad tal que aun los vientos le obedecían, se sometió a la autoridad corrupta de los hombres;
- con los privilegios típicos de la divinidad, se vació de ellos y no los reclamó;
- con todo el conocimiento del corazón de los hombres, le confió Su misión a doce hombres no confiables, que lo negarían al final de Su vida.

¿Por qué? Porque vivió como **un siervo para Su gloria**. Se requiere un corazón de verdadero siervo para manejar los privilegios que el amo otorga.

LA AUTORRENUNCIA DE CRISTO

El texto de Filipenses dice que Cristo se despojó a sí mismo. Nota cómo Dios Padre no es quien despoja a Jesús, sino que Él se despoja a sí mismo; este fue un acto voluntario motivado por la gloria del nombre del Padre. Ahora, ¿de qué se despojó Cristo? Al final del siglo xix, algunos teólogos metodistas comenzaron a elaborar la teoría de la *kenosis*, que postulaba y postula que, al encarnarse, Cristo se despojó de algunos atributos que incluían Su omnipresencia, Su omnipotencia y Su omnisciencia, lo cual es imposible. Dios no puede dejar a un lado algunos de Sus atributos y seguir siendo Dios. Se define a sí mismo como inmutable en Malaquías 3:6, y en Santiago 1:17 se nos dice que en Dios «no hay cambio ni sombra de variación».

Cuando el texto afirma que Cristo se despojó a sí mismo, no está hablando de dejar algunos de los atributos divinos a un lado, sino de dejar a un lado la gloria que compartió con el Padre desde toda la eternidad. Por eso, la noche antes del cumplimiento de Su misión, Cristo ora al Padre y le dice: «Y ahora, glorifícame tú, Padre, junto a ti, con la gloria que tenía contigo antes que el mundo existiera» (Juan 17:5). Dejó Su gloria de lado; dejó la adoración que le ofrecían las criaturas celestiales; dejó Sus derechos y prerrogativas de lado para venir a representar al hombre como verdadero Dios y verdadero hombre. Durante su encarnación, Cristo voluntariamente decidió no hacer uso de algunos de esos atributos, pero los poseía. La segunda persona de la Trinidad no se aferró a Su condición divina, lo cual hubiera sido perfectamente entendible. ¿Por qué dejar una posición privilegiada como esa para descender hasta aquellos que no sabrían apreciar Su acto de renuncia y entrega? Esto es lo que hace Su entrega tan extraordinaria. Esa es la actitud, la mente que hubo en Cristo Jesús y que tenemos que adoptar si queremos ser **un siervo para Su gloria**.

¿Por qué el Creador estuvo tan dispuesto a renunciar a Sus prerrogativas, derechos y privilegios y, sin embargo, la criatura es tan renuente? La respuesta no es complicada. La criatura no cede a sus derechos, a sus posiciones, a sus opiniones porque esas cosas temporales son las que erróneamente le dan valor. Entonces empuñamos y retenemos. El siervo que encuentra su valor en las cosas de este mundo temporal no puede servir para la gloria de Dios. Los siervos para Su gloria tienen una sola preocupación: de qué manera lo que hacen refleja el carácter de su amo. Una vez que estamos seguros en Dios, se nos hace mucho más fácil desprendernos de aquellas cosas en las cuales habíamos depositado nuestra confianza. Cuando eso no ocurre, Dios tiene que despojarnos de muchas cosas en la vida. Esto difiere de la manera como Cristo lo hizo, que se despojó a sí mismo reconociendo que Su valor no estaba en lo que poseía, sino en lo que realmente era. Reclamamos como nuestro lo que en verdad no lo es. Pero Cristo no reclamó nada a pesar de que todo le pertenecía. Jesús soltó lo que le pertenecía; nosotros empuñamos lo que le pertenece a Dios. Decimos que Él es el dueño del cielo y la tierra, pero actuamos como los verdaderos dueños; incluso nos creemos dueños de nosotros mismos y hasta de los demás porque somos controladores. Los discípulos tenían que aprender a renunciar al control y nosotros también. En Marcos 9:38-40 leemos:

Juan le dijo: Maestro, vimos a uno echando fuera demonios en tu nombre, y tratamos de impedírselo, porque no nos seguía. Pero Jesús dijo: No se lo impidáis, porque no hay nadie que haga un milagro en mi nombre, y que pueda enseguida hablar mal de mí. Pues el que no está contra nosotros, por nosotros está.

Los discípulos tenían el mismo síndrome nuestro de querer controlarlo todo. Nosotros no somos dueños del ministerio; el ministerio le pertenece a Dios. Warren Wiersbe, en su libro *On Being a Servant of God* [Llamados a ser siervos de Dios], nos dice que «el ministerio se lleva a cabo cuando los recursos divinos llenan las necesidades humanas a través de vasos amorosos para la gloria de Dios».[55] Esto nos ayuda a entender que el ministerio no es nuestro porque se lleva a cabo cuando los recursos divinos llenan las necesidades humanas.

[55] Warren W. Wiersbe, *On Being a Servant of God* [Llamados a ser siervos de Dios], (Grand Rapids: Baker Books, 2007), 12

Wiersbe tiene razón; cuando de ministerio se trata, todos estamos en bancarrota porque no tenemos recursos con qué ministrar al alma humana. No tenemos recursos, pero actuamos como si los tuviéramos; le damos la gloria a Dios, pero queremos el crédito para nosotros. Steve Brown, escritor, profesor de seminario y maestro del ministerio *Key Life*, tiene una forma muy peculiar de decir las cosas y en una ocasión, en una carta que había enviado a sus seguidores y que tuvimos la oportunidad de leer hace ya un tiempo, decía que «muchas veces, somos tan críticos de nosotros mismos que nos sentimos como basura, pero en muchas otras ocasiones nos llegamos a creer que Dios debiera hacer un espacio para que ocupemos el cuarto lugar dentro de la Trinidad». Se nos olvida que todo es de Él, por Él y para Él (Rom. 11:36). No tenemos nada y por eso lo empuñamos todo queriendo hacer nuestro lo que no es. Pero Cristo, teniéndolo todo, lo entregó y se quedó sin nada. Tal fue Su actitud.

No renunciamos como Cristo lo hizo porque como criaturas somos seres egoístas y en nuestro egoísmo no pensamos en el otro; y si lo hacemos, no es para considerarlo como más importante que nosotros. Somos temerosos, egoístas y rebeldes. Por eso no renunciamos a nuestros derechos, a nuestras posiciones, a nuestras opiniones, a nuestros privilegios. Todas esas cosas nos hacen sentir importantes y cederlas es como ceder nuestro sentido de importancia, y la criatura jamás estará dispuesta a dejar de ser el centro de atención. Queremos que cuando las luces se enciendan, estén sobre nosotros; no lo decimos, pero lo deseamos. Y cuando las luces no están sobre nosotros, no queremos que estén sobre otros. Somos como el perro del hortelano, que ni come ni deja comer.

Por el contrario, cuando Jesús se encarnó, quiso siempre encender las luces sobre el Padre, reconociendo y afirmando que Él era mayor que todos. Eso explica por qué Jesús dice: «Padre, la hora ha llegado; glorifica a tu Hijo, para que el Hijo te glorifique a ti» (Juan 17:1b). La atención del Hijo siempre estuvo sobre otro: sobre Dios Padre o sobre algún hambriento, sobre alguien herido como la samaritana o sobre alguna prostituta, algún ciego. Pero nunca sobre Él mismo. **Eso es un siervo para Su gloria.**

Esa actitud de renuncia que hubo en Cristo Jesús no comenzó después de encarnarse, sino antes. Comenzó en los cielos, mientras era igual a Dios; en ese momento se despojó. Cuando Pablo habla de esa actitud mental que hubo en Cristo, en parte hace referencia a Su disposición de renuncia y de entrega, que muchos hoy no tienen, y a Su voluntad para descender y humillarse hasta la muerte.

Para nosotros, hacia arriba es mejor; para Jesús, hacia abajo es el camino hacia arriba, hacia los cielos. En nuestra sociedad, la idea de ir hacia abajo es rechazada; suena como algo despectivo, indigno de nosotros. Una de las peores ofensas para el ser humano es que lo bajen de una posición superior a una inferior. Pero Jesús entendió que la manera de glorificar al Padre como siervo era descendiendo a rescatar una humanidad cuya redención reflejaría la gloria de la gracia de nuestro Dios.

LA ABNEGACIÓN DE CRISTO AL SERVIR

Cristo tomó la «forma de siervo, haciéndose semejante a los hombres». Cuando Él deja el cielo, lo hace para encarnarse, pero al hacerlo no solo se hace hombre, sino que se hace siervo. Jesús pudo haberse encarnado como cabeza del Imperio romano, pero no lo hizo. Al encarnarse, no llegó a Atenas ni a Roma, ni siquiera a Jerusalén, sino a Belén, una oscura aldea de Medio Oriente. De estar en compañía de ángeles, arcángeles, serafines y querubines, pasó a estar en compañía de animales y de algunos pastores campesinos. Los verdaderos siervos no necesitan personas sumamente importantes a su lado para tener significado. **Un siervo para Su gloria** está satisfecho en Dios. Cristo se encarnó y se hizo un *doulos,* que traducido quiere decir siervo. Él se debía a Su amo. La voluntad del *doulos* era la voluntad de su amo; sus planes y sus propósitos eran exactamente los del amo, como dijimos al principio. **Eso es un siervo para Su gloria.**

Decía alguien que la grandeza de un hombre no está en cuántas personas tiene por debajo de él, sino a cuántas personas sirve. Jesús sirvió…

• a Sus discípulos,
• a las prostitutas,

- a los publicanos,
- a los recaudadores de impuestos y
- aun al traidor.

El Señor Jesús les enseñó a Sus discípulos muchas cosas, pero en una ocasión se detuvo para enfatizar algo de Su carácter que ellos debían aprender y entonces pronunció estas palabras: «[A]prended de mí, que soy manso y humilde» (Mat. 11:29b). La humildad es una cualidad que deberíamos aprender directamente del Señor. Él es el ejemplo supremo de la humildad. Nosotros, por el contrario, necesitamos aprender a ser humildes, y creemos que las siguientes palabras de Robert Murray M'Cheyne, pronunciadas en 1840, nos pueden ayudar a entender la importancia de esa invitación de Jesús: «… [E]l sermón dura una hora o dos: tu vida predica toda la semana».[56] Cuando las ovejas nos observan durante la semana, ¿cuál es el sermón que escuchan, el de un siervo humilde o el de uno orgulloso?

Esa cualidad de la humildad que Cristo quería que Sus discípulos aprendieran de Él tiende a eludirnos a todos y en especial a quienes somos líderes. A nuestro entender, esto se debe en parte a que el líder ha sido dotado con dones, talentos y un llamado que frecuentemente lo lleva por el camino del éxito. El éxito es un terreno fértil para el orgullo; por tanto, podemos decir que el éxito dificulta la humildad.

La humildad es difícil de cosechar en nosotros y sobre todo en nosotros los líderes del pueblo de Dios porque con frecuencia manejamos cosas sagradas:

- predicamos un sermón sobre la Palabra santa;
- casamos a una pareja en la presencia de Dios;
- enterramos a una persona que pasó al reino de los cielos;
- aconsejamos a otra persona a través de la revelación de Dios.

---

[56] Citado por Warren Wiersbe en *On Being a Servant of God* [Llamados a ser siervos de Dios] (Grand Rapids: Baker Books, 2007), 46.

Como resultado, nos vamos acostumbrando al manejo de lo sagrado hasta que lo santo se vuelve ordinario y, cuando lo sagrado pasa a ser corriente, rutinario, diario, común, nosotros que somos verdaderamente ordinarios comenzamos a sentirnos extraordinarios ante nuestros ojos. Se nos olvida en ocasiones cuán poco sagrados somos en realidad. Por tanto, necesitamos recordar continuamente cuán inmerecido es el privilegio de pastorear ovejas que Cristo compró a precio de sangre.

REFLEXIÓN FINAL

Dado todo lo anterior, es evidente lo paradójico del sacrificio de Cristo. Meditemos en estas realidades:

- Dios se encarna y muere en lugar del hombre.
- El dador de vida perdió la suya.
- El inocente murió en el lugar del culpable.
- El juez tomó el lugar del acusado.
- El Santo fue hecho maldición.
- El Rey que se viste de gloria fue desnudado en una cruz.
- El Señor fue convertido en siervo.

Todo eso hizo el Hijo solo por la gloria de Su Padre. **Eso es un siervo para Su gloria.**

Por eso, cuando el siervo entiende y acepta que su misión en la vida ha sido reducida a una sola cosa, la gloria de su Dios, a partir de ahí está dispuesto a dar su vida. El problema con nosotros es que aún valoramos nuestras vidas demasiado. En Apocalipsis 12:11 leemos sobre personas que «vencieron por medio de la sangre del Cordero y por la palabra del testimonio de ellos, y no amaron sus vidas, llegando hasta sufrir la muerte».

Jesús, cuando se encarnó, definió su misión diciendo que el Hijo del hombre no vino a ser servido, sino a servir... hasta llegar a la cruz. Y lo logró. ¿Cómo lo hizo? Ejercitando la humildad, ofreciéndose para ser quebrantado en dependencia de Su Padre y en completa obediencia:

- Su **humildad** le permitió renunciar a Su posición.
- Su **dependencia** del Padre le dio la fortaleza.
- Su **obediencia** absoluta le permitió resistir cada tentación.
- Su disposición de ser **quebrantado** hizo posible que pagara por nuestros pecados.

Estas cuatro características definen el perfil de un **siervo para Su gloria**: **humildad, dependencia, obediencia y quebrantamiento**. Son estas cuatro cualidades de Cristo, las que lo llevaron a la cruz.

Al cerrar este capítulo, hay tres cosas que no podemos olvidar:

1. Nosotros existimos por causa del reino y el reino existe por causa del Rey.
2. Nosotros pertenecemos a la comunidad de la vasija y de la toalla. Esa es la única comunidad que trae gloria a su Señor.
3. De haber alguna bendición, tendrá que haber primero quebrantamiento.

Eso es un siervo para Su gloria.

9

Sé un siervo espiritual

*Un discípulo no está por encima de su
maestro; mas todo discípulo, después de
que se ha preparado bien, será como su
maestro.*

(Luc. 6:40)

INTRODUCCIÓN

E n los últimos años, mucho es lo que se ha hablado sobre liderazgo; cientos de libros se han publicado sobre el tema solo en los últimos 30 años. A nuestro entender, cada vez que vemos que prolifera literatura cristiana o secular sobre un tema en particular, podemos suponer con cierto grado de certeza que el aumento de publicaciones suele ir acompañado de un número significativo de conferencias y seminarios. Esto obedece a que se ha identificado una crisis y cada uno procura solucionarla con su propio aporte. Entonces, a finales del siglo xx comenzaron a aparecer estos nuevos títulos de libros y conferencias enfocados en el tema del liderazgo, tanto desde una perspectiva cristiana como desde la perspectiva secular. Y mencionamos esto desde un inicio porque el concepto de un líder espiritual dista mucho del líder natural que vemos frecuentemente en la sociedad. Sin lugar a dudas, hay principios de liderazgo que pueden encontrar su aplicación tanto dentro como fuera de la iglesia; pero la realidad es que la esencia de uno guarda enormes diferencias con la esencia del otro.

El liderazgo espiritual tiene que ver con un llamado y un equipamiento que Dios hace a la persona para llevar a cabo una labor específica, relacionada con la expansión del reino de los cielos aquí en la tierra. El líder natural busca expandir su propio reino o el reino de la institución para la cual trabaja. El primer tipo o estilo de liderazgo está centrado en Dios y el otro está centrado en el ser humano. El liderazgo natural que vemos en la sociedad tiende a exaltar los dones y habilidades de la persona «al mando»; el liderazgo espiritual procura exaltar al dador de los dones, talentos y oportunidades, es decir, a Dios.

Como el propósito en esta parte introductoria no es establecer desde el comienzo todas las diferencias existentes entre estos dos tipos de liderazgos, volvamos una vez más sobre la idea de que vivimos en medio de una crisis en la sociedad del siglo xx, la cual comenzó en las últimas décadas del siglo anterior. La crisis actual es generalizada: la vemos en el ámbito de la familia, de los gobiernos, de las empresas y de las iglesias. Esto nos obliga a preguntarnos: ¿qué ha originado esta crisis? La respuesta es compleja y no pretendemos darla en unas pocas líneas. Pero lo que sí podemos afirmar es que junto con esa crisis de liderazgo hay una crisis de valores que a nuestro parecer va de la mano. Si no hay líderes que modelen, no habrá valores que enseñar. Por eso, esto es como el cuento del huevo y la gallina: ¿qué fue primero? ¿La crisis de valores o la crisis de liderazgo? Creemos que las dos han ido de la mano desde el principio.

LA CRISIS DE LIDERAZGO

La crisis de valores y de liderazgo es generalizada, al igual que sus consecuencias. Y, como siempre ocurre, la Iglesia no ha escapado a los estragos, lamentablemente. Tenemos que admitirlo o no tendremos esperanza de cambio. La realidad es que no hay una sola área de la sociedad que no haya sido afectada por esta crisis de liderazgo.

Hoy en día, podemos ver en las naciones del mundo occidental cómo los gobiernos comienzan a llenarse de mujeres que ocupan la primera posición del país, lo cual es básicamente un reflejo del vacío que los hombres han ido dejando en el liderazgo y de los malos gobiernos que los hombres han hecho en los años anteriores. Con esto no negamos la alta capacidad que poseen algunas mujeres, como vimos en el caso de la primera ministra del Reino Unido Margaret Thatcher (1979-1990). Pero sí queremos puntualizar que la crisis en medio de la cual estamos se debe en gran manera a un vacío dejado por la falta de liderazgo de muchos hombres. Donde quiera que se produzca un vacío, alguien lo llenará y esto es lo que ha ocurrido. Algo similar sucede en el ámbito de las familias, muchas de las cuales son lideradas por las esposas más que por los hombres. Esa tendencia ha ido cosechando sus propios malos frutos porque Dios hizo al hombre cabeza del hogar y, si ese hombre abdica la posición dada por Dios, es lógico suponer que el núcleo familiar sufrirá las consecuencias.

Según el Centro Nacional de Estadísticas de Salud del Departamento de Salud y Servicios Humanos de Estados Unidos, los niños sin padre tienen un riesgo dramáticamente mayor de abuso de drogas y alcohol, enfermedades mentales, suicidio, desempeño educacional deficiente, embarazo durante la adolescencia y criminalidad.

Más de la mitad de todos los niños que viven con una madre soltera viven en la pobreza, una tasa de 5 a 6 veces mayor que la de los niños que viven con ambos padres.

El 63 % de los suicidios juveniles son de hogares sin padre, según la Oficina de Censo de Estados Unidos.

El 72 % de los asesinos adolescentes crecieron sin padres. El 60 % de los violadores de Estados Unidos creció de la misma manera, de acuerdo con un estudio de D. Cornell (et al.) sobre Ciencias del Comportamiento y la Ley.

El 71 % de todos los desertores de la escuela secundaria provienen de hogares sin padre, de acuerdo con el informe de la Asociación Nacional de Directores sobre el estado de las escuelas secundarias.

El 80 % de los violadores motivados por la ira desplazada provienen de hogares sin padre, según un informe en *Criminal Justice & Behavior.*

El 90 % de todos los niños sin hogar y fugitivos son de hogares sin padre.

El 85 % de todos los niños que presentan trastornos del comportamiento provienen de hogares sin padre, de acuerdo con un estudio realizado por el Centro de Control de Enfermedades.[57]

En el ámbito de las iglesias hay una crisis de liderazgo no solo en nuestro continente, sino en todos los cinco. Una de las razones pero no la única es que, a pesar de que se ha dicho que los líderes nacen más que se hacen, no hay duda de que los líderes deben ser formados también, y esto no ha sucedido. Nadie nace con un libro de instrucciones debajo del brazo para aprender a liderar. Por otro lado, muchas veces se supone que la posición asignada a una persona viene con el entendimiento de esa posición, pero nunca ha sido de esa manera y sobre todo cuando de liderazgo se trata. Ha habido poco entrenamiento, tanto en la Iglesia como en la sociedad secular, sobre lo que un líder debe ser.

La crisis de liderazgo es profunda porque la ausencia de valores en la sociedad posmoderna ha causado una crisis de carácter en nuestros días. Sin valores no hay carácter y sin carácter no hay liderazgo. La ausencia de valores ha generado una ausencia de carácter en el individuo. Decía alguien que los líderes necesitan emprender la formación de su carácter de manera intencional, pues el carácter no es algo que se forma de manera natural, por ósmosis, como sí ocurre con su deformación cuando nos exponemos a malas influencias. De

---

[57] Ray Williams, «The decline of fatherhood and the male identity crisis» [La caída de paternidad y la crisis identitaria masculina], *Psychology Today,* 19 de junio de 2011. Nota: el autor estaba citando estadísticas de *Fatherless America* [Norteamérica sin padres] por David Blankenhorn.

ahí que Pablo nos advirtiera y nos dijera que las «malas compañías corrompen las buenas costumbres» (1 Cor. 15:33). Si comenzamos a relacionarnos con frecuencia y de manera cercana con la compañía incorrecta, debido a nuestra naturaleza pecadora, nos iremos deformando de manera natural y sin ningún esfuerzo.

El éxito es una amenaza para el carácter de las personas. Mientras más alto ascendemos por la escalera del éxito, vamos sosteniendo mayores responsabilidades con un mayor peso sobre nuestros hombros. Si no se ha desarrollado el carácter conjuntamente, la persona exitosa terminará quedando aplastada bajo el peso de las nuevas responsabilidades.

Algo que ha empeorado la situación actual es que vivimos en una sociedad con un ritmo de vida muy acelerado; entonces, aquellos a quienes Dios ha llevado a una posición de liderazgo dicen no tener el tiempo para formar a sus discípulos. El asunto es que, si no hay tiempo para formar discípulos, no se está pasando el liderazgo de una generación a la próxima. Este no fue el modelo de Jesús, quien dedicó tiempo para formar a Sus discípulos. Cristo no comenzó a formar Su iglesia antes de que los discípulos hubieran sido adecuadamente formados. Por otro lado, ese mismo ritmo acelerado en el que vivimos, ha llevado a las instituciones a colocar en posiciones de liderazgo a personas cada vez más jóvenes. Así vemos que las posiciones que en el pasado ocupaban personas de 40 a 50 años hoy en día las ocupan personas entre los 30 y 40 años. Quizás la preparación académica de hoy sea mucho mejor que la de generaciones anteriores; pero, cuando de liderazgo se trata, la academia no es el único factor importante, sino también la madurez del individuo.

Si pensamos en la iglesia local, podríamos decir que su liderazgo constituye la base de la organización, por lo cual es imprescindible que este se haya formado antes de que se inicie la iglesia o en las etapas tempranas de esta. Si pensamos en las familias, tendríamos que afirmar que no pueden tener estabilidad si no hay una cabeza que lidere a sus miembros. Si pensamos en los gobiernos, sin lugar a dudas no podríamos tener una nación próspera y estable si su liderazgo no tiene lo que se requiere para liderar los destinos de la nación.

Todo esto es aún más importante si pensamos en los tiempos que vivimos. La generación de hoy no vive con un sentido de propósito y, cuando lo tiene, son propósitos relacionados con el aquí y el ahora. Si hay algo que se requiere para ser líder, en el mejor sentido de la palabra, es poseer un propósito que sea mayor que su persona. Y ese propósito lo da Dios. Si proviene de Dios, se supone que el propósito y la visión del líder van a sobrevivir al líder. El pueblo de Israel vio la muerte de Moisés, pero el propósito y la visión continuaron en la vida de Josué. Cuando algo viene de Dios, no puede morir con el líder; de ser así, podemos suponer que el propósito no vino de nuestro Señor. De este modo, cuando pensamos en liderazgo, tiene que haber un propósito que sea mayor que el líder y que pueda continuar cuando ese líder muera.

LA IMPORTANCIA DEL LIDERAZGO ESPIRITUAL

Vemos la importancia de que el liderazgo pueda ser formado y pasado en el siguiente texto del Evangelio de Lucas: «Un discípulo no está por encima de su maestro; mas todo discípulo, después de que se ha preparado bien, será como su maestro» (Luc. 6:40). Esta frase implícitamente nos deja ver que, en la mente de Jesús, Su Iglesia se desarrollaría sobre la premisa de un maestro que formaría discípulos, que a su vez formarían a otros discípulos hasta que el Señor regresara. Pablo instruyó a Timoteo para que siguiera este patrón con las siguientes palabras: «Lo que has oído de mí ante muchos testigos, esto encarga a hombres fieles que sean idóneos para enseñar también a otros» (2 Tim. 2:2, RVR1960). La calidad del discípulo dependerá de la enseñanza que se comparte (la Palabra), del parecido del maestro con la enseñanza que entrega (congruencia) y de la cantidad de tiempo que el maestro y el discípulo pasen juntos.

Si ese maestro no se preocupa por vivir conforme a la Palabra y por formar bien a sus seguidores, duplicará exactamente las mismas deficiencias en sus discípulos. Cristo quería que Sus apóstoles modelaran Su imagen precisamente porque los discípulos que vendrían después serían formados a la imagen de ellos. La responsabilidad del líder espiritual es monumental, como vemos en estas palabras de Pablo a los corintios: «Sed imitadores de mí, como también yo lo soy de Cristo» (1 Cor. 11:1).

John Maxwell ha escrito mucho sobre liderazgo y, aunque no estamos de acuerdo necesariamente con toda su teología, reconocemos que en el área de liderazgo hay mucho de lo que él enseña que tiene gran peso y valor. Una de sus muchas frases sobre liderazgo dice que «todo se levanta o se cae desde el liderazgo».[58] Creemos que no hay nada más cierto. De hecho, en nuestra iglesia, cada vez que hemos identificado problemas a nivel de la congregación, junto al liderazgo nos hemos sentado a revisar primero esas áreas en nosotros mismos, antes de llegar delante de la congregación en general, porque frecuentemente los problemas congregacionales no son más que reflejos de los problemas en el liderazgo. Esto no significa que cada problema que encontramos en una persona está relacionado con algún problema en el liderazgo; ahora, si el cuerpo de Cristo está sufriendo de algún mal, es muy probable que la causa radique en el liderazgo del cuerpo. A veces, el problema está en la falta de enseñanza en un área en particular; otras, radica en una mala práctica o en inconsistencias de parte de ese liderazgo.

Maxwell dice además que «los líderes jamás se levantarán por encima de las limitaciones de su carácter».[59] Por consiguiente, «una organización tampoco se levantará por encima de su liderazgo». En otras palabras, cuando de iglesias se trata, la congregación llegará hasta donde llegue el liderazgo en su desarrollo espiritual y moral. Pero si hablamos de la familia de esos líderes, los hijos llegarán hasta donde el líder llegue (por lo menos hasta que comiencen a independizarse) y hasta allí también llegará su matrimonio. De esta manera, nuestro matrimonio no superará nuestro desarrollo espiritual; esto es imposible. Si es alguna otra institución, hasta donde tú llegues hasta allí llegará la organización. El que lidera es el que arrastra a los que vienen detrás, y él determinará hasta dónde se llega. Por aplicación,

---

[58] John Maxwell, *The 21 Indispensable Qualities of a Leader* [Las 21 cualidades indispensables de un líder], 2.ª edición (Nashville: Thomas Nelson, 2007), XI.
[59] *Ibid.*, 5.

podemos decir también que el crecimiento y la salud de la iglesia están relacionados con el crecimiento y la salud del liderazgo de la iglesia. Por lo tanto, el mayor reto del líder espiritual, en nuestra opinión, es su crecimiento continuo. Cuando el liderazgo se estanca, se estancó la familia, la iglesia o la institución.

LA DIFERENCIA ENTRE LIDERAZGO ESPIRITUAL Y LIDERAZGO SECULAR

En la sociedad, cuando se habla de liderazgo, se mide mucho su efectividad por su productividad: «Ese es un gran líder: mira cuánto produjo; mira cuántas tareas realizó este año». El liderazgo espiritual no se mide de esa manera, en lo más mínimo. Tiene metas y es fructífero, pero su eficacia y efectividad se miden a través de la lente de los cielos, con Cristo y Su causa en mente. El liderazgo espiritual tiene que ver más con ser que con hacer. Cristo no mandó a los discípulos a hacer nada por el Reino hasta que no pasó con ellos de dos a tres años formándolos para que llegaran a ser hombres comprometidos con la causa del reino. Ellos no estuvieron listos para tal hazaña hasta después de la muerte y resurrección del Señor. Una cosa es lo que somos y otra lo que el mundo cree que somos. Lo que somos es nuestro carácter; lo que el otro cree que somos es nuestra reputación. Cuánta gente no ha tenido una buena reputación, sin carácter. Pero Dios está interesado en el carácter del individuo, en el corazón de la persona. Por tanto, una de las características de un buen líder espiritual es que no les exige a los demás algo que no ha hecho o que no ha dado primero. Cristo primero lavó los pies de Sus discípulos y luego les dijo: «Pues si yo, el Señor y el Maestro, os lavé los pies, vosotros también debéis lavaros los pies unos a otros. Porque os he dado ejemplo, para que como yo os he hecho, vosotros también hagáis» (Juan 13:14-15).

No debiéramos exigirles a los demás lo que no podemos modelar en nuestras vidas primero porque, el otro inmediatamente observará la dicotomía que existe entre lo que enseñamos y lo que vivimos. Los líderes vivimos en casas de vidrio, de forma constante bajo el escrutinio de los demás. Esto es cierto del liderazgo en general, pero especialmente al de nosotros los líderes espirituales.

Al liderar al pueblo de Dios, debemos recordar que ese mismo Dios quiere hacer algo a través de nosotros; por eso nos ha elegido. Pero al mismo tiempo, quiere hacer algo en nosotros. Dios nos está formando continuamente en la medida que tratamos de formar a otros. No somos un producto acabado. Estamos muy lejos de serlo. El apóstol Pablo entendió este principio perfectamente bien cuando escribió: «No que ya lo haya alcanzado o que ya haya llegado a ser perfecto, sino que sigo adelante, a fin de poder alcanzar aquello para lo cual también fui alcanzado por Cristo Jesús» (Fil. 3:12).

Por tanto, parte de lo que Dios hará es continuar formándolo a través de los retos y los desafíos que traerá a su persona o a su posición, por medio de las crisis que tenga que enfrentar. Dios mantuvo a Moisés continuamente en crisis, pero lo estaba formando. Tenemos que vernos como una oveja en formación; las ovejas en una iglesia no son solo las personas que asisten; el pastor o los pastores son ovejas también del rebaño de Cristo, con necesidades muchas veces similares a las del resto. Son ovejas que Dios está pastoreando y a las que está formando, dándoles todavía Su imagen, y continuará haciéndolo hasta el fin de nuestros días.

DEFINICIÓN DE LIDERAZGO

No existe solo una definición de liderazgo; más bien se han identificado cientos de definiciones distintas. Algunas de ellas corresponden al liderazgo natural o secular y otras al liderazgo espiritual. No olvidemos que podemos ser líderes exitosos en la sociedad y terribles en la iglesia. De hecho, muchas iglesias han cometido el error de colocar en posiciones de liderazgo a aquellos que ocupan posiciones similares fuera de la iglesia sin tomar en consideración el patrón bíblico, y luego han tenido que lidiar con las consecuencias de tales decisiones. El liderazgo espiritual y el secular responden a dos patrones de pensamiento por completo diferentes y a dos sistemas de valores totalmente distintos. Por tanto, a pesar de las cosas que tienen en común, estos dos líderes son el fruto de dos cosmovisiones de liderazgo totalmente opuestas.

Alguien definió el liderazgo como **«el proceso de persuasión a través del cual una persona induce a un grupo a perseguir un objetivo común».**[60] En esta definición, es bueno subrayar la palabra **persuasión**. Más adelante, volveremos a esta palabra. Pensando en esta definición, veamos ahora lo que Cristo dijo al llamar a Sus primeros discípulos: «Seguidme, y yo os haré pescadores de hombres. Entonces ellos, dejando al instante las redes, le siguieron» (Mat. 4:19-20). Sin lugar a dudas, Cristo logró persuadir a un grupo de personas para que lo siguieran y así llegaran a hacer algo, y al día de hoy continúa haciendo lo mismo.

Napoleón Bonaparte, militar y gobernante francés, expresó los siguientes pensamientos mientras se encontraba exiliado en la isla de Santa Elena. El conquistador de la Europa civilizada tuvo tiempo para reflexionar sobre el alcance de sus logros. En una ocasión, llamó al conde Montholon a su lado y le preguntó: «¿Me puedes decir quién fue Jesucristo?». El conde se negó a responder. Napoleón continuó: «Pues bien, yo te lo diré. Alejandro, César, Carlomagno y yo mismo fundamos grandes imperios, pero ¿de qué dependían estas creaciones de nuestro genio? De la fuerza. Solo Jesús fundó Su imperio sobre la base del amor y hasta este día millones de personas morirían por Él. Creo que entiendo algo de la naturaleza humana y te digo que todos ellos fueron hombres, y yo soy un hombre; no hay otro como Él: Jesucristo fue más que un hombre. Yo he inspirado a multitudes con tal devoción entusiasta que hubieran muerto por mí, pero para hacer eso era necesario que yo estuviera visiblemente presente con la influencia eléctrica de mi aspecto, mis palabras, mi voz. Cuando veía a los hombres y les hablaba, encendía la llama de la autodevoción en sus corazones... Solo Cristo ha logrado elevar la mente del hombre hacia lo invisible, hasta el punto de no poder percibir las barreras del tiempo y el espacio. A través de un abismo de 1800 años, Jesucristo hace una demanda que está más allá de las más difíciles de satisfa-

---

[60] Peter G. Northouse, *Leadership: Theory and Practice* [Liderazgo: Teoría y práctica], 7.ª edición (Thousand Oaks: SAGE Publications, Inc., 2015), 6.

cer; pide aquello que un filósofo puede a menudo buscar en vano en las manos de sus amigos, o un padre en sus hijos, o una novia en su esposo, o un hombre en su hermano. Él pide el corazón del hombre; lo recibe todo para sí mismo. Él lo demanda incondicionalmente y de inmediato Su demanda es concedida. ¡Maravilloso! Desafiando el tiempo y el espacio, el alma del hombre, con todos sus poderes y facultades, se convierte en un anexo al imperio de Cristo. Todos los que creen sinceramente en Él experimentan ese amor extraordinario, sobrenatural hacia Él. Este fenómeno es inexplicable; está totalmente fuera del alcance de los poderes creativos del hombre. El tiempo, el gran destructor, no tiene poder para extinguir este fuego sagrado; el tiempo no puede agotar su fuerza ni poner un límite a su alcance. Esto es lo que más me sorprende; a menudo he pensado en ello. Esto es lo que me demuestra de manera convincente la divinidad de Jesucristo»[61].

Una de las observaciones de Napoleón Bonaparte sobre el liderazgo de Jesús fue precisamente que él (Bonaparte) podía lograr que sus soldados lo siguieran cuando él daba una orden mientras estuviera vivo, pero si moría o perdía su rango no podría lograr jamás que alguien lo siguiera. Sin embargo, Napoleón notaba que Jesús, después de cientos de años de haber muerto, continuaba persuadiendo a la humanidad para que lo siguiera. Por eso Bonaparte decía que Jesús es el ejemplo de liderazgo más grande que jamás haya existido.

Eso no debe sorprendernos dada la investidura de Jesús, pero es bueno ver cómo aun el mundo secular puede reconocer en Jesús de manera peculiar esas cosas de las cuales estamos hablando ahora.

Oswald Sanders, en su libro *Spiritual Leadership* [Liderazgo espiritual], expresó que el «liderazgo es influencia, la habilidad de una persona para influenciar a otros».[62] Sin lugar a dudas, un verdadero

---

[61] Ravi Zacharias, *Jesus Among Other Gods* [Jesús entre otros dioses] (Nashville: W. Publishing Group, 2000), citando a Henry Parry Liddon, *Liddon's Bampton Lectures 1866* [Las conferencias de Bampton de Liddon 1866] (Londres: Rivingtons, 1869), 149-150.

[62] Oswald Sanders, *Spiritual Leadership* [Liderazgo espiritual] (Chicago: Moody Press, 1994), 27.

líder debe ser capaz de hacer que otros lo sigan por la vía de la influencia, no de la imposición. Nosotros vemos que después de la muerte de Jesús todavía la gente que estaba alrededor pudo notar que aquellos individuos que se expusieron a Él habían sido influenciados por Él.

Observemos cómo lo dice este texto del Libro de Hechos: «Al ver la confianza de Pedro y de Juan, y dándose cuenta de que eran hombres sin letras y sin preparación, se maravillaban, y reconocían que ellos habían estado con Jesús» (Hech. 4:13). La gente del mundo secular veía a hombres que vivían de un modo tal que, cuando reaccionaban, podían reconocer que habían pasado tiempo con Jesús. El texto dice que se maravillaban; ¿de qué se maravillaban? De que eran capaces de hacer cosas que por su poca preparación no hubieran podido hacer, pero pudieron asociar la habilidad de estos hombres con el tiempo pasado con el Maestro. Indirectamente podemos ver que Jesús logró influenciar a esta gente de manera extraordinaria, una influencia que pudo notarse aun después de Su muerte.

Otras dos definiciones de liderazgo espiritual que apreciamos mucho son las siguientes:

«Es influenciar a un grupo de personas hacia los propósitos de Dios para ellos».[63]

«Es mover a la gente de donde están a donde Dios quieren que estén».[64]

Estas son de las mejores definiciones de liderazgo espiritual que hemos leído porque nos dejan ver con claridad que un verdadero líder espiritual moverá a la gente conforme a los planes y propósitos de Dios, lo cual requerirá que dependa de manera continua del Espíritu de Dios y que sepa dónde se encuentra la gente en el sentido espiritual. Luego, ese líder tendrá que saber hacia dónde Dios quiere que

---

[63] Robert Clinton, *The Making of a Leader* [Cómo preparar un líder], (Colorado Springs: NavPress, 1988), 26.
[64] Henry Blackaby, *Spiritual Leadership* [Liderazgo espiritual] (Nashville: Broadman & Hollman Publishers, 2001), 20.

mueva a las personas que lidera, se trate de sus hijos, de sus discípulos o de personas que trabajan para él. Esto nos recuerda que el líder espiritual no es autónomo; es un hombre bajo autoridad; tiene que rendir cuentas a Dios de lo que está haciendo con el pueblo que Cristo compró a precio de sangre. Para conocer dónde se encuentra la gente en su caminar con Dios, es necesario pasar tiempo con ese pueblo hasta que el líder huela a oveja, en el caso de una iglesia, o hasta que sus seguidores hayan desarrollado la pasión de seguir a Cristo, lo cual puede aplicarse a cualquier ámbito de la vida cristiana, ya sea en el hogar o en la sociedad.

El pueblo o los individuos no siempre quieren moverse de donde están hacia donde Dios quiere que estén, como vimos que ocurrió con el pueblo de Israel en el desierto. Pero si Dios lo ha llamado a liderar, ese hombre contará con Su aprobación y Su favor reposando sobre él y convencerá a la gente de la necesidad de moverse en la dirección de Dios. Algunos podrían señalar que, durante la travesía por el desierto, muchos de los israelitas rehusaron seguir a Moisés y eso es cierto. Pero el relato bíblico muestra cómo sufrieron las consecuencias, de tal manera que el líder de Dios quedó reivindicado.

Cuando leemos sobre lo que implica liderar espiritualmente, nos encontramos con palabras como **persuadir, inducir, influenciar, motivar, estimular**; pero en ningún momento se habla de imponer, forzar, mandar u ordenar como en el caso de un jefe. Una cosa es ser líder y otra cosa es ser jefe. Más arriba, al hablar de liderazgo, mencionamos la palabra *propósito*, de manera que ese liderazgo no se ejerce a ciegas ni a tientas como muchos han querido hacer. El líder necesita tener una idea clara de la visión, es decir, hacia dónde va. Si no sabes adónde vas, no podrás persuadir a otros para que te sigan. El liderazgo no es como el ejemplo clásico del chófer de autobús que se detiene en una parada y alguien le pregunta: «¿Hacia dónde va, chófer?», y él responde: «No sé, ¡pero súbase!». Nadie se sube a un autobús si no sabe hacia dónde se dirige.

Hemos escrito dos definiciones de liderazgo, una bien resumida y una más extensa, que nos permite hablar de algunas cosas intrínsecas del liderazgo espiritual. Esta es la definición breve: «**liderazgo**

es la habilidad de estimular a otros a seguir nuestro ejemplo».
Esta definición la pusimos por escrito inspirados en las palabras de Pablo que ya vimos en 1 Corintios 11:1, donde dice literalmente: «Sed imitadores de mí, como también yo lo soy de Cristo». Hay que estar muy seguro del propio testimonio para atreverse a escribir algo semejante. Pensar en esta definición nos ayuda porque nos recuerda que nuestro caminar debe ser un ejemplo que otros puedan imitar. Eso nos llama a la reflexión y a la introspección. Finalmente, quisiéramos revisar otra definición de liderazgo espiritual que escribimos tiempo atrás porque entendemos que hay aspectos fundamentales de ese liderazgo que aún no hemos considerado. Lamentablemente, esta última definición es mucho más extensa que las anteriores, pero nos llevará a reflexionar en algunas áreas que no hemos incursionado aún.

Liderazgo es la habilidad que tiene una persona que ha sido escogida y preparada por Dios para estimular a otros a que imiten su ejemplo, hasta llegar incluso a pagar el precio que sea necesario para alcanzar la meta que Dios haya trazado.

Ahora puedes ver que el líder espiritual no es alguien que se levanta un día y dice: «Quiero ser líder mañana», sino alguien a quien Dios ha capacitado para tal función. De hecho, el liderazgo es un don de acuerdo a la Palabra de Dios. En Romanos 12 se nos habla de los diferentes tipos de dones y en el versículo 8 se exhorta al que tiene el don de dirigir a que lo haga con diligencia. En esta definición, podemos ver que un líder espiritual debe ser alguien escogido por Dios para llevar a cabo Sus propósitos. Y Dios no solo lo escoge, sino que también lo prepara para estimular a otros a que imiten su ejemplo. Aunque Jesús es nuestro ejemplo, no hay duda de que Dios nos ha dejado padres en el caso de los hijos, esposos en el caso de las esposas y pastores en el caso de las iglesias, para modelar y estimular a los que vienen detrás. Otra de las cosas que necesitamos lograr es convencernos de que en el liderazgo hay un precio que pagar, tal como lo menciona esta última definición. Como siempre se ha dicho, el líder debe estar dispuesto a llegar más temprano y a irse más tarde que cualquier otra persona. Por tanto, el líder no puede pensar en vivir de acuerdo al mismo estándar de las ovejas.

Sabemos que el estándar de Dios es la perfección y nadie llegará allí de este lado de la gloria; pero a la vez tenemos que reconocer que, dentro del pueblo de Dios, las ovejas caminan a diferentes niveles de santificación. Por esta razón, es responsabilidad del líder modelar un estándar que esté por encima del de las ovejas. El líder, sin importar cuál sea su posición de liderazgo, es una oveja más del redil de Dios, como ya dijimos; pero no es simplemente una oveja. Es alguien que va delante, que va guiando y va cuidando a las ovejas de sus tropiezos y caídas frente a las tentaciones del mundo. Pero ese líder no puede olvidar nunca que el mundo no es la única piedra de tropiezo de las ovejas, sino que nosotros mismos podemos constituirnos en piedra de tropiezo para las ovejas. Por eso Pablo habla de que, si comer carne será piedra de tropiezo para alguno, está dispuesto a sacrificarse y, por tanto, no comer carne jamás para no hacer tropezar a su hermano (1 Cor. 8:13).

La Biblia no revela en qué medida Pablo afirmaría que «**el líder debe cuidar su andar no solo ante Dios, sino también ante los hombres**». Creemos que, en los últimos años, la iglesia se ha dejado engañar al entender que lo único importante es la intención del corazón como si esto fuera lo único que Dios juzga. Ese pensamiento no concuerda con la Palabra. El apóstol Pablo nos deja ver de una forma muy clara cuál es la verdad detrás de este principio: «[P]ues nos preocupamos por lo que es honrado, no solo ante los ojos del Señor, **sino también ante los ojos de los hombres**» (2 Cor. 8:21). Somos testigos de nuestro Dios y, por tanto, lo que los hombres opinen de nosotros se relaciona con la opinión que ellos tienen de Cristo y de Su causa.

Si quieres ser líder del pueblo de Dios en cualquier área, tendrás una vida de sacrificio por encima de la oveja común y corriente. Si no podemos hacer esto, si no estamos dispuestos a hacerlo, si nuestra esposa o nuestra familia no están dispuestos a hacerlo, es preferible decir: «Yo no sabía que este era el caso; no creo que pueda asumir esa responsabilidad». Nunca ha existido un líder, secular o cristiano, que pague un precio tan normal, común y corriente como el del resto del mundo; no lo ha habido ni lo habrá, pues entonces no sería líder. La última definición que hemos venido desarrollando contiene cuatro aspectos fundamentales:

1. Dios escoge y prepara al líder.

En Juan 15:16, Cristo dice: «Vosotros no me escogisteis a mí, sino que yo os escogí a vosotros». Moisés fue escogido por Dios al igual que cada uno de los profetas y de los apóstoles. Dios siempre ha hecho esa elección; Él se reserva ese derecho. Escoge a Sus líderes porque solo Él sabe lo que quiere hacer con ellos. La elección de Dios nunca es sin propósito definido.

2. El líder llama a otros a imitar su ejemplo.

Ya vimos cómo Pablo llamó a sus seguidores a imitar su ejemplo de la misma manera que él intentaba imitar a Cristo (1 Cor. 11:1). El liderazgo es algo más que enseñar, es modelar.

3. Hay un precio que pagar.

En Filipenses 3:10, Pablo nos deja ver parte de su deseo: «[Y] conocerle a Él, el poder de su resurrección y la participación en sus padecimientos, llegando a ser como Él en su muerte». Nuestro llamado es doble: a) fuimos llamados a conocerlo a Él, el poder de Su resurrección, y b) fuimos llamados a participar en Sus padecimientos, llegar a ser como Él en Su muerte. Pablo entendía claramente que tomar su cruz y seguir a Cristo implicaba no solo participar de Sus bendiciones, sino también de Sus sufrimientos. Hay un precio que pagar.

4. El líder necesita perseguir la meta que Dios haya trazado.

En una ocasión, el mismo Cristo dijo: «Yo no puedo hacer nada por iniciativa mía; como oigo, juzgo, y mi juicio es justo porque no busco mi voluntad, sino la voluntad del que me envió» (Juan 5:30). De esta manera, si el Maestro, la segunda persona de la Trinidad, no buscó establecer propósitos, metas o sueños que no fueran conforme a la voluntad del Padre, mucho menos nosotros, como líderes humanos que somos, podemos pretender liderar a otros por el camino que nuestra mente finita conciba.

REFLEXIÓN FINAL

El líder espiritual tiene que verse como alguien perteneciente a otra categoría, pero no a una superior. Nosotros pertenecemos a la comunidad de la toalla y la vasija. Quizás esta ilustración sobre cómo pensaba Cristo nos pueda ayudar:

> En mi reino, por otra parte, un hombre llega a ser grande y líder (o gobernante) siendo primero el siervo de aquellos sobre quienes ha de ejercer liderazgo. En otros estados (o reinos), lideran (o gobiernan) aquellos cuyo privilegio es el ser ministrado; en el reino divino, lideran (o gobiernan) aquellos que consideran que ministrar es un privilegio.[65]

Allí radica la diferencia. Nosotros no tenemos mayores derechos por ser líderes sobre las ovejas; tenemos mayores responsabilidades. Lo que Dios nos ha dado no es un nombramiento superior, sino el privilegio de poder liderar a un pueblo que Él compró a precio de sangre y eso es un privilegio extraordinario. Este es el caso de la Iglesia. Pero en el caso de una familia, Dios les regala hijos a los padres para que traten de reproducir en esos hijos la imagen de Cristo. El esposo recibe una esposa como regalo de parte de Dios para liderarla de la misma manera que Cristo cuida y lidera Su Iglesia. Nota la instrucción de Pablo:

> *Maridos, amad a vuestras mujeres, así como Cristo amó a la iglesia y se dio a sí mismo por ella, para santificarla, habiéndola*

---

[65] A. B. Bruce, *The Training of the Twelve* [La formación de los doce] (Grand Rapids: Kregel Publicactions, 1971), 296.

purificado por el lavamiento del agua con la palabra, a fin de presentársela a sí mismo, una iglesia en toda su gloria, sin que tenga mancha ni arruga ni cosa semejante, sino que fuera santa e inmaculada. Así también deben amar los maridos a sus mujeres, como a sus propios cuerpos. El que ama a su mujer, a sí mismo se ama (Ef. 5:25-28).

Un líder espiritual debe poseer lo siguiente:

• Un carácter santo.
• Una actitud de servicio.
• Un espíritu de sacrificio.
• Un espíritu manso.
• Un amor por Dios, Su Palabra y Su pueblo.
• Una autoridad sujeta a la Palabra.
• Una vida dependiente del Espíritu de Dios y de la oración.
• Un solo propósito: la gloria de Dios.
• Una única medida del éxito: vidas transformadas.
• Un solo modelo: Jesucristo.[66]

No olvidemos que solo somos «servidores de Cristo y administradores de los misterios de Dios» (1 Cor. 4:1b). Estas palabras fueron escritas por Pablo, el apóstol, el más grande misionero de la historia de la Iglesia, plantador de múltiples iglesias y mártir de la iglesia primitiva. Este fue un líder espiritual que conoció su posición ante Dios. Solo somos canales por donde Dios puede hacer fluir Su gracia y Su poder.

---

[66] Ver Warren Wiersbe, *Ten Power Principles for Christian Service* [Diez principios poderosos para el servicio cristiano] (Grand Rapids: Baker Books, 2008).

10

Sé un siervo de influencia

[A]prended de mí, que soy manso y
humilde de corazón...

(Mat. 11:29)

INTRODUCCIÓN

E l versículo citado contiene una de las frases más conocidas de
Jesús. Sin embargo, es a la vez una de las enseñanzas que menos
vemos aplicada en la práctica. Con estas palabras, el Maestro ayuda-
ba a Sus discípulos a entender que el liderazgo del reino de los cielos
es radicalmente distinto al modelo que ellos habían conocido hasta
ese momento. Una vez más, vemos cómo Cristo está más interesado
en lo que somos que en lo que hacemos. Cuando llamó a Sus discípulos, les dijo que los haría pescadores de hombres; es decir, ellos
llegarían a ser algo más de lo que ya eran. Luego, en Mateo 11:29, les
dice: «[A]prended de mí que **soy** manso y humilde». No es suficiente
con que nos comportemos mansa y humildemente. Lo que vale para
Dios va más allá del comportamiento.

Al analizar la historia redentora, creemos que sería fácil afirmar
que la principal piedra de tropiezo de los líderes cristianos ha sido
el orgullo humano. Los más grandes estragos de la Iglesia de Cristo
pueden relacionarse de una u otra manera con el orgullo en el corazón del hombre. Las caídas pueden ser muy diversas; pero, si pudiéramos establecer un común denominador, tendríamos que concluir
que ciertamente el autor de Proverbios tenía toda la razón al decir

que «[d]elante de la destrucción va el orgullo, y delante de la caída, la altivez de espíritu» (Prov. 16:18). Ese fue el caso de Saúl en el Antiguo Testamento y el caso de Pedro en el Nuevo Testamento. Observemos el orgullo humano desplegado en esta conversación entre Jesús y Pedro:

Entonces Jesús les dijo: Esta noche todos vosotros os apartaréis por causa de mí, pues escrito está: «HERIRÉ AL PASTOR, Y LAS OVEJAS DEL REBAÑO SE DISPERSARÁN». Pero después de que yo haya resucitado, iré delante de vosotros a Galilea. Entonces Pedro, respondiendo, le dijo: Aunque todos se aparten por causa de ti, yo nunca me apartaré. Jesús le dijo: En verdad te digo que esta misma noche, antes que el gallo cante, me negarás tres veces. Pedro le dijo: Aunque tenga que morir contigo, jamás te negaré. Todos los discípulos dijeron también lo mismo (Mat. 26:31-35).

Pedro confiaba más en sus palabras que en las del Señor Jesucristo, que acababa de hacer la advertencia. Cuando Jesús le anuncia a Pedro que lo negará tres veces, en vez de solicitar ayuda de parte de Dios, niega la veracidad de las palabras de Cristo al decir: «Aunque tenga que morir contigo, jamás te negaré». Lo que muchos pasan por alto es que ese orgullo humano que cree en su propia sabiduría y conocimiento no estaba solo en Pedro, sino en el resto del grupo. Observa nuevamente las palabras que siguen a la declaración de Pedro: «Todos los discípulos dijeron también lo mismo».

El orgullo en el ser humano es lo que frecuentemente le impide ver sus debilidades y grietas de carácter, hasta el punto incluso de impedirle buscar ayuda antes de que ocurra la caída. Quizás esta ceguera espiritual es la mejor explicación de por qué terminamos muchas veces arruinando el ministerio que Dios nos dio en un principio.

Cada líder necesita llevar a cabo sus responsabilidades desde una posición que le permita influenciar a los demás. Algunos lo hacen desde una posición de humildad; otros, quizás la mayoría, lideran desde una posición de «jefatura», a causa del orgullo que hemos estado analizando. El orgulloso disfruta de que lo reconozcan como jefe, mientras que el humilde lidera modelando, como lo hizo nuestro Señor Jesucristo.

Ya hemos mencionado que el líder necesita modelar lo que quiere ver en sus discípulos, y ese modelo necesita ser perpetuado en el tiempo. Si lo hace solo durante los primeros años, encontrará que los que estuvieron con él inicialmente pudieron observar su caminar; pero, al no seguir modelando sus enseñanzas, aquellos que se unieron más tarde a su ministerio no podrán ver lo mismo. La idea es que el líder pueda modelar de manera continua y creciente el carácter de Cristo y que los primeros discípulos puedan asimilar la forma de liderar en el reino de los cielos para que los postreros discípulos puedan imitar a los primeros. Ahora bien, no podemos olvidar nunca que el líder que va delante necesita continuamente apuntar hacia la persona de Jesús porque, **al final, lo que queremos ver es discípulos que siguen a Jesús y no a nosotros**. En otras palabras, nuestros seguidores necesitan ver a Jesús en nosotros y necesitan entender que lo único que hacemos es correr tras Sus pisadas. El apóstol Pedro en su primera carta nos recuerda este principio al escribir: «Porque para este propósito habéis sido llamados, pues también Cristo sufrió por vosotros, dejándoos ejemplo para que sigáis sus pisadas» (1 Ped. 2:21).

Todo esto tiene que ver con el modelo de liderazgo del reino de los cielos. En el mundo, los líderes frecuentemente hacen uso de su poder y de la autoridad que manejan; y, por tanto, su interés primario es lograr el sometimiento y la sujeción de aquellos a quienes lideran, más que lograr la transformación de su carácter. Cuando Cristo vino, se propuso modelar un estilo de vida que transformara el carácter de Sus discípulos, de tal manera que con el paso del tiempo ellos pudieran lucir como Él. El poder y la autoridad a los que aludíamos son cualidades embriagantes. Cuando alguien comienza a tomar alcohol, podemos notar una cierta alegría en su forma de comportarse; pero, en la medida en que esa persona ingiere más, movido por el disfrute, notaremos cómo la alegría inicial puede con frecuencia dar paso a un estado de necedad con consecuencias. Así ocurre regularmente en el ejercicio del poder o de la autoridad. Esto es algo que podemos comprobar a lo largo de toda la historia del hombre y que tiene lugar porque no nos percatamos de que el poder nos va corrompiendo.

Un buen ejemplo en la historia reciente es la vida de Charles Colson, quien fuera la mano derecha del expresidente estadounidense Richard Nixon. Cuando subió al poder junto a Nixon, Colson tenía 39 años y era un graduado con honores de la Universidad de Brown, en Estados Unidos. Llegó a su posición con una rectitud enorme, hasta el punto de que los presentes que recibía para Navidad los regalaba a otros porque, como él mismo decía, nadie lo iba a corromper. Sin embargo, más tarde, él mismo dio testimonio de cómo en la reelección fue el cerebro del famoso escándalo de Watergate. Una persona tan recta, terminó corrompiéndose y yendo a la cárcel porque entendía, como él mismo afirmó, que la continuidad de Nixon era necesaria para la supervivencia de la nación.[67] Algo que no era cierto en lo absoluto y que se comprobó cuando Nixon renunció como presidente y la nación continuó adelante. El único líder indispensable es Jesús. Pero así es como nos engaña el poder. Nos va embriagando; nos va persuadiendo; nos va haciendo creer que somos indispensables. Jesucristo, la cabeza del movimiento cristiano, murió y a partir de entonces vemos cómo la iglesia cobró aún más fuerza por diseño del mismo Dios. El Señor sabe lo que hace y muchas veces cuando el líder muere, Dios muestra de una mejor manera cómo, realmente, Él es el único irremplazable. El pueblo hebreo entró a la tierra prometida y lo hizo sin «el gran» Moisés, pero dirigido por nuestro GRAN DIOS.

LA INFLUENCIA DE UN LÍDER

El líder puede ocupar una posición y lograr que la gente haga lo que ordena, sin que necesariamente logre cambiar el carácter de las personas que lidera. Esto último (la transformación del carácter) debiera ser la meta de todo líder porque sería una forma importante de pre-

---

[67] Charles Colson, «The Problem of Ethics» [El problema de la ética] (charla impartida en la Escuela de Negocios de Harvard, abril de 1991)

parar a las personas para cuando la cabeza falte. Es notorio ver cómo Cristo, por encima de cualquier líder de la historia, logró preparar el liderazgo que dirigiría al movimiento, modelando un estilo de vida congruente con Sus palabras. Tan influyente fue este modelo que logró cambiar el carácter de Sus seguidores. Se suele codiciar una posición, pero raramente vemos que se codicie el carácter santo de otra persona. Alguien puede desear el carácter de otro, pero es poco probable que lo codicie de la misma manera que se codicia una posición. Cuando alguien ocupa una posición, suele suceder que los demás la codician, pero muchas veces Dios, a propósito, no nos otorga la posición para trabajar el orgullo en nosotros primero. La posición solo nos da el lugar para que nuestro carácter manso y humilde ejerza la influencia. La posición no necesariamente influye de modo positivo en el carácter de los demás, como lo vemos en las vidas de todos los emperadores y dictadores del pasado. Cristo, con menos posición que Pilato, logró cambiar a un número incalculable de personas.

Se puede llegar a cierta posición por favoritismo por influencia y por otras razones no bíblicas, como la manipulación de las circunstancias, lo cual no ocurre con el carácter, que es algo que necesita ser cultivado. Puedes cultivar un carácter santo o pecaminoso según cuál sea el ejemplo que hayas decidido seguir. Altos ejecutivos, presidentes de empresas y aun pastores frecuentemente suponen que la posición que ocupan es señal del carácter que poseen, cuando en realidad esas dos cosas pueden estar divorciadas por completo entre sí. Puedes tener la posición y carecer de carácter o puedes tener un carácter extraordinario y carecer de la posición. Muchos usan la posición como un uniforme que disfraza sus inseguridades, como una manera de no dar a conocer las grietas de carácter y para sentirse mejor con ellos mismos. Esto explica por qué muchos, al perder la posición, llegan incluso a perder la cabeza, pues perdieron aquello que les proveía seguridad.

Cristo nunca necesitó ocupar una posición. De hecho, la tenía, pero no sintió la necesidad de poseerla porque Su sentido de seguridad radicaba en Su relación con Dios Padre. Por tanto, no tenía que reclamar la posición que más bien le fue concedida voluntariamente por aquellos que lo seguían. Esto lo vemos en las siguientes palabras: «Maestro, sabemos que eres veraz y que enseñas el camino de Dios con verdad, y no buscas el favor de nadie, porque eres imparcial» (Mat. 22:16b). Estas palabras fueron pronunciadas por Sus opositores, lo que habla de que otros llegaron a reconocer Su autoridad. Cuando el líder se ve en la necesidad de reclamar su autoridad, es indicativo de que no la tiene y, muchas veces, los demás no la reconocen debido a sus debilidades de carácter que él mismo no ve a pesar de que los otros las han observado múltiples veces. Entonces, lo mejor que puede hacer es disimularlas y dejar que Dios haga el resto. La realidad es que no se trata de cubrir nuestras grietas simplemente, sino de cambiar todo lo externo como resultado de haber cambiado todo lo interno.

LA INFLUENCIA DEL ORGULLO Y LA HUMILDAD

La gran mayoría de los líderes que han vivido preocupados por escalar posiciones no han empleado la misma cantidad de tiempo y esfuerzo en cultivar su carácter. Muchas veces lo que impulsa a las personas a desear una posición de importancia es el vacío existencial en el que viven. Lamentablemente, una vez que llega a la posición, la persona sigue vacía, lo cual la lleva a codiciarla más o a codiciar una posición aún más alta. Asimismo, ese vacío puede llevarla también a codiciar más poder dentro de la posición que ya tiene, o a desear tener más seguidores de su persona. Si piensa así, pronto la posición le quedará pequeña a sus ojos y surgirá una nueva ambición en ella.

Otro motivo de la sed por la posición es la inseguridad. La posición nos hace sentir por encima de los demás y, al liderar, ponemos en evidencia nuestro sentido de superioridad hasta el punto de querer demandar nuestro reconocimiento como superiores. **La realidad es que a ese tipo de líderes frecuentemente se los obedece, pero no se los respeta.** En ocasiones, la gente tiene más respeto por alguien que está en una posición inferior de liderazgo, pero que tiene un mejor carácter. Una buena ilustración es la siguiente: cada uno de nosotros camina mirando hacia delante, mirando a los demás. Si pudiéramos caminar mirando hacia nuestro interior, quizás podríamos ver mejor dónde estamos agrietados. Necesitamos detenernos a reflexionar o que alguien nos ayude colocando delante de nosotros un espejo que nos permita ver lo que antes no habíamos podido observar. Nuestro mejor espejo es la Palabra de Dios, pero el hombre es capaz de verse aun en ese espejo y seguir caminando creyendo que cumple el estándar de Dios. Santiago lo dice de esta manera:

Sed hacedores de la palabra y no solamente oidores que se engañan a sí mismos. Porque si alguno es oidor de la palabra, y no hacedor, es semejante a un hombre que mira su rostro natural en un espejo; pues después de mirarse a sí mismo e irse, inmediatamente se olvida de qué clase de persona es (Sant. 1:22-24).

Finalmente, la gente también codicia escalar posiciones por su hambre de poder. Este es un mal generalizado debido a que la persona quiere controlar al otro y sus circunstancias para sentirse segura y como una forma de garantizar que su agenda sea la que prevalezca. Como esa es la meta, las personas concluyen que la manera de hacerlo es alcanzando poder. La realidad es que nunca hemos estado en control. Dios es el dueño y gerente general de Su universo. Mientras más nos parece que tenemos el control, más seguros nos sentimos o por lo menos eso creemos; pero, cuando vivimos de esa manera, nunca llegamos a sentirnos completamente seguros. Afirmamos que Dios tiene el control, pero vivimos pensando, por lo menos subconscientemente, que la única manera de controlar es tener el poder sobre aquello que queremos dominar. Esto lo vemos aun en el hogar donde la esposa quiere controlar al esposo y viceversa precisamente porque, cuando el esposo cree tener el control sobre la esposa, se siente más seguro en su hogar. Pero al final lo que necesitamos es una relación sólida con Dios, que nos permita caminar reconociendo que nuestro sentido de valor y seguridad está en Cristo. Así, no necesitaremos todas estas muletas auxiliares, que tampoco nos permiten alcanzar lo que buscamos. Creemos que de una u otra manera, todos nosotros hemos experimentado el uso de muletas en algún momento o lo experimentamos hoy. Esto es muy típico de la naturaleza humana y lo que tenemos que hacer es reconocerlo y trabajarlo bajo la dirección de Dios.

El uso del poder para liderar nunca fue el ejemplo de nuestro Señor Jesucristo. De hecho, cuando se presentó la ocasión para hacer uso del poder para Su beneficio, lo rechazó. En el huerto de Getsemaní nos encontramos con una de esas ocasiones:

Y cuando los que rodeaban a Jesús vieron lo que iba a suceder, dijeron: Señor, ¿heriremos a espada? Y uno de ellos hirió al siervo del sumo sacerdote y le cortó la oreja derecha. Respondiendo Jesús, dijo: ¡Deteneos! Basta de esto. Y tocando la oreja al siervo, lo sanó (Luc. 22:49-51).

La reacción de Pedro y la reacción de Jesús ante un mismo acontecimiento fue muy diferente. Uno reaccionó de modo muy carnal, al cortarle la oreja al soldado; el otro reaccionó de manera espiritual y sanó la herida. Eso es exactamente lo que el líder necesita decidir en cada ocasión: ¿reaccionaremos para glorificar a Dios o reaccionaremos para cumplir nuestros propósitos personales? Cuando el líder habla, necesita recordar que las palabras tienen un gran poder de influencia. Ante un mismo acontecimiento podemos herir al otro o ayudarlo a crecer.

En una ocasión, alguien se acercó antes de iniciar el servicio de un domingo en la mañana y nos dijo que quería irse de la iglesia. En ese momento, desconocíamos que se trataba de una persona con profundos problemas emocionales. Aquella persona nos dijo: «Pastor, me voy de la iglesia porque aquí nadie me quiere». Nosotros éramos conscientes de que eso no era cierto, pues conocíamos de cuántas diferentes maneras la iglesia la había ayudado a través de los años. En ese instante, podíamos reaccionar con palabras hirientes contra esta persona por ser «tan mal agradecida» con la iglesia o podíamos reaccionar de una manera que la ayudara a crecer y salir de su egocentrismo. Entonces le dijimos: «No creemos que lo que está diciendo es cierto, pero si así es como se siente, en nombre de la iglesia, perdónenos». Tan pronto terminamos de decir estas palabras, la persona comenzó a llorar y a decir: «No pastor, perdóneme usted a mí; yo soy el problema; yo sé que soy yo...». La consolamos y le respondimos: «No se preocupe; creemos que le hemos dado muestras de nuestro amor». No dijimos nada más. Oramos y todo terminó allí. Luego nos fuimos al servicio y esta persona jamás volvió a hacer una acusación tal. Las palabras pueden ser un bálsamo sobre el alma del otro o pueden resultar como un ácido sobre la piel. Muchas veces, lo que hace la diferencia es el grado de humildad o de orgullo en nuestro interior.

Lamentablemente, en estas situaciones, la forma de responder suele ser algo así: «¡¿Cómo va a decir eso después de que hemos hecho tanto por usted y su familia?!». Lo cierto es que, por todos sus problemas, así era como esta persona veía el amor de los demás. Esa era su realidad, errónea, pero su realidad. Entonces, primero le dijimos la verdad, al decirle que no creíamos que estaba percibiendo correctamente el amor de la iglesia hacia ella, pero luego le hicimos saber que, si así se sentía (puesto que esa era su realidad, aunque distorsionada), en nombre de la iglesia le pedíamos perdón. El líder necesita ser más grande que las ofensas que se cometen contra él y debe poseer un corazón perdonador de cualquier herida. Necesitamos cultivar una piel bien gruesa y un corazón bien grande.

El abuso del poder es una forma «pagana» de ejercer liderazgo. Observemos a continuación cuál es la manera adecuada de liderar según la instrucción del apóstol Pedro:

> *Por tanto, a los ancianos entre vosotros, exhorto yo, anciano como ellos y testigo de los padecimientos de Cristo, y también participante de la gloria que ha de ser revelada: pastoread el rebaño de Dios entre vosotros, velando por él, no por obligación, sino voluntariamente, como quiere Dios; no por la avaricia del dinero, sino por sincero deseo; tampoco como teniendo señorío sobre los que os han sido confiados, sino demostrando ser ejemplos del rebaño* (1 Ped. 5:1-3).

Los líderes humildes, formados por Dios, dirigen Su pueblo fielmente al ser ejemplos del rebaño, tal como lo hizo Cristo a Su paso por esta tierra. Pero los líderes orgullosos lucen de una manera muy diferente. El orgullo se enoja ante el cuestionamiento porque ve toda pregunta como una amenaza. Pero Dios nos hace crecer; nos va transformando a Su imagen, nos va santificando y esas características típicas de la inmadurez van desapareciendo. Luego, miramos hacia atrás y notamos que aquello que nos hacía sentir amenazados e inseguros era realmente algo pequeño y de poca importancia, aunque en el momento lo vimos como algo amenazante. En nuestras inseguridades, muchas veces reinterpretamos las intenciones y las palabras de las personas al sentirnos cuestionados, pero quizás esa no era la intención del otro.

PERFIL DE UN LÍDER ORGULLOSO

El líder orgulloso no tolera que otros lideren con él porque percibe a los demás como competencia y eso lo hace sentir amenazado, una y otra vez. Por eso, los líderes orgullosos tienden a liderar solos; no toleran el más mínimo cuestionamiento de parte de los demás o temen que estos pudieran irse de su lado en cualquier momento y levantar tienda aparte. La primera vez que formamos un grupo de entrenamiento para futuros líderes potenciales, alguien nos hizo la siguiente observación: «Tienes que ser cuidadoso porque tú los formas ¡y luego se te van!», a lo cual respondimos: «Si eso ocurre, ¡qué bueno!, porque van a ir a otro lugar a influenciar a personas donde quizás nosotros nunca vamos a estar. ¡Gloria a Dios!». Quizás Dios quiera usarnos como trampolín para formar a alguna otra persona que sea de impacto para el reino de los cielos donde Dios le lleve en un futuro. Cristo nunca se sintió amenazado y, por tanto, nunca dijo: «Esto hay que hacerlo porque soy el Mesías», aunque lo era; tampoco dijo: «Esto hay que hacerlo porque soy la segunda persona de la Trinidad», y lo es. No tuvo que reclamar nada de eso.

Los líderes orgullosos quieren que se los obedezca simplemente porque tienen la posición. Si bien es cierto que parte de nuestro llamado es someternos a la autoridad, no es menos cierto que esa obediencia no puede ser a ciegas. Cuando obedecemos ciegamente, podemos terminar pecando en obediencia al líder y violentando la Palabra de Dios. Cuando obedecer al líder implique pecar contra Dios, tenemos que obedecer a Dios antes que a los hombres (Hech. 4:19). El orgullo tiende a usar la posición, el poder y aun la personalidad. Una personalidad carismática y extrovertida puede ser usada pecaminosamente en beneficio de los propósitos del líder. Ahora bien, **tal vez el carisma pueda comprarle algunas personas y seguidores al líder, pero no lo sostendrá en el momento de crisis.** Es el carácter y las convicciones formadas a partir de la Palabra de Dios lo que sostiene al líder en medio de las crisis. Lamentablemente, mucha gente carece de convicciones; tenemos ideas y opiniones que sostenemos en nuestras discusiones, pero las convicciones son las que nos sostienen a nosotros a lo largo del camino. Las opiniones son fáciles de cambiar porque nosotros somos quienes las sostenemos, pero no podemos hacer lo mismo con nuestras convicciones. Desafortunadamente, vivimos en medio de una generación que no está convencida de ninguna verdad y eso la vuelve inestable.

Por otro lado, el líder orgulloso quiere lucir bien ante los hombres; para él es más importante la opinión humana que la de Dios. Dice no creer esto, pero es así como vive. En 1 Samuel 15, leemos acerca de una de las desobediencias de Saúl. El rey judío perdonó la vida de Agag, rey de los amalecitas, y lo mejor de todos los animales, y violentó así la orden del Señor de destruir completamente todo lo que respirara. Cuando el profeta Samuel confronta a Saúl con su pecado, estas fueron algunas de sus palabras:

Entonces Saúl dijo a Samuel: He pecado; en verdad he quebrantado el mandamiento del SEÑOR y tus palabras, porque temí al pueblo y escuché su voz (v. 24).

Y Saúl dijo: He pecado, pero te ruego que me honres ahora delante de los ancianos de mi pueblo y delante de Israel y que regreses conmigo para que yo adore al SEÑOR tu Dios (v. 30).

Saúl temió al pueblo (v. 24) cuando debió haber temido a Dios. Además, le rogó a Samuel que lo honrara delante de los ancianos del pueblo y delante de todo Israel (v. 30). Es decir, estaba interesado en ser honrado delante de los hombres, aun después de haber sido rechazado por Dios (v. 26). No hay mejor ejemplo que este para ilustrar cómo el hombre orgulloso anhela la aprobación de los hombres. Saúl se comportó de manera contraria a la voz de Dios porque los líderes orgullosos confían en su propio criterio a la hora de actuar.

Esta es una buena lista de preguntas de autoevaluación para todo aquel que quiera ser un siervo de verdadera influencia espiritual:

- ¿Te consideras superior a otros?
- ¿Quieres que otros crean que tienes todas las respuestas?
- ¿Quieres que otros te consideren una persona humilde?
- ¿Creen los demás que tienes problemas con el ego?
- ¿Te resulta difícil pedir ayuda?
- ¿Tratas de controlar las situaciones o a las personas?
- ¿Buscas llevar a cabo tu voluntad o la voluntad de Dios?
- ¿Crees con frecuencia que tienes la razón y que los demás están equivocados?
- ¿Te ofendes cuando te critican?
- ¿Te cuesta pedir perdón?
- ¿Te cuesta someterte a las autoridades?[68]

PERFIL DE UN LÍDER HUMILDE

Los líderes humildes no confían en su sabiduría ni en su preparación, en sus logros ni en sus dones ni talentos, sino que su confianza está depositada exclusivamente en Dios. El líder humilde ha asimilado la sabiduría del autor de Proverbios al decir: «Confía en el Señor con todo tu corazón, y no te apoyes en tu propio entendimiento. Reconócele en todos tus caminos, y Él enderezará tus sendas. No seas sabio a tus propios ojos, teme al Señor y apártate del mal» (Prov. 3:5-7).

La humildad es la característica número uno de las personas que

---

[68] Vendetta Blowe, *R.I.P.: Rebellion, Idolatry, Pride = A Spiritual Death Sentence* [Rebelión, idolatría, orgullo = Sentencia de muerte espiritual] (Enumclaw: Pleasant Word, una división de WinePress Publishing Group, 2007).

Dios usa; por tanto, los líderes humildes pueden ejercer mayor influencia que los que carecen de esta cualidad. La persona orgullosa suele ser egoísta, pero es esa actitud egoísta de la carne la que tiene que ser reemplazada por la actitud humilde del Espíritu. Esa es la virtud que Jesús dijo que debíamos aprender de Él directamente, como vimos al inicio de este capítulo. El Señor nos ordenó aprender de Él porque nosotros vivimos aprendiendo de todo el mundo, menos de Él. Aprendemos...

* de nuestros padres egoístas;
* de nuestros maestros del mundo;
* de libros que no reflejan la mente de Dios;
* de películas llenas de antivalores;
* de nuestros amigos del mundo;
* de los periódicos;
* en fin, aprendemos de todo el mundo, menos de quien tenemos que aprender.

Ninguna persona egoísta puede ser humilde. La humildad es el resultado de habernos evaluado a la luz del estándar de Dios y de haber visto nuestra condición interior, lo que nos permite darnos cuenta de cuán pequeños, necesitados y dependientes somos. En segundo lugar, la humildad piensa primero en el bien del otro, lo cual es algo que no hacemos de manera natural. Por eso, el apóstol Pablo instruyó a los filipenses diciéndoles: «Nada hagáis por egoísmo o por vanagloria, sino que con actitud humilde cada uno de vosotros considere al otro como más importante que a sí mismo, no buscando cada uno sus propios intereses, sino más bien los intereses de los demás» (Fil. 2:3-4).

Ahora bien, tenga en cuenta que mucha gente que piensa en el bien del otro no siempre es humilde. Los bomberos, los médicos, las enfermeras, etc., trabajan para el bien del otro y eso no los hace humildes necesariamente. Observa una vez más cómo es que se forja y se manifiesta la humildad de acuerdo al versículo de Filipenses 2:3b: «**sino que con actitud humilde cada uno de vo-**

sotros considere al otro como más importante que a sí mismo». Tenemos que pensar en el otro como alguien que es más importante que nosotros. Pero ¿qué significa eso? ¿Cómo consideramos al otro como más importante que nosotros mismos? De la siguiente manera:

* Cuando, considera los gustos, las preferencias, los deseos, los intereses y los puntos de vista de los demás antes de considerar los suyos.
* Cuando, al tomar sus decisiones, piensa primero en cómo afectarán a su hermano y no en cómo beneficiarán a sus planes e ideas.
* Cuando está dispuesto a sacrificarse a favor del otro, aun a expensas del precio que tenga que pagar.

Esto es exactamente lo que Pablo dice en Filipenses 2:4: «[N]o buscando cada uno sus propios intereses, sino más bien los intereses de los demás». Lamentablemente, nuestros temores e inseguridades nos hacen pensar primero en nosotros mismos como un mecanismo de supervivencia; de la misma manera que el náufrago, por miedo a ahogarse, no piensa en los demás que están a su alrededor.

El resultado de vivir de esa manera está claramente expresado en el versículo dos: «[H]aced completo mi gozo, siendo del mismo sentir, conservando el mismo amor, unidos en espíritu, dedicados a un mismo propósito».

Pablo parece estar experimentando cierto grado de tristeza por las desavenencias que ha oído en torno a sus dos compañeras de ministerio: Evodia y Síntique (Fil. 4:2). Pero más aún parece estar viendo lo que otros no ven: que las divisiones en las iglesias comienzan con dos personas que poco a poco van ganando adeptos. Él sabe que, si este conflicto entre ellas no se resuelve, escalará hasta potencialmente poner en peligro la unidad de la iglesia en Filipo. Permítenos mostrarte cómo ocurre para que podamos ver cómo lo que somos influencia a otros. J. Dwight Pentecost, en su libro *The Joy of Living* [El gozo de vivir], narra que en una ocasión en una iglesia de Dallas se produjo un conflicto que creció hasta el punto de que se formaron dos grupos que litigaban uno contra otro para ver cuál de los dos se quedaría con la propiedad de la iglesia. Con el tiempo, se decidió a favor de uno de los dos grupos y el otro terminó separándose y formando otra iglesia. Más tarde se informó en uno de los diarios de Dallas que el conflicto comenzó cuando uno de los ancianos de la iglesia se quejó por haber recibido en una actividad de la iglesia una porción de carne más pequeña que un niño que estaba sentado a su lado.[69] Así comienzan las cosas. En este caso, uno de los ancianos de la iglesia fue el responsable de iniciar esta controversia que terminó con la división de una iglesia local. El orgullo sale a relucir aun en un hecho insignificante.

La frase «siendo del mismo sentir», que aparece en el pasaje de la Carta a los Filipenses citado más arriba, proviene de una expresión que en el idioma original significa ser o tener una misma mente. Si tenemos la mente de Cristo en la Palabra revelada y pensamos a través del Espíritu Santo que mora en nosotros, deberíamos ser capaces de ponernos de acuerdo en lo que significa ser de un mismo sentir. Pero esto requiere de humildad. Ser de un mismo sentir no quiere decir que siempre seamos de una misma opinión; pero sí que podamos deponer nuestras armas ofensivas en aras de la unidad, siempre y cuando la verdad de Cristo no esté siendo violada. Tenemos que estar apercibidos del «monstruo» que llevamos dentro. William Barclay, en su comentario sobre la Carta a los Filipenses, decía: «El peligro que amenazaba a la iglesia de Filipo era el de la desunión. Hay una situación en el que este es el peligro de toda iglesia sana: cuando la gente tiene pasión y sus creencias realmente les importan, son más propensas a levantarse unas contra otras. Cuanto mayor es el entusiasmo, mayor es la probabilidad de que puedan tener choques entre sí. Es contra ese peligro que Pablo quiere salvaguardar a sus amigos».[70]

Ser de una misma mente...

---

[69] J. Dwight Pentecost, *The Joy of Living: A Study of First John* [El gozo de vivir: Un estudio de la primera epístola de Juan] (Grand Rapids: Lamplighter Books, 1973), 55.

[70] William Barclay, *The New Daily Study Bible: The Letters to the Philippians, Colossians, and Thessalonians* [La nueva Biblia de estudio diario: Las Epístolas a los Filipenses, Colosenses y Tesalonicenses], edición revisada (Louisville: Westminster, 1975), 37.

- requiere que hagamos las cosas conforme a lo que Dios ha revelado y que nos ajustemos a eso;
- implica hacer el mejor esfuerzo, en oración y reflexión, para lograr un entendimiento de lo que está en el tapete a la luz de la revelación de Dios;
- requiere madurez espiritual.

Recordemos que la humildad es la columna vertebral de todo buen liderazgo. Los líderes humildes cultivan relaciones, forman a otros líderes, invitan a otros a liderar con ellos, comparten sus ideas y permiten ser cuestionados en el buen sentido y de manera constructiva.

Martyn Lloyd Jones decía que un hombre que es «verdaderamente humilde se asombra de que Dios y el hombre pueden pensar en él y que lo traten tan bien como lo hacen».[71]

REFLEXIÓN FINAL

A la hora de formar líderes, no podemos formarlos a la ligera; el proceso es tan importante como el producto final (la meta). La rapidez con que se forma a los líderes tal vez explique los tantos informes de fracasos y caídas que hoy en día vemos dentro y fuera del ministerio. Cristo se tomó tiempo para formar a Sus discípulos y no podemos olvidarlo. El carácter no se forma de la noche a la mañana; todo lo que tiene calidad requiere de esfuerzo y tiempo. El diamante es una buena ilustración porque se forma a grandes profundidades, bajo altas presiones y a través de un largo período de tiempo; lo mismo ocurre con el carácter.

Los líderes de hoy necesitamos recordar continuamente el valor de la integridad. Diariamente vivimos en una tensión entre lo que queremos hacer y lo que debemos hacer. Es entonces cuando la integridad del carácter determina las reglas de juego para resolver esa

---

[71] Martyn Lloyd Jones, *Studies in the Sermon on the Mount* [Estudios sobre el Sermón del monte] (Grand Rapids: Wm. B. Eerdmans Publishing Company, 1976), 58.

tensión y determina también lo que seremos, independientemente de las circunstancias y las personas. Si las acciones o intenciones del líder están en constante oposición, entonces solo basta con examinar su carácter para entender por qué se produce esta dicotomía. Lamentablemente, el orgullo con mucha frecuencia nos lleva a comprometer la integridad. El orgullo siempre querrá lucir bien, aunque tenga que mentir para hacerlo. El orgullo lleva al hombre a la ingratitud porque no aprecia lo que otros hacen y con frecuencia se cree merecedor de lo recibido. Quizás la piedra de tropiezo más común del ser humano en general y de los líderes en particular es el orgullo o la idea inflada que tenemos de nosotros mismos.

Por otro lado, la humildad es tan valorada que muchos están dispuestos a pasar por alto algunas de nuestras debilidades al apreciar nuestra humildad. En la historia del Antiguo Testamento, probablemente no hubo un mayor líder que Moisés y de él Dios dijo: «Moisés era un hombre muy humilde, más que cualquier otro hombre sobre la faz de la tierra» (Núm. 12:3). Fue una humildad que Dios formó en Moisés a lo largo de 40 años en el desierto trabajando para su suegro (por lo menos durante una parte de ese tiempo) y que luego continuó forjando durante los próximos 40 años mientras Moisés lideraba al pueblo hebreo hacia la tierra prometida. Todo gran líder ha sido primero un gran seguidor.

Finalmente, tengamos presente que después de la aprobación de Dios, lo más importante en la vida de un líder no es la posición que ocupa o el título que ostenta, sino la integridad de carácter con la que vive, la congruencia entre sus palabras y sus acciones. La formación del carácter es algo que no puede ser tomado a la ligera; necesitamos dedicarnos de manera intencional a formarlo. El talento es un don, pero el carácter es una elección que tú haces. No olvides que tu carácter es formado, para bien o para mal, cada vez que tomas una decisión.

11

Sé un siervo de propósito

Porque David, después de haber servido
el propósito de Dios en su propia
generación, durmió, y fue sepultado con
sus padres, y vio corrupción.

(Hech. 13:36)

INTRODUCCIÓN

Se cuenta que años atrás, la policía encontró al famoso filóso-fo alemán Schopenhauer sentado en la cuneta de una calle a eso de las cinco de la mañana. Se acercaron a él y le preguntaron: «¿Quién es usted?». Los policías no lo conocían y les pareció extraño encontrarse con un hombre sentado en aquel lugar a esa hora de la madrugada. Y la respuesta del filósofo fue: «¡Eso desearía saber!». Para Schopenhauer, «toda vida es esencialmente sufrimiento. Y aun cuando el hombre logra escapar momentáneamente del sufrimiento, termina por caer, de manera inexorable, en el insoportable vacío del aburrimiento»[72]. Según él, la existencia humana es un constante mo-vimiento entre el dolor y el tedio o el aburrimiento. Así luce una vida inteligente, pero sin Dios. Era un filósofo afamado, con inteligencia, alguien que había dedicado tiempo a pensar en el sentido de la vida, y años después no sabía quién era. La búsqueda de ese gran filósofo ha

---

[72] Arthur Schopenhauer, *The World as Will and Representation* [El mundo como voluntad y representación] (Nueva York: Dover Publications,Inc., 1958), 196.

sido la pregunta de muchos adolescentes que dicen no saber cuál es el propósito de sus vidas. Existen personas en la quinta y sexta década de la vida que con cierta frecuencia expresan su sentido de vacío aun después de haber vivido más de la mitad de la vida.

En una ocasión, tuvimos la oportunidad de hablar con un ex-general de nuestra nación y le dijimos: «Don fulano, usted está en sus 80 años y conocemos una pequeña parte de su historia. Se hizo de un nombre, tuvo poder, tiene dinero y ha vivido muchos años… ¿Qué se siente a su edad al haber sido quien fue?» Y con lágrimas en los ojos, nos dijo: «Doctor, ¡me siento vacío!». Entonces le preguntamos: «¿Sabe por qué se siente vacío?». La respuesta fue una negación. Le preguntamos si quería saber el porqué de su vacío. Asintió con la cabeza y fue así que compartimos el evangelio con él. Ese día, este general de cinco estrellas, con un nombre, dinero, fama y poder, entregó su vida al Señor y descubrió lo que el gran periodista, escritor y pensador británico Malcolm Muggeridge descubrió en su propia vida. Presta atención a las palabras de Muggeridge:

Si me considero a mí mismo, podría pasar como un hombre relativamente exitoso. La gente a veces me mira en las calles: eso es fama. Puedo con relativa facilidad ganar lo suficiente para ser parte de los grupos de más altos ingresos en las oficinas de Renta Interna: eso es éxito. Equipados con dinero y un poco de fama, incluso los ancianos, si quisieran, podrían disfrutar de las diversiones que están de moda: eso es placer. Puede ocurrir de vez en cuando que algo que dije o escribí fuera discutido lo suficiente para convencerme a mí mismo de que tendría un impacto significativo en nuestro tiempo: eso es satisfacción. Sin embargo, yo le digo a usted (y le ruego que me crea) que multiplique estos pequeños triunfos por un millón, súmelos todos y no son nada, menos que nada, solo un impedimento frente al torrente de agua viva que Cristo ofrece a los que están espiritualmente sedientos, sin importar de quién sea o qué sea.[73]

Esa fuente de satisfacción de la que habla Muggeridge fue lo que Adán perdió.

EL HOMBRE PERDIDO

Hay un grupo significativo de personas que viven buscando el éxito para encontrar significado y propósito en su vida, pero los motivadores del éxito son todos erróneos:

- Infelicidad
- Inseguridad
- Inferioridad
- Ansiedad
- Insatisfacción
- Sentirse incompleto

La fuerza que ha impulsado a la humanidad de manera primordial desde la caída de Adán es la búsqueda de significado, de propósito o de sentido. Nosotros podemos ver esa realidad en las páginas del Libro de Eclesiastés. Si hay alguien que nos deja ver con claridad la búsqueda de propósito del ser humano, su ansiedad, el dolor agudo que ese hombre experimenta y la desesperación, es el autor de este libro. Observa parte de su gemir en estos versos seleccionados de los capítulos 1 y 2 de este libro.

Yo, el Predicador, he sido rey sobre Israel en Jerusalén. Y apliqué mi corazón a buscar e investigar con sabiduría todo lo que se ha hecho bajo el cielo. Tarea dolorosa dada por Dios a los hijos de los hombres para ser afligidos con ella. He visto todas las obras que se han hecho bajo el sol, y he aquí, todo es vanidad y correr

---

[73] Malcolm Muggeridge, *Jesus Rediscovered* [Redescubrir a Jesús], citado por Douglas Sean O'Donnell en *Ecclesiastes: Reformed Expository Commentary* [Eclesiastés: Comentario expositivo reformado] (Phillipsburg: P&R Publishing, 2014), 42-43.

tras el viento (1:12-14).

Y apliqué mi corazón a conocer la sabiduría y a conocer la locura y la insensatez; me di cuenta de que esto también es correr tras el viento. Porque en la mucha sabiduría hay mucha angustia, y quien aumenta el conocimiento, aumenta el dolor (1:17-18).

Más adelante volvemos a leer:

Entonces me dije: Ven ahora, te probaré con el placer; diviértete. Y he aquí, también esto era vanidad. Dije de la risa: Es locura; y del placer: ¿Qué logra esto? Consideré en mi mente cómo estimular mi cuerpo con el vino, mientras mi mente me guiaba con sabiduría, y cómo echar mano de la insensatez, hasta que pudiera ver qué hay de bueno bajo el cielo que los hijos de los hombres hacen en los contados días de su vida. Engrandecí mis obras, me edifiqué casas, me planté viñedos; me hice jardines y huertos, y planté en ellos toda clase de árboles frutales; me hice estanques de aguas para regar el bosque con árboles en pleno crecimiento. Compré esclavos y esclavas, y tuve esclavos nacidos en casa. Tuve también ganados, vacas y ovejas, más que todos los que me precedieron en Jerusalén. Reuní también para mí plata y oro y el tesoro de los reyes y de las provincias. Me proveí de cantores y cantoras, y de los placeres de los hombres, de muchas concubinas. Y me engrandecí y superé a todos los que me precedieron en Jerusalén; también la sabiduría permaneció conmigo. Y de todo cuanto mis ojos deseaban, nada les negué, ni privé a mi corazón de ningún placer, porque mi corazón gozaba de todo mi trabajo, y esta fue la recompensa de toda mi labor. Consideré luego todas las obras que mis manos habían hecho y el trabajo en que me había empeñado, y he aquí, todo era vanidad y correr tras el viento, y sin provecho bajo el sol (2:1-11).

Nadie puede describir la búsqueda del hombre mejor que Salomón en estos versículos.

EL ORIGEN DE LA BÚSQUEDA

Dios creó a Adán y Eva, les dio un propósito de vida extraordinario y ellos lo arruinaron incluso antes de reproducirse. Observa a continuación el propósito de vida que Dios le dio a esta primera pareja:

Creó, pues, Dios al hombre a imagen suya, a imagen de Dios lo creó; varón y hembra los creó. Y los bendijo Dios y les dijo: Sed fecundos y multiplicaos, y llenad la tierra y sojuzgadla; ejerced dominio sobre los peces del mar, sobre las aves del cielo y sobre todo ser viviente que se mueve sobre la tierra (Gén. 1:27-28).

Hemos leído y oído estas palabras tanto que ya no nos llaman la atención. Pero se trata de un propósito extraordinario:

* Multiplicar la raza humana hasta llenar la tierra con personas portadoras de la imagen de Dios. Poblar todo un planeta con la imagen de Dios por doquier.
* Dominar y desarrollar todo el planeta hasta el punto de ejercer control sobre los peces del mar y las aves del cielo. Dominio absoluto. La administración completa de toda la creación aquí en la tierra. ¿Se imagina?

Dios no entregó a Adán un proyecto, una compañía, una finca o una industria, sino todo un planeta; de manera que su propósito de vida abarcaría la gerencia absoluta del planeta Tierra. Llevar a cabo esa tarea, bajo la autoridad y dirección de Dios, para la gloria de Dios, proveería todo el gozo y satisfacción que Adán y sus descendientes pudieran desear o necesitar. Pero Adán se separó de Dios y, cuando lo hizo, perdió el planeta, perdió su propósito de vida y perdió al dador de dicho propósito. Poco tiempo después, encontramos a los descendientes de Adán cavando cisternas agrietadas que no retienen agua. Cuando Adán pecó, lo perdió todo:

Perdió el sentido de lo trascendente, que solo Dios puede dar. Ahora, buscaría su trascendencia en sus propios logros. Pero los logros temporales no pueden dar al hombre la trascendencia que solo el sentido de lo eterno puede entregarle.

Perdió el sentido de pertenecer a un gran Dios. A partir de entonces, el hombre buscaría su sentido de pertenencia en cosas y relaciones que hoy están, pero que mañana pueden no estar presentes.

Perdió el sentido de propósito y significado que tendría al desarrollar todo un planeta con potencialidades plenas y con descendientes en la plenitud de su capacidad. Adán cambió eso por un plantea disfuncional en todos los sentidos: llueve en un lugar, mientras que en otro la naturaleza muere a causa de la sequía, para citar un solo ejemplo.

Perdió el sentido de satisfacción que tenía al vivir en relación con Dios y trabajar para Su gloria. Perdió también la satisfacción y el gozo de la criatura. Ahora, el trabajo de Adán sería tedioso, monótono, carente del sentido de lo eterno. El trabajo del hombre sin el sentido de lo eterno carece de propósito y se vuelve algo pesado. El autor de Eclesiastés lo describe de la siguiente forma en el texto que citamos más arriba: «Tarea dolorosa dada por Dios a los hijos de los hombres para ser afligidos con ella» (Ecl. 1:13b). Él era consciente de esta realidad y por eso no le encontraba sentido a la vida. La palabra *trabajo* se registra en el Libro de Eclesiastés (1:12–2:26) unas quince veces, lo que refleja lo laboriosa que es la vida.

Las frases «bajo el sol», «bajo el cielo», «vanidad de vanidades» y «correr tras el viento» expresan lo insípida que era la vida para el autor de Eclesiastés y para todo aquel que no se ha encontrado con su Creador. Si lo que hacemos hoy no tiene importancia más allá de nuestra muerte, ¿para qué lo hacemos? sería la pregunta. La tarea que Adán y sus descendientes realizarían para la gloria de Dios se convirtió en un trabajo tedioso después de la caída. Esa es la conclusión del autor del Libro de Eclesiastés, que tampoco le encontraba sentido y significado a la vida. Para el Predicador (nombre que el autor de este libro se adjudica), la vida era solo una monotonía. Este hombre aplicó toda la sabiduría que poseía para tratar de entender la vida y la encontró no solo monótona, sino también enigmática. Un enigma tal que escapa a toda sabiduría humana. Así es como lo expresa:

Y apliqué mi corazón a conocer la sabiduría [...] me di cuenta de que esto también es correr tras el viento. Porque en la mucha sabiduría hay mucha angustia, y quien aumenta el conocimiento, aumenta el dolor (Ecl. 1:17-18).

Inicialmente, el Predicador pensó que cultivando la sabiduría le encontraría sentido a la vida, como han pensado muchos filósofos a lo largo de la historia, pero al final se dio cuenta de que la sabiduría no le había servido. Tal fue el énfasis de Salomón en aplicar su corazón a buscar e investigar con sabiduría todo lo que se hace bajo el cielo (Ecl. 1:13) que las palabras *sabio* y *sabiduría* aparecen 53 veces a lo largo del Libro de Eclesiastés y, de esas 53, 17 aparecen en la sección citada más arriba (1:12–2:26). El autor de Eclesiastés se encontraba frustrado porque aun toda sabiduría humana no lo había ayudado a resolver el gran enigma de la vida ni había podido (ni podemos) cambiar las cosas. Esta fue su conclusión: «Lo que fue, eso será, y lo que se hizo, eso se hará» (Ecl. 1:9a). Y más adelante dijo: «Lo torcido no puede enderezarse, y lo que falta no se puede contar» (Ecl. 1:15).

Cuando el hombre no logra mover las piezas del ajedrez a su manera, se torna hacia sí mismo; se vuelve egocéntrico y, por tanto, incapaz de ver la vida como Dios la ve. Todo comienza entonces a ser interpretado a través de su persona y la mejor evidencia bíblica de esto la provee el autor de Eclesiastés. No ha existido un hombre más egocéntrico que Salomón en su peor momento. De ahí su necesidad de poseer mil mujeres. En 1 Reyes 11:3 se menciona que tuvo 700 mujeres que eran princesas y 300 concubinas. En el Libro de Eclesiastés se habla solamente de concubinas. «La palabra hebrea para concubinas (*šiddāh*) está relacionada con la palabra *shad*, que significa 'senos'. Esta es la razón por la que algunos traductores en vez de usar la palabra *concubinas*, usan la palabra *senos*, y para la frase "muchas concubinas", usan la frase "muchos senos"».[74] «Es una cruda referencia a mujeres que se utilizan solo para el placer sexual».[75]

Si quieres saber cuán egocéntrico se puede volver un hombre que se ha alejado de Dios y que no tiene propósito en la vida, presta atención a las siguientes frases registradas en los primeros once versículos de Eclesiastés 2:

1. me dije (v. 1)
2. mi mente (v. 3)
3. mi cuerpo (v. 3)
4. mi mente (por segunda vez en el v. 3)
5. me guiaba (v. 3)
6. mis obras (v. 4)
7. me edifiqué (v. 4)
8. me planté (v. 4)
9. me hice (v. 5)
10. me hice (v. 6)
11. me precedieron (v. 7)
12. mi plata y oro (v. 8)
13. me proveí (v. 8)
14. me engrandecí (v. 9)
15. mis ojos (v. 10)
16. mi corazón (v. 10)
17. mi corazón (por segunda vez en el v. 10)
18. mi labor (v. 10)
19. mis manos (v. 11)
20. me había empeñado (v. 11)

Veinte veces en once versículos (LBLA), el autor de este libro hace referencia a sí mismo. Así vive el hombre sin propósito, sin

---

[74] Douglas Sean O'Donnell, *Ecclesiastes: Reformed Expository Commentary* [Eclesiastés: Comentario expositivo reformado] (Phillipsburg: P&R Publishing, 2014), 48-49.
[75] *Ibid.*

dirección, sin significado en la vida. Lamentablemente, lo que este y cualquier otro hombre centrado en sí mismo no logra entender es que nadie puede sentirse satisfecho centrado en sí mismo; no ha sido posible ni lo será. Como decía alguien, «**cuando un hombre se envuelve en sí mismo, se torna un paquete muy pequeño**».[76]

El autor de Eclesiastés no podía encontrar la solución al enigma de la vida porque su búsqueda se centró en...

* su propia observación,
* su propia razón,
* su propia experiencia y
* su propia consciencia.

Al parecer nunca se le ocurrió que el Creador de la vida es el único que tiene la respuesta al acertijo o a las interrogantes de la vida. Este hombre experimentó todas las áreas del quehacer humano y en ninguna encontró propósito o sentido. Por eso concluyó que buscarle sentido a la vida es como correr tras el viento. Trata de atrapar el viento y verás cómo se escurre entre tus dedos. De esa misma manera, para Salomón, tratar de entender el sentido de la vida era una insensatez porque se escurriría inmediatamente de su mente. No lo intenten; sería su consejo para nosotros; él ya lo intentó y no le produjo ningún resultado.

Lo que uno descubre a lo largo de este Libro de Eclesiastés es un vacío y no solo un vacío, sino un dolor emocional como fruto de no encontrar una razón para vivir. No cabe duda de que el vino del que habla el autor de Eclesiastés, la promiscuidad sexual que experimentó, las múltiples obras de construcción de las que participó, los múltiples jardines que plantó y los numerosos viñedos que cultivó no fueron más que su intento de anestesiar el dolor con el cual no podía vivir. El autor de este libro debió de experimentar un profundo sentido de depresión, lo cual es una experiencia común en nuestra época.

Ese estado es tan común hoy en día que muchos hablan de hoy como la época de la melancolía, a diferencia de la era de la ansiedad como fue llamada la época inmediatamente después de la Segunda

---

[76] John Ruskin, artista y crítico de arte inglés.

Guerra Mundial.[77] Después de esta guerra, la capacidad de producción de Estados Unidos era mayor de lo que la gente compraba y, por tanto, se pensó que era necesario convencerla para que consumiera lo que se estaba produciendo como una forma de activar la economía. Precisamente alrededor de esa época, comenzaron a proliferar las técnicas de mercadeo. En 1950, Vance Packard escribió un libro titulado *The Hidden Persuaders* [Los persuasores escondidos], donde explica cómo canalizar nuestros hábitos inconscientes y cómo manipular nuestras conductas de compras.[78] Desde entonces, el consumismo ha sido la teoría económica dominante en el hemisferio norte, pero a la vez diríamos que es la filosofía de vida número uno de la población. Es el anestésico primario del dolor existencial de la mayoría de la población. De ahí la proliferación de centros comerciales. El centro comercial podría ser catalogado como el lugar de adoración de preferencia en nuestros días; el dios que se adora es el «yo» y la religión a través de la cual se adora al «yo» es el hedonismo. El problema del hedonista es que busca un placer que solo puede ser encontrado en Dios. El salmista lo dice de esta forma: «... [E]n tu presencia hay plenitud de gozo; en tu diestra, deleites para siempre» (Sal. 16:11). La primera parte del verso, dice: «Me das a conocer la senda de la vida...». La senda de la vida nos lleva a la presencia de Dios y es allí donde encontramos todo el gozo, todo el placer y todo el deleite que el hedonista busca. Pero el hedonista quiere esos placeres para su carne y no para su alma. Cuando lo experimenta en la carne, su alma sigue insatisfecha. En vez de entender que su insatisfacción proviene de un vacío mucho más profundo, entiende que su insatisfacción proviene de la necesidad de más placeres en la carne. Y para él, mil mujeres como las que llegó a poseer Salomón no son suficientes para satisfacer el vacío humano.

---

[77] Graig G. Bartholomew, *Ecclesiastes (Baker Commentary on the Old Testament Wisdom and Psalms)* [Eclesiastés (Comentario de Baker sobre los libros Sabiduría de Salomón y Salmos del Antiguo Testamento)], Tremper Longman III, ed., edición Kindle, Loc. 2442 de 14425 (Grand Rapids: Baker Academic, 2009).

[78] Patrick Morley, *The Man in the Mirror* [El hombre frente al espejo] (Grand Rapids: Zondervan, 2014), edición Kindle, págs. 34-35, Loc. 399 de 5880.

LA SOLUCIÓN

Desde la caída, el hombre ha adorado falsos dioses en busca de aquello que le hace falta. Y cada cosa que ha emprendido, ha sido otra cisterna más que provee agua para satisfacer su sed, pero solo por un momento porque es una cisterna agrietada incapaz de retener el agua. (ver Jer. 2:13) Solo Cristo tiene el agua que puede satisfacer al hombre por la eternidad. Si el ser humano ha de encontrar propósito en su vida, tendrá que entender primero que fuimos creados para conocer a Dios y para relacionarnos con Él. Eso es un gran privilegio y por tanto, Dios revela en Jeremías 9:23-24b de qué forma debemos vivir:

No se gloríe el sabio de su sabiduría, ni se gloríe el poderoso de su poder, ni el rico se gloríe de su riqueza; mas el que se gloríe, gloríese de esto: de que me entiende y me conoce.

La vida es una oportunidad que Dios nos ha brindado para conocerlo personal e íntimamente en la medida en que perseguimos Su gloria; y cuando perseguimos Su gloria, encontramos gozo.

Todo cuanto el ser humano hace debe fluir de su relación con Dios. Si hay algo que el hombre, a diferencia de la mujer, frecuentemente no tiene es una buena relación con su Creador. Dios nos hizo para dominar la tierra, pero bajo Su señorío. Sin embargo, después de la caída de Adán y Eva, ese hombre ha buscado su sentido de significado y propósito en lo que hace y no en lo que es en Cristo. Si lo que hace es lo que lo llena de satisfacción de manera primaria, nos preguntamos: ¿qué ocurrirá cuando no pueda hacer lo que hace? Carecerá de un propósito de vida. ¿Cómo se sentirá cuando otros hagan mejor que él lo que hace? ¿Celos, envidia? ¿Qué sucederá cuando no se sienta en control de lo que hace? Se sentirá inseguro; se volverá perfeccionista o quizás neurótico.

Gran parte del temor, del celo y de la envidia humana no son más que el resultado de vivir comparándonos con otras personas en vez de encontrar nuestro sentido de identidad en Cristo, como nuestro modelo. El trabajo en las condiciones caídas del planeta jamás podrá satisfacer las necesidades del hombre caído. Cuando Dios le dio al hombre la responsabilidad de trabajar, se suponía que el trabajo mismo formaría parte del propósito de su vida. Pero Adán debía hacer su trabajo para la gloria de Dios y bajo Su autoridad. Sin embargo, a partir de la caída, el hombre comenzó a hacer las cosas para su propia gloria. Compare ese deseo del hombre de autogloriarse con el deseo en esta cita del Libro de Isaías: «[A] todo el que es llamado por mi nombre y a quien he creado para mi gloria, a quien he formado y a quien he hecho» (Isa. 43:7). El sentido de satisfacción en su vida depende no solo de que pueda conocer a Dios, sino de que pueda trabajar y hacer lo que hace para la gloria de Dios, como ya mencionamos en un capítulo anterior. Trabajar para Su gloria es otra forma de decir que trabajamos para reflejar quién Él es. Vivir para la gloria de Dios es vivir para reflejarlo a Él.

Si Dios nos creó para Su gloria, no nos creó para este mundo, sino para otro, para otro reino. Lamentablemente, la mayoría de las personas, incluyendo a los cristianos, no viven para el mundo venidero, sino para el presente. Por eso, cualquier decepción o sinsabor significativo aquí los envuelve en un torbellino del cual no saben cómo salir. El cristiano que no vive para la gloria de Dios está volando a muy baja altura. Vive a una altura para la cual no fue creado. Fuimos creados para volar alto, que es una forma metafórica de decir que fuimos creados para vivir para la gloria de Dios. Vivir para Su gloria requerirá excelencia de vida en todo lo que hacemos. Fuimos creados para reflejar las excelencias de Aquel que nos llamó de las tinieblas a Su luz admirable (1 Ped. 2:9); por eso la mediocridad produce insatisfacción. Tenemos que elevar la mirada y tenemos que elevar nuestra mente para contemplar la hermosura de nuestro Dios.

Una vida cómoda no nos producirá la satisfacción necesaria aun después de descansar. El descanso más allá de lo necesario produce aburrimiento y el aburrimiento engendra pecado, al tratar de entretener a la carne que se ha cansado de estar aburrida. El autor de Eclesiastés nos dejó esa enseñanza. Fue un hombre aburrido que se cansó de entretenerse a sí mismo. Observa cómo lo expresó: «Y aborrecí la vida [...]. Asimismo aborrecí todo el fruto de mi trabajo [...].

Por tanto me desesperé en gran manera...» (2:17-18,20). ¿Por qué el predicador de Eclesiastés aborreció la vida, aborreció su trabajo y terminó desesperándose?

La respuesta está en el versículo 23 del mismo capítulo 2: «Porque durante todos sus días su tarea es dolorosa y penosa; ni aun de noche descansa su corazón». El hombre, como dijimos, es muy dado a hacer cosas, pero el hacer no satisfará el anhelo del alma por su Dios. El hacer no llena al hombre, no importa si es hacer dinero, hacer el amor, hacer un nombre famoso o acumular poder. El hombre busca la prosperidad para tener una buena vida, el éxito para darle significado a la vida, la fama para disfrutar de reconocimiento y el poder para ejercer control. El autor de Eclesiastés hizo todo esto y, sin embargo, observa nuevamente cuál fue su conclusión: «Por tanto me desesperé en gran manera...» (Ecl. 2:20). Se desesperó porque no estaba viviendo para la gloria de su Dios. Aquellos que viven para la gloria de Dios viven y hablan de una forma muy diferente a como lo hizo el autor de Eclesiastés. Este otro grupo piensa así:

«Para mí el vivir es Cristo y el morir es ganancia». ~*Apóstol Pablo*

«No es tonto aquel que da lo que no puede retener para ganar lo que no puede perder». ~*Jim Elliot* [79]

No es tonto el que da su vida terrenal para ganar la vida celestial. Así vivieron Pablo, en el pasado lejano, y Elliot, en el pasado reciente. Ellos le dieron una orientación diferente a sus vidas, pues tuvieron otra lente a través de la cual veían el mundo: la gloria de Dios.

A un misionero que estaba a punto de partir hacia las islas Nuevas Hébridas para evangelizarlas, le advirtieron que si iba a esa región se lo comerían los caníbales que habitaban estas islas, tal como había ocurrido con otros 2 misioneros 19 años atrás, a lo cual este joven

---

[79] Jim Elliot (1927-1956) fue un misionero evangélico que fue martirizado junto con otras cuatro personas, en su intento por alcanzar a la tribu Auca en Ecuador con el evangelio.

misionero respondió: «Sr. Dickson, usted está avanzado en años, y su propio destino es que pronto lo coloquen en la tumba para ser comido por gusanos; pero le confieso que, si puedo vivir y morir para servir y honrar al Señor Jesús, no habrá ninguna diferencia para mí si me comen los caníbales o los gusanos; y en el gran día, mi cuerpo resucitado se levantará tan bien como el suyo en la semejanza de nuestro Redentor resucitado».[80] Estas fueron las palabras de John Paton, el famoso misionero en las islas Nuevas Hébridas.

Así vive y así habla el hombre que ha encontrado su propósito de vida. Victor Frankl, un médico austríaco, neurólogo y psiquiatra que estuvo en los campos de concentración de Adolf Hitler de 1942 a 1945, sobrevivió y luego escribió un libro llamado *El hombre en busca de sentido*. Afirmó después de pasar esa experiencia que el hombre puede prácticamente soportar cualquier cosa si encuentra el propósito de su vida. El problema está en que ese propósito solo lo encontramos en Dios y solo cuando vivimos para Su gloria.

Si quiere que su vida cuente, tendrá que vivir para un propósito que perdure más allá de la muerte y ese propósito no lo puede hallar sin una relación con Dios. Sin conocer a ese Dios, el hombre trata de encontrarle sentido a la vida aquí abajo, pero en realidad la respuesta se encuentra allá arriba. Una vida sin Dios es como una caminata por la naturaleza para un ciego. Ningún lugar por donde pasa le produce satisfacción. Recuerda las palabras que el autor de Eclesiastés dijo en un momento: «me desesperé en gran manera». Se cansó y se angustió. Esa es la realidad de la mayoría de los hombres… Viven cansados, física, emocional, espiritual y moralmente. Lo que cansa al hombre es el hacer todo lo que hace para llenar su vacío. Pero hasta que no vivamos para el propósito para el cual fuimos creados seguiremos cansados.

Cuando Adán fue echado del jardín del Edén, comenzó a vivir con un sentido de desaprobación inmenso porque fue Dios mismo quien desaprobó su conducta y lo expulsó de Su presencia. Eso debió ha-

---

[80] John Piper, *John G. Paton: You will be eaten By Cannibals!* [John G. Paton: ¡Serás comidos por caníbales!] (Minneapolis: Desiring God, 2012), 6, http://www.desiringgod.org/books/john-g-paton.

berle dolido inmensamente. A partir de entonces, los descendientes de Adán nacemos con ese sentido de desaprobación y a lo largo de toda nuestra vida tratamos de buscar la aceptación de los demás de formas diferentes. Eso es cierto en la historia bíblica y lo es en el día de hoy:

- Aarón, el primer sacerdote de Israel, hizo el becerro de oro porque se sintió presionado y quería la aprobación del pueblo (Ex. 32).
- El apóstol Pedro dejó de juntarse con los gentiles cuando los judíos llegaron a Antioquía por temor a la condenación de parte de ellos. En otras palabras, Pedro quería su aprobación (Gál. 2:11-13).
- Los adolescentes están dispuestos a beber, fumar y aun experimentar con drogas, siempre y cuando otros los aprueben.
- Los jóvenes están dispuestos a cambiar su forma de vestir y de lucir con tal de lograr la aprobación de los demás.
- Los predicadores modernos están dispuestos a cambiar el mensaje y diluirlo porque le temen al rechazo y prefieren que otros los aprueben.
- Los líderes de adoración muchas veces están dispuestos a entregar lo que el pueblo quiere, pues desean sentirse aprobados por la congregación.
- El empleado está dispuesto a darle a su trabajo lo que no le da a su familia porque quiere la aprobación de su jefe.

El hombre anhela alcanzar cada día más logros porque busca en esos logros la aprobación que necesita; pero dichos logros son un gran obstáculo para la adoración de su Dios, que es donde puede encontrar su verdadero propósito. Eso explica por qué la gente siempre encuentra tiempo para hacer un curso más, un estudio más o vender algo más, pero nunca hay tiempo para pasar con Dios. ¿Por qué? Porque a través de sus logros, el hombre busca que su vida cuente o que otros lo aprueben porque, como ya mencionamos, nace con un sentido de desaprobación que heredó de su padre Adán. Sin embargo, es a través de una relación íntima con Dios y de la experiencia de adoración y devoción a Él que Dios busca devolvernos, en Cristo, todo lo que Adán perdió.

Si Dios no es quien nos devuelve lo que Adán perdió, tratamos de conseguirlo en el mundo. Es como si deseáramos que el mundo nos abrazara. El abrazo del mundo es el éxito que algunos obtienen y que les produce satisfacción personal y profesional, pero que los aleja continuamente de Dios. Y si somos sinceros, muchos ahora mismo andan en búsqueda del abrazo del mundo y algunos hasta lo disfrutan.

No permita que el mundo sea la fuente de su sentido de aprobación, pues no importa cuánto se esfuerce, a la corta o a la larga seguirá sintiéndose desaprobado. El abrazo del mundo produce una satisfacción temporal, pero ese abrazo se constituye en un obstáculo para una verdadera e íntima relación con Dios.

No se deje engañar; los brazos del mundo no son lo suficientemente largos como para abrazar todo su ser. No es ese abrazo lo que necesita, sino el abrazo del Padre. Después de la caída, en un sentido, Adán perdió a su Padre. Y desde entonces, el hombre ha buscado el sentido de la vida en todos los lugares equivocados. Lamentablemente, muchas veces encontramos aun al creyente cavando cisternas que no retienen agua. Después de que el apóstol Pablo tuvo su encuentro con el Cristo resucitado, perdió toda necesidad de aprobación de parte de los hombres y así lo expresó con las siguientes palabras: «Porque ¿busco ahora el favor de los hombres o el de Dios? ¿O me esfuerzo por agradar a los hombres? Si yo todavía estuviera tratando de agradar a los hombres, no sería siervo de Cristo» (Gál. 1:10).

REFLEXIÓN FINAL

La Biblia declara que el universo proclama la gloria de Dios; y la gloria de Dios representa lo que Él es... Su misma esencia. Por tanto, el universo le devuelve al Creador Su gloria. Pero el universo no fue hecho a imagen y semejanza de Dios como nosotros. Por tanto, el hombre tiene un mayor compromiso de reflejar esa gloria para que vuelva a su Dios.

A. W. Tozer explica en su libro *The Purpose of Man* [El propósito del hombre] que el hombre debería ser como un espejo que refleja la gloria de Dios y se la devuelve. Al llevar a cabo esa función, encontramos el propósito de nuestras vidas. Su propósito de vida no lo llenará yendo a la iglesia, aunque debe ir a la iglesia. Tampoco lo encontrará haciendo un devocional, aunque debe hacer su devocional. Ese propósito no lo encontrará enseñando, predicando o aconsejando, aunque debemos hacer todo eso. Muchos hacen estas cosas y aun así se sienten sin propósito. La realidad es que todo lo que hemos mencionado son tareas y pueden realizarse como el resto de las tareas que hacen los hombres, si es que no se tiene la motivación correcta. Su propósito de vida lo encontrará cuando deje de vivir para sí mismo y comience a vivir para Cristo. Su búsqueda terminará el día que comience a adorar de manera exclusiva a Aquel que nunca se ha postrado delante de lo creado. Él es a quien la creación adora. Él es la fuente de toda sabiduría y de quien depende toda tecnología humana que el hombre moderno tanto adora. Él no adora el poder porque es la fuente de todo dominio y autoridad.

Cuando lo adoras a Él, dejas de adorar el éxito porque el éxito temporal no se compara con la vida eterna que has ganado en Él. Dejas también de adorar el placer porque en Su presencia hay plenitud de gozo y a Su diestra delicias para siempre. Asimismo, cuando lo adoras a Él, dejas de adorar el dinero porque ahora sigues a un Dios que es dueño del cielo y la tierra.

Finalmente, cuando lo adoras a Él, pasas de ser una persona egocéntrica y hedonista a ser una persona cristocéntrica que ha entendido que su búsqueda número uno es el reino de los cielos.

12

Sé un siervo que vive Su llamado

*Y todo lo que hagáis, hacedlo de corazón,
como para el Señor y no para los
hombres.*

(Col. 3:23)

INTRODUCCIÓN

D e acuerdo a nuestra experiencia, la mayoría de los cristianos tienen un entendimiento limitado de lo que es el llamado de Dios. Algunos (o muchos) hablan de llamado casi exclusivamente cuando se refieren al llamado ministerial, en particular, al llamado a ser pastor. Sin embargo, pensar de esta manera limita mucho el entendimiento de la revelación de Dios con relación a la responsabilidad del hombre aquí en la tierra. Desde que comenzamos a leer el relato bíblico sobre la creación de Adán y Eva, podemos identificar un llamado que Dios hizo a esta primera pareja y a sus descendientes: «Sed fecundos y multiplicaos, y llenad la tierra y sojuzgadla; ejerced dominio sobre los peces del mar, sobre las aves del cielo y sobre todo ser viviente que se mueve sobre la tierra» (Gén. 1:28). Más adelante, en Génesis 2:15 leemos: «Entonces el Señor Dios tomó al hombre y lo puso en el huerto del Edén, para que lo cultivara y lo cuidara». Esta asignación le fue dada al hombre antes de la caída; ese trabajo con todas sus implicaciones posteriores ha sido denominado «el trabajo de creación».

Después de la caída, hubo necesidad de un tipo de trabajo diferente que tiene que ver con la evangelización del mundo y la redención

de lo creado, y ese trabajo ha sido denominado «el trabajo de redención». De esta manera, al estudiar la revelación bíblica es fácil ver
esta responsabilidad dual que Dios le ha dado al hombre y a la mujer:
el trabajo de creación y el trabajo de redención. No olvidemos que
los dos temas principales de la vida son la creación y la redención. Si
deseamos ser hijos de Dios responsables, tenemos que participar en
ambos. Podríamos simplificarlo y pensar que la tarea redentora tiene
que ver con la evangelización y que la tarea relacionada a la creación
tiene que ver con servir a la cultura y a la sociedad donde Dios nos ha
colocado. No todo el mundo ha sido llamado a realizar la misma tarea
y eso está claramente evidenciado en el registro bíblico:

- Abraham sirvió a Dios como ganadero.
- Moisés sirvió a Dios como legislador y profeta.
- José sirvió a Dios como un hombre de estado, al igual que Daniel.
- David sirvió a Dios como pastor y luego como rey.
- Isaías sirvió a Dios como profeta.
- María sirvió a Dios como la portadora de Su Hijo.
- Pablo sirvió a Dios como evangelista, plantador de iglesias y
  pastor.

Ninguno de estos hijos de Dios tuvo un llamado superior o inferior
al otro. Como habíamos mencionado en un capítulo anterior, hasta la
época de la Reforma hubo un mal entendido con relación al llamado
del ser humano. En aquel entonces, se decía que los ministros tenían
una vocación y un llamado especial de parte de Dios para hacer una
tarea sagrada, mientras que se consideraba que el resto de la labor del
hombre era algo secular. Martín Lutero y los demás reformadores pusieron fin a esa dicotomía y entendieron que la vocación es aquello a
lo cual Dios nos ha llamado. Y si Dios te ha llamado a servirlo en una
capacidad, lo que haces es tan sagrado para Él como cualquier otra
cosa que el hombre pueda hacer por designación divina. «El término
vocación era entendido como un llamado a la vida monástica, lo cual
implicaba dejar el mundo atrás. Desde el inicio, el protestantismo
rechazó la idea medieval y eliminó la distinción entre lo sagrado y lo

secular. Aunque esto puede entenderse como un acto para deshacer lo sagrado, también puede entenderse como la transformación de lo secular en sagrado».[81] El trabajo dignifica al hombre. Timothy Keller lo dice de esta manera: «Usted no tendrá una vida de significado sin trabajar, pero no puede decir que su trabajo es el significado [o propósito] de su vida».[82] Keller agrega más adelante en su libro: «El trabajo (y su pérdida) es un componente indispensable en una vida de significado. Es un don supremo de Dios y una de las cosas que le da propósito a nuestras vidas».[83]

El texto de Colosenses 3:23 con el que comienza este capítulo nos recuerda que toda obra hecha por un hijo de Dios aquí en la tierra debe ser hecha para el Señor y no para los hombres. El apóstol Pablo no diferencia en este texto el trabajo de redención del trabajo de creación, según lo definimos más arriba. Hagamos lo que hagamos, esa tarea que desempeñamos en la vida es una de las múltiples obras dadas por Dios a los seres humanos para que glorifiquemos Su nombre. Cada talento que trae el ser humano al nacer y que es capaz de desarrollar le ha sido dado por el Creador con la intención expresa de que lo use de alguna manera que traiga honra y gloria a la multiforme gracia y creatividad de nuestro Señor. Dios nos dio en Su Palabra toda una cosmovisión de cómo vivir, en cualquier ámbito de este mundo, de una manera santa y digna de nuestro llamado.

SU LLAMADO ES SU PROPÓSITO DE VIDA

Dado todo lo anterior, podemos decir que el llamado de Dios es toda tarea que Él le ha asignado al ser humano y que comprende el liderazgo de su familia, el trabajo como miembro de una iglesia, su vocación, su carrera profesional, su labor como ciudadano de una nación y su participación en la comunidad donde Dios lo ha colocado, por

---

[81] Alister E. McGrath, *Reformation Thought: An introduction* [Pensamiento sobre la Reforma: Una introducción], 4.ª edición (Hoboken: Wiley-Blackwell, 2011), 257.
[82] Timothy Keller, *Every Good Endeavor* [Cada buena iniciativa] (Nueva York: Penguin Group, Inc., 2012), 39.
[83] *Ibid.*, 41.

mencionar algunas cosas. Su llamado, en el sentido más amplio, es su propósito de vida. Como veremos más adelante, nosotros tenemos más de un llamado. O también podríamos decir que tenemos un llamado en diferentes áreas. Lo que sí quisiéramos dejar en claro es que nuestro llamado y nuestro propósito están íntimamente relacionados. El texto de Hechos 13:36, nos dice que «David, después de haber servido el propósito de Dios en su propia generación, durmió, y fue sepultado con sus padres, y vio corrupción». David no sirvió en el templo ni sirvió primariamente como profeta, como sí lo hizo Natán. Sirvió a Dios primordialmente como rey.

Toda la historia fue orquestada y movida para que en el tiempo perfecto de Dios se produjera la primera venida del Señor Jesucristo (Gál. 4:4); pero lo mismo podemos decir de David, quien sirvió en una generación en particular al igual que cada uno de nosotros. No entramos a este mundo al azar, sino que entramos por diseño de Dios. **Faraón** fue levantado para que Dios mostrara Su poder en él y para que Su nombre fuera proclamado sobre toda la tierra (Rom. 9:17). **Jeremías** fue elegido antes de que Dios lo formara en el seno materno para servir como profeta en un tiempo designado (Jer. 1:5) y **Pablo** fue llamado desde el vientre de su madre para ser apóstol (Gál. 1:15-16), a pesar de que en la primera parte de su vida persiguió a la Iglesia a la que luego serviría. Cada ser humano ha sido creado con un propósito específico en la mente de su Creador. El rey David no fue la excepción, sino la regla. Consideremos nuevamente el texto citado más arriba acerca del propósito de David: «Porque David, después de haber servido el propósito de Dios en su propia generación, durmió, y fue sepultado con sus padres, y vio corrupción». Este versículo contiene tres palabras claves para los fines de nuestra discusión:

1. **Después,**
2. **Propósito y**
3. **Generación.**

El texto habla de la muerte de David, pero nos dice varias cosas sobre esa muerte. Por un lado, nos deja ver que su muerte fue como la de cualquier mortal porque su cuerpo vio corrupción; se descompuso en la tumba de la misma manera que ocurrirá con el suyo y el nuestro. Pero este pasaje también nos deja ver que la muerte de David ocurrió **después** (esa es la primera palabra clave) de un evento en particular y ese evento fue el cumplimiento de su propósito en la vida. Al nacer, entras a una historia que no comenzó para jugar un rol en particular dentro de ella y saldrás de allí en el momento designado por el autor de la historia. Dios será quien la continúe a través de otros seres humanos. Nosotros entramos y salimos de este mundo conforme al calendario de la Providencia de Dios. Jesús lo dijo de esta manera: «¿Y quién de vosotros, por ansioso que esté, puede añadir una hora al curso de su vida?» (Mat. 6:27). Y David lo había expresado de esta otra manera en el Libro de los Salmos: «Tus ojos vieron mi embrión, y en tu libro se escribieron todos los días que me fueron dados, cuando no existía ni uno solo de ellos» (Sal. 139:16). Su nacimiento le da inicio al propósito de Dios en su vida, y su muerte es el punto final de su historia de este lado de la eternidad. David murió, pero no sin antes llenar el propósito de Dios en su vida. Para los que creemos que Dios inspiró cada palabra escrita en el texto bíblico, **la palabra** después **no aparece allí de manera accidental.** Con esa sola palabra, Dios nos deja ver que David permaneció con vida hasta que Él culminó Su propósito con David en esta tierra y después murió.

La segunda palabra que queremos explorar del texto de Hechos 13:36 es la palabra **propósito.** El versículo de Hechos 13 que citamos unos párrafos atrás nos deja ver que Dios hizo nacer a David en el momento que nació porque su vida no solo tenía un propósito, sino que tenía **un propósito dentro de su propia generación**; por eso no nació en una generación anterior ni en una posterior. **Los propósitos de Dios tienen un tiempo específico.** «Pero cuando vino la plenitud del tiempo, Dios envió a su Hijo, nacido de mujer, nacido bajo la ley» (Gál. 4:4). Si miras un reloj a las doce en punto, notarás que la manecilla que da la hora, la manecilla que da los minutos y la manecilla que indica los segundos están todas superpuestas y coinciden para marcar las doce en punto. Cuando todos los eventos de la historia coincidieron de esa forma en el «reloj» de Dios, el Padre envió a Su Hijo. Así de preciso es el tiempo de Dios para cada cosa. El propósito de Dios debe ser llevado a cabo en Su tiempo. Salomón parece haber entendido muy bien este principio, pues en Eclesiastés 3:1 escribió: «Hay un tiempo señalado para todo, y hay un tiempo para cada suceso bajo el cielo». Leamos esto nuevamente: «Hay un tiempo señalado para todo, y hay un tiempo para cada suceso bajo el cielo». **El propósito de Dios tiene un tiempo específico y una generación específica.** Si tratas de llevar a cabo el propósito de Dios antes de tiempo, fracasarás. Moisés quiso liberar al pueblo hebreo de la opresión y comenzó por matar a un egipcio 40 años antes de que Dios estuviera listo para usarlo. Esa acción le costó mucho, ya que tuvo que huir, y Dios no comenzó a liberar a ese pueblo hasta 40 años después. Y lo hizo a través de Moisés, pero no en su tiempo. Moisés entendió su propósito: liberar al pueblo judío; pero no entendió el tiempo… Su reloj estaba adelantado. El reloj de Dios nunca se adelanta ni se atrasa. Lo que Dios hace hoy en el tiempo lo decidió ayer en la eternidad pasada, fuera del tiempo. Y a partir de ahí, movió la historia en la dirección de Sus propósitos eternos.

La siguiente ilustración que escuchamos una vez quizás podrá ayudarte a entender mejor lo que estamos tratando de decir. Cuando una hija casada de 28 años le dice a su madre que está embarazada, hay alegría, gozo y celebración en ese hogar. Cuando la otra hija de 16 años y soltera le dice a su madre que está embarazada, hay tristeza, lágrimas, vergüenza y dolor. ¿Cuál es la diferencia? El tiempo. La hija soltera se apresuró y actuó de manera pecaminosa fuera del diseño y del tiempo de Dios. Él hace todo hermoso, pero en Su tiempo.

Dios lo colocó a David en medio de una generación en particular para que dentro de esa generación pudiera impactar su era, pero el impacto del propósito de David fue más allá de su generación. Y de esa misma manera, Dios nos ha llamado a hacer algo que impacte nuestros tiempos y que perdure más allá de nuestra generación. Él no lo ha puesto en esta tierra para que registre la historia, sino para impactarla y cambiarla a través de su vida, bajo la dirección y el señorío de Cristo y para Su honor y Su gloria. Los padres que logran criar una descendencia santa para Dios no solo impactan su generación, sino también la próxima. Si lo único que hacemos es quejarnos de cómo están las cosas en nuestros días, solo estamos registrando la historia; pero Dios quiere que la cambiemos y no meramente que la registremos. Una generación es el conjunto de personas que viven dentro de una misma época. Unos sirven a su generación como David lo hizo y otros se sirven de ella. Cuando tratamos de servirnos de nuestra generación, no encontramos satisfacción ni propósito porque ni siquiera Cristo vino a ser servido, sino a servir (Mar. 10:45). Y esa es otra de las observaciones que queríamos hacer. Muchas veces no estamos satisfechos porque no servimos. No podemos llevar a cabo nuestro propósito cruzados de brazos, en la inactividad. Nuestro Dios no es un Dios pasivo. Cristo dijo: «Hasta ahora mi Padre trabaja, y yo también trabajo» (Juan 5:17). Nuestro propósito está íntimamente relacionado con nuestro servicio. Dios nos llama siervos y los siervos sirven. Además, los verdaderos siervos no solo sirven a los cristianos, sino también al incrédulo como Cristo lo hizo con Judas. El verdadero siervo no es selectivo en su servicio; sirve porque esa es su naturaleza; servir es su gozo y lo hace dentro y fuera de la iglesia.

Cuando cumplió el propósito para el cual fue creado, David durmió. Desconocemos cuántas personas creen que Dios las creó con un propósito definido. Pero esa es la realidad. Nuestro Dios es un Dios de propósito y, como tal, nunca ha creado algo sin que haya concebido previamente el propósito para el cual lo crearía. Ningún alfarero crea una vasija sin pensar primero cuál es el uso que quiere que se le dé. Si es una taza de café, la hace poco profunda al momento de crearla y le coloca un asa; si es un florero, lo hace profundo para que pueda sostener el tallo de la flor y usualmente sin asa. Así también es nuestro Dios; Él nos formó con un propósito en mente.

La primera razón por la que cada uno de nosotros necesita encontrar su propósito (ver capítulo anterior) es porque nuestra satisfacción en la vida depende de que hayamos encontrado el propósito para el cual Dios nos creó, y no solo que lo hayamos encontrado, sino que lo estemos viviendo. La insatisfacción con la que vive mucha gente hoy en día se debe básicamente a que…

- no vive el propósito de Dios en su vida,
- no lo lleva a cabo a Su manera o
- no lo realiza en el tiempo del Señor.

Satisfacción y propósito están íntimamente relacionados. La realización del propósito de Dios en nuestra vida es la satisfacción de nuestra alma. Para alcanzarla, necesitamos poder identificarnos completamente con las palabras de Pablo: «Pues para mí, el vivir es Cristo y el morir es ganancia» (Fil. 1:21). Una vida sin propósito es una vida sin gozo. Una vida con múltiples propósitos discordantes es una vida complicada y de incertidumbres. Una vida con singularidad de propósito (en Cristo) es una vida enfocada y eso solo lo da Dios. La luz de un bombillo regular está compuesta de fotones dispersos y la luz de un rayo láser está también compuesta de fotones, pero todos enfocados en una misma dirección y eso le da el poder al rayo láser (esta es una explicación simple del láser). Dios es la única persona que puede enfocar todos nuestros dones, talentos, oportunidades y energías en una sola dirección. Y la razón es muy sencilla; nosotros fuimos creados con un propósito, para un propósito y para vivir en relación con Dios, en total dependencia del Señor del cielo y de la tierra.

Lamentablemente, el hombre ha preferido vivir pendiente de sus finanzas, de sus negocios, de sus deseos pecaminosos antes que en intimidad con Dios; esto hace que nunca se sienta satisfecho y siempre esté sediento de algo más. Una vida enfocada en Dios y enfocada por Dios es una vida que marca su generación, porque es una vida desarrollada con sentido de eternidad. No olvides que tu llamado es tu propósito en la vida. Si no encuentras el propósito de Dios para ti, Satanás suplirá uno para que lo lleves a cabo. Él le ofreció falsos propósitos aun al mismo Cristo cuando lo tentó tres veces y las tres veces Cristo los rechazó por el propósito de Dios. Los propósitos de Satanás lucen atractivos, pero pronto pierden su brillo:

- Sus propósitos son **temporales**; los de Dios son **eternos**.
- Sus propósitos son **engañosos**; los de Dios son **veraces**.
- Sus propósitos traen **vergüenza** al final; los de Dios están llenos **de gloria**.

Su satisfacción depende de que lleve a cabo el llamado de Dios en su vida en medio de la generación en que Él lo ha colocado. David decía: «El Señor cumplirá su propósito en mí» (Sal. 138:8). Pero para que David pudiera decir esto, necesitaba conocer a Dios íntimamente, caminar con Él, ser dirigido por Él. Este es un concepto importante porque para mucha gente la satisfacción en la vida depende de que se haya alcanzado cierto nivel económico, cierto reconocimiento o de que se haya alcanzado fama y renombre; pero la realidad es que el ser humano no sentirá satisfacción hasta que esté realizando el propósito para el cual Dios lo creó. Otros piensan que la satisfacción en la vida depende de que alcancemos éxito y aprenden a definir ese éxito en los términos que acabamos de mencionar: monetarios o de reconocimientos. Pero en términos reales, el éxito para Dios se relaciona con el cumplimiento del llamado para el cual fuimos creados. Podemos tener éxito en la vida y haber fracasado en el reino de los cielos. El éxito no se mide por lo que hemos hecho y ni siquiera se mide por lo que otros piensan que hemos hecho. Se mide por lo que se suponía que debíamos hacer con nuestro llamado. Hemos mencionado dos conceptos importantes:

- **Propósito** es el porqué de nuestro llamado; es la razón por la que fuimos creados.
- **Llamado** es la asignación dada por Dios para que llevemos a cabo dicho propósito.

Una vez descrito lo que es el propósito, permítenos decirte lo que no es. Alguien ha dicho que confundir propósito con actividades es como confundir ruido con poder. Un auto viejo puede hacer muchísimo ruido, pero quizás apenas se mueve. Por otro lado, nos podemos mover mucho en una mecedora y tener mucha actividad, pero no llegamos a ninguna parte. Ni el ruido debe confundirse con poder ni la actividad con propósito. Puede haber mucho ruido, pero poca productividad. Su productividad no se mide por lo que hace ni por lo que acumula en 70 años de vida porque ¿qué son 70 años al lado de la eternidad? Su productividad se mide según los propósitos de Dios y cuán bien los llevó a cabo. Mucha gente cree que su propósito en la vida es ser ingeniero o médico o pastor, pero esas profesiones u ocupaciones son el instrumento para llevar a cabo nuestro propósito y no el propósito en sí.

Múltiples estudios han señalado un aumento de los índices de depresión en la población mundial. Si toma como ejemplo a Japón, una de las naciones más prósperas en nuestros días, encontrará que tiene entre 80 y 90 suicidios cada 24 horas. Eso equivale a entre tres y cuatro suicidios por hora. La pregunta es ¿qué lleva a los habitantes de esa nación y de otras naciones a quitarse la vida con tal frecuencia? La respuesta no es complicada: la falta de propósito o significado. Muchas de estas personas tienen metas y, al ser adictos al trabajo, llenan sus metas, pero no su propósito. Llenar las metas puede brindarle satisfacción temporal, pero solo la realización del propósito de Dios en su vida lo puede llenar permanentemente. La gente se suicida cuando llega a la conclusión de que su existencia o no existencia sobre la tierra no cambia nada. Esto ocurre cuando no tenemos propósito de vida y no tenemos propósito cuando no conocemos nuestro llamado.

Fuimos creados para cumplir con ciertas responsabilidades. Una de las ventajas de conocer nuestro propósito es que este nos ayuda a conocer nuestras responsabilidades. Adán tenía la responsabilidad de administrar la creación bajo el señorío de Dios y no cumplió con su responsabilidad. Una de nuestras responsabilidades es vivir toda nuestra vida y administrar cada cosa que Dios pone en nuestras manos procurando reflejar la gloria de Dios, tal como nos instruye el apóstol Pablo en 1 Corintios 10:31.

Claramente, el hombre fue creado para hacer cultura. Esa es su tarea primaria. La pregunta no es ¿hará cultura? La pregunta es ¿hará una buena cultura o una mala cultura? ¿La cultura se construirá sobre principios del reino o sobre principios falsos? Contribuirá eso a la verdad, a la justicia y a la belleza o a la ignorancia, la corrupción y la fealdad?[84]

Llevar a cabo nuestro llamado no solo nos produce gozo y nos ayuda a conocer nuestras responsabilidades, sino que también nos ayuda a tomar decisiones. Una de las características de nuestra generación es la inseguridad con la que vive a la hora de tomar decisiones y la razón es muy sencilla: es muy difícil saber qué decisión tomar si no sabemos hacia dónde vamos.

En *Las aventuras de Alicia en el país de las maravillas*, una obra literaria escrita por el matemático Charles Lutwidge Dodgson bajo el pseudónimo de Lewis Carroll, hay una escena donde Alicia se encuentra frente a una bifurcación del camino. En esa bifurcación hay un árbol y sobre una de las ramas hay un gran felino. Alicia comienza a llorar porque no sabe si seguir por la derecha o por la izquierda. Y esta es la conversación que se da entre estos dos personajes:

—Minino de Cheshire, ¿podría decirme, por favor, qué camino debo seguir para salir de este lugar?
—Eso depende mucho del sitio a donde quieras ir— dijo el Gato.
—No me importa mucho el lugar— dijo Alicia.
—Entonces, no es que importe el camino que sigas—dijo el Gato.[85]

La falta de propósito en su vida no solo genera insatisfacción, sino también confusión porque nunca sabe qué decisión tomar ni hacia dónde dirigirse. Jesús siempre tomó decisiones consistentes con el

---

[84] Darrow L. Miller, *LifeWork: A Biblical Theology for What You Do Every Day* [Obra de una vida: Una teología bíblica para lo que usted hace todos los días] (Seattle: YWAM Publishing, 2009), 104.
[85] Lewis Carroll, *Las aventuras de Alicia en el país de las maravillas* (Siglo XIX Editores, 2012), 69.

propósito divino asignado por Dios.

Conocer su propósito determina sus prioridades. Jesús con frecuencia se retiraba y pasaba tiempo en oración; era una prioridad para Él. Lamentablemente, la mayoría de las personas permiten que lo urgente le robe el tiempo a lo prioritario[86]. **Conocer su propósito lo ayuda a hacer su tiempo más eficiente.** Cuando un individuo desconoce su propósito, desperdicia el tiempo porque con frecuencia camina en una dirección contraria a la que Dios le ha señalado. Puedes tener la mejor intención del mundo, pero si desconoces tu propósito, no solo desperdiciarás tiempo, sino también energías y se debilitarán tus emociones.

Si quieres saber el propósito de algo, nunca le preguntes a lo creado, sino al creador. Por tanto, la manera de saber cuál es el propósito de tu vida no es preguntándote a ti mismo, sino preguntándole a tu Creador. De ahí la necesidad de vivir en Su Palabra y de cultivar una vida de oración. Ahora bien, al leer estas palabras, algunos quizás piensen que llevan mucho tiempo preguntándole a Dios sobre estas cosas y que Él aún no les responde; por tanto, aseguran no saber cuál es Su propósito ni Su llamado. Las razones pueden ser varias, pero he aquí algunas de ellas:

1. Quizás no puedes discernir la voz de Dios porque realmente no tienes una relación con Él.
2. Otras veces, no discernimos lo que Dios quiere comunicarnos a través de Su Palabra o mediante los impulsos internos del Espíritu Santo porque queremos lo que se nos antoja y cuando se nos antoja.
3. En ocasiones, el cristiano no discierne el propósito de Dios para su vida porque aún no ha desarrollado su carácter.

Dios no envió a Moisés de regreso a Egipto porque su carácter aún

---

[86] Ver capítulo 2 sobre cómo ser un siervo con un mundo interior organizado.

no estaba listo para la gran tarea. Además, los propósitos de Dios con Israel en Egipto todavía no habían llegado a su final. Cuando esas dos cosas se juntaron, Dios le reveló Su llamado a Moisés.

¿CÓMO ENCONTRAR O DESCUBRIR SU LLAMADO?

Hoy en día no esperamos que Dios nos hable audiblemente para descubrir nuestro llamado. Por un lado, Dios habla por medio de Su Palabra, pero por otro crea impulsos internos en nosotros por medio de Su Espíritu que generan deseos de realizar ciertas cosas. Al mismo tiempo, el Espíritu de Dios que mora en nosotros abre nuestros ojos a circunstancias y necesidades. Cuando estas dos cosas se juntan (nuestra nueva visión y nuestros nuevos deseos), entonces es probable que Dios esté dirigiéndonos hacia Sus propósitos. El apóstol Pablo escribe a los filipenses y les dice: «[P]orque Dios es quien obra en vosotros tanto el querer [**théto**] como el hacer [**energéo**], para su beneplácito» (Fil. 2:13). La palabra *energéo* tiene que ver con efectivizar una acción, mientras que *théto* tiene que ver con el deseo y con presionar para realizar la acción. Por tanto, podemos concluir que Dios no solo pone en nosotros el deseo, sino que lo hace efectivo y nos «presiona» para llevarlo a cabo. Dios tiene más interés en revelar Su voluntad que el interés que nosotros tenemos en conocerla.

Ahora bien, para encontrarnos en medio de la voluntad de Dios en la medida en que llevamos a cabo nuestro llamado, necesitamos llenar ciertos requisitos mínimos, que salen a relucir en las siguientes palabras de Pablo: «Por consiguiente, hermanos, os ruego por las misericordias de Dios que presentéis vuestros cuerpos como sacrificio vivo y santo, aceptable a Dios, que es vuestro culto racional. Y no os adaptéis a este mundo, sino transformaos mediante la renovación de vuestra mente, para que verifiquéis cuál es la voluntad de Dios: lo que es bueno, aceptable y perfecto» (Rom. 12:1-2). Esos requisitos son: a) caminar en santidad (v. 1), b) no adaptarnos a las corrientes de este mundo (v. 2a) y c) renovar nuestra mente por medio de la Palabra (v. 2b). Como resultado podremos verificar «cuál es la voluntad de Dios: lo que es bueno, aceptable y perfecto».

Cuando Dios puso en nosotros el querer y el hacer para abandonar una profesión lucrativa de medicina en Estados Unidos y regresar a República Dominicana, nuestra nación de origen, a plantar una iglesia, lo hizo de manera natural como describimos más arriba, después de trabajar en nuestro carácter por un tiempo y lo confirmó por medio de mi esposa y de los líderes en la iglesia local a la cual pertenecíamos.

Mencionamos esto para enfatizar que solo sentir algo en nuestro interior no implica necesariamente que esa sea la voluntad de Dios para nosotros o que ya estemos preparados para cumplirla. Pero ciertamente, Dios tiene un interés particular en que Sus hijos lo obedezcan y la única manera de poder hacerlo es si de algún modo los ayuda a encontrarse con Su voluntad de la forma como hemos venido explicando. Este es un proceso asistido por Dios de principio a fin porque como bien dice Proverbios 16:9: «La mente del hombre planea su camino, pero el Señor dirige [determina] sus pasos». Nunca trate de apresurar el cumplimiento de lo que entiende que es la voluntad de Dios para su vida. Él tiene un propósito para ti, pero también tiene un cronograma que solamente Él conoce y que solo Él maneja. La voluntad de Dios para tu vida estará alineada con tus dones, talentos, preparación, personalidad, circunstancias y pasión interior creada por Dios y con la confirmación de parte de tu cónyuge, para aquellos que estamos casados, así como de sus líderes espirituales. De ahí la necesidad de ser parte de una iglesia local. Esperar que Dios nos revele Su voluntad cuando ni siquiera pertenecemos a una iglesia no es lógico ni probable.

ASPECTOS ESPECIALES DE LA TAREA REDENTORA

Ya hablamos de que el hombre tiene un llamado relacionado con la creación y un llamado relacionado con la redención. En cuanto al llamado relacionado con la redención, quisiéramos hacer varias observaciones antes de terminar nuestra discusión sobre el tema de este capítulo. Como cristianos, nosotros tenemos un llamado:

- a la salvación,
- a la santificación,

- al sufrimiento y
- al servicio.

Con relación al llamado a la salvación, se puede decir que es algo que Dios ha determinado desde antes de la fundación del mundo, tal como nos enseña la carta de Pablo a los efesios:

Bendito sea el Dios y Padre de nuestro Señor Jesucristo, que nos ha bendecido con toda bendición espiritual en los lugares celestiales en Cristo, según nos escogió en Él antes de la fundación del mundo, para que fuéramos santos y sin mancha delante de Él. En amor nos predestinó para adopción como hijos para sí mediante Jesucristo, conforme al beneplácito de su voluntad, para alabanza de la gloria de su gracia que gratuitamente ha impartido sobre nosotros en el Amado (Ef. 1:3-6).

En algún momento de nuestras vidas, Dios nos hace ese llamado eficaz y pasamos a ser parte de Su familia. Lamentablemente, muchos se olvidan de que, una vez salvos, tenemos el llamado particular a contribuir con la salvación de otros llevando el mensaje de buenas nuevas, porque la fe viene por el oír y el oír por la Palabra de Dios (Rom. 10:17). El mismo apóstol Pablo lo explica aún más claramente cuando escribe a los corintios en su segunda carta:

Y todo esto procede de Dios, quien nos reconcilió consigo mismo por medio de Cristo, y nos dio el ministerio de la reconciliación; a saber, que Dios estaba en Cristo reconciliando al mundo consigo mismo, no tomando en cuenta a los hombres sus transgresiones, y nos ha encomendado a nosotros la palabra de la reconciliación. Por tanto, somos embajadores de Cristo, como si Dios rogara por medio de nosotros; en nombre de Cristo os rogamos: ¡Reconciliaos con Dios! (2 Cor. 5:18-20).

Dios nos reconcilió con Él por medio de Cristo, luego nos dio el ministerio de la reconciliación (la predicación de Su Palabra) y nos hizo embajadores de Cristo para que roguemos a los hombres en nombre de Dios: «¡Reconciliaos con Dios!». De esa manera llevamos a cabo nuestro llamado a la salvación.

Pero tenemos también un llamado a la santificación (ver capítulo 4 de esta obra), que se presenta en múltiples pasajes de la Escritura de múltiples maneras. Quizás un solo pasaje sea suficiente para afirmar lo que estamos describiendo en este punto: «[E]sta es la voluntad de Dios: vuestra santificación» (1 Tes. 4:3). Al igual que esta porción de la Palabra, diversos pasajes nos recuerdan la necesidad que tenemos que ser santos porque Dios es santo (Lev. 11:44; 20:7 y 1 Ped. 1:16). Esa es la voluntad de Dios para cada creyente. Podríamos llamarla la voluntad general para todos Sus hijos. Pero luego, Dios tiene una voluntad particular para cada creyente y de esa forma llama a algunos a la soltería, a otros llama al pastorado, a otros llama a las misiones, a otros llama a la enseñanza en instituciones como los seminarios y así podríamos continuar haciendo una larga lista. Ahora bien, si hay algo de lo que hemos sido testigos en nuestra experiencia pastoral es que Dios no suele hacer ese llamado particular con claridad cuando Sus hijos no están llevando a cabo Su llamado general. Romanos 12:1-2 puede apoyar lo que acabamos de decir, según lo que explicamos más arriba.

El cristiano también tiene un llamado al sufrimiento y esto es algo que muchos no quieren escuchar. Este llamado al sufrimiento forma parte de nuestro llamado a la salvación, como claramente nos revela el apóstol Pablo en su Carta a los Filipenses: «Porque a vosotros se os ha concedido por amor de Cristo, no sólo creer en Él, sino también sufrir por Él» (Fil. 1:29). Se espera que el cristiano revele la gloria de Dios en medio del dolor de este mundo. Para Dios no solamente es importante cómo vivimos, sino también cómo sufrimos y cómo morimos. El sufrimiento es una excelente oportunidad para testificar a favor de nuestra fe. Cuando sufrimos bien somos capaces de revelar la consolación de Dios, Su poder en nuestra debilidad y podemos mostrar que nuestro sufrimiento tiene un propósito en nosotros aun cuando no lo podamos ver ni entender.

Decir que la fe en Cristo es un regalo por gracia es una cosa;

decir que el sufrimiento por causa de Cristo es también un regalo de gracia es algo mucho más difícil de digerir. El apóstol Pablo no se detiene al decir simplemente que Dios es soberano sobre el sufrimiento del creyente; él se refiere a ese sufrimiento como un regalo por gracia. Es una manifestación de Su bondad para con Su pueblo. ¿Por qué? Porque, como Pablo pone en evidencia claramente en Romanos 5:3-5, el resultado final del sufrimiento es esperanza en el amor de Dios, el cual el creyente experimenta a través de la morada del Espíritu Santo.[87]

El apóstol Pedro, al dirigirse a hermanos judíos que habían sido dispersados, escribe:

Pues ¿qué mérito hay, si cuando pecáis y sois tratados con severidad lo soportáis con paciencia? Pero si cuando hacéis lo bueno sufrís por ello y lo soportáis con paciencia, esto halla gracia con Dios. Porque para este propósito habéis sido llamados, pues también Cristo sufrió por vosotros, dejándoos ejemplo para que sigáis sus pisadas (1 Ped. 2:20-21).

Claramente, Pedro dice que para este propósito hemos sido llamados. ¿Cuál propósito? El de sufrir aun cuando ese sufrimiento sea injusto. Y la explicación que Pedro ofrece es que también Cristo sufrió por nosotros dejándonos ejemplo para que sigamos Sus pisadas.

Finalmente, tenemos que afirmar también que el cristiano tiene un llamado al servicio porque, como el mismo Señor Jesús lo reveló, un siervo no es mayor que su señor y nuestro Señor no vino para ser servido, sino para servir. Cuando Jesús lavó los pies de Sus discípulos, luego les indicó que hicieran lo mismo con los demás (Juan 13:14-15). Debemos servir tanto a la Iglesia como al mundo como testimonio de nuestra fe. Tanto es así que en Mateo 25 leemos una advertencia que Jesús hizo a aquellos que no sirvieron en el mundo

---

[87] Matthew Harmon, *Philippians: A Mentor Commentary* [Filipenses: Un comentario de mentor] (Gran Bretaña: Christian Focus Publications, 2015), 177.

y, al no servir, no dieron evidencia de que de verdad eran cristianos. De hecho, estas palabras son sumamente severas y debieran servirnos de advertencia a cada uno de nosotros. Este es el texto completo:

Entonces el Rey dirá a los de su derecha: «Venid, benditos de mi Padre, heredad el reino preparado para vosotros desde la fundación del mundo. Porque tuve hambre, y me disteis de comer; tuve sed, y me disteis de beber; fui forastero, y me recibisteis; estaba desnudo, y me vestisteis; enfermo, y me visitasteis; en la cárcel, y vinisteis a mí». Entonces los justos le responderán, diciendo: «Señor, ¿cuándo te vimos hambriento, y te dimos de comer, o sediento, y te dimos de beber? ¿Y cuándo te vimos como forastero, y te recibimos, o desnudo, y te vestimos? ¿Y cuándo te vimos enfermo, o en la cárcel, y vinimos a ti?». Respondiendo el Rey, les dirá: «En verdad os digo que en cuanto lo hicisteis a uno de estos hermanos míos, aun a los más pequeños, a mí lo hicisteis». Entonces dirá también a los de su izquierda: «Apartaos de mí, malditos, al fuego eterno que ha sido preparado para el diablo y sus ángeles. Porque tuve hambre, y no me disteis de comer, tuve sed, y no me disteis de beber; fui forastero, y no me recibisteis; estaba desnudo, y no me vestisteis; enfermo, y en la cárcel, y no me visitasteis». Entonces ellos también responderán, diciendo: «Señor, ¿cuándo te vimos hambriento, o sediento, o como forastero, o desnudo, o enfermo, o en la cárcel, y no te servimos?». Él entonces les responderá, diciendo: «En verdad os digo que en cuanto no lo hicisteis a uno de los más pequeños de éstos, tampoco a mí lo hicisteis». Y estos irán al castigo eterno, pero los justos a la vida eterna (Mat. 25:34-46).

En la tarea de redención tenemos un llamado a la salvación, a la santificación, al sufrimiento y al servicio.

REFLEXIÓN FINAL

El apóstol Pablo en Efesios 4:1-3, nos llama a caminar de una forma digna de nuestro llamado. Pero ¿qué quiere decir con esto? La siguiente ilustración quizás nos pueda ayudar a entenderlo. Si alguien le regala un anillo de plástico a un rey, se diría que ese regalo no era digno de un monarca o no estaba a la altura de su investidura. En otras palabras, el regalo no representaba la dignidad de la investidura de la persona que recibió el regalo. De esa misma manera, si Dios es quien nos ha llamado a hacer todo para Su gloria, incluyendo el comer y el beber (1 Cor. 10:31), entonces las tareas que hacemos aquí en la tierra deben estar a la altura de ese llamado que incluye el reflejo de la gloria de Dios. La palabra traducida como gloria en el pasaje de Efesios 4:1-3 es la palabra *axiom*, que se usaba originalmente para referirse a algo que estaba en una balanza y que, después de colocarlo, dicha balanza quedaba perfectamente equilibrada. El peso que estuviera de un lado debía ser igual al peso que estuviera del otro. Con el tiempo, la palabra pasó a ser usada para referirse a algo que pudiera corresponder de manera similar a otra cosa. Por eso, cuando Pablo habla de que caminemos de una forma que sea digna de nuestro llamado, él se refiere a lo siguiente:

- Si nuestro llamado proviene de Dios, debemos caminar como Sus siervos porque Él nos llamó.
- Si Dios nos hizo un llamado soberano, entonces no deberíamos cuestionar Sus designios.
- Si nuestro llamado es un llamado santo, entonces deberíamos caminar de manera consagrada, a la altura de esa santidad.

Nuestro caminar debe representar correctamente al Dios que servimos. Pensando en la balanza a la que hicimos alusión, la idea es que, si ponemos nuestro llamado en un lado de la balanza y Dios pone nuestro caminar en el otro lado, esa balanza debería permanecer perfectamente balanceada. Dios toma nuestro llamado muy en serio porque tiene características especiales y Él espera que nuestro caminar esté a la par de nuestro llamado.

13

Sé un siervo reflexivo

*Ninguno reflexiona; no tienen
conocimiento ni inteligencia...*

(Isa. 44:19)

INTRODUCCIÓN

«La superficialidad es la maldición de nuestra generación. La doctrina de la satisfacción instantánea es un problema espiritual primario. La necesidad imperante hoy no es por un mayor número de personas inteligentes o de personas dotadas, sino de personas profundas».[88] Esta descripción que el autor y pastor Richard Foster hace de nuestros días fue lo que nos animó a incluir una invitación a la reflexión hacia el final de este libro.

El ritmo de vida acelerado con el cual vive el hombre moderno se constituye en su primer obstáculo para la reflexión. Una de nuestras más grandes frustraciones consiste en la dicotomía que frecuentemente vemos en el cristiano entre su actitud ante el sermón que escucha el domingo y al cual dice amén, y la manera en que vive el resto de la semana. Este divorcio puede tener múltiples causas, pero en nuestra opinión una de ellas es que el sermón que la persona escucha el domingo en la mañana tiene una vida muy efímera; su duración puede ser de 45 minutos a una hora en el mejor de los

---

[88] Richard Foster, *The Celebration of Discipline* [Celebración de la disciplina], 3.ª edición (San Francisco: HarperSanFrancisco, 1998), 1.

casos; pero, luego que salen de la iglesia, la gran mayoría de los creyentes no vuelven a meditar en las cosas que escucharon. Es imposible que una exposición tan corta como esta pueda contribuir al cambio significativo en la manera de pensar del creyente y mucho menos del incrédulo. A la hora de leer un libro, ocurre algo similar. Leemos varias páginas a la vez y, si luego no volvemos a meditar en las cosas más importantes, lo leído pasará al olvido. «Los libros no cambian a las personas; los párrafos sí lo hacen, a veces las oraciones».[89] Esas son palabras de John Piper con las cuales nos identificamos profundamente y, por esa razón, hemos dedicado este capítulo a reflexionar sobre frases que de una u otra forma contribuyeron a cambiar aspectos importantes de nuestra vida y que a la vez son sumamente prácticas. Con relación a algunas de estas frases, recordamos perfectamente bien quién las dijo o dónde las leímos, pero en otros casos ya no recordamos dónde se originaron. Algunas de las frases que aparecen en esta sección son el resultado de nuestra propia reflexión. De cierta forma, esta última parte del libro puede ser una especie de testimonio de cómo Dios ha usado frases de algunos de Sus hijos o las nuestras para transformar nuestro pensamiento. Y como bien dice la Palabra, tal como el hombre piensa en su corazón, así es él (Prov. 23:7).

Creemos que este libro quedaría deficiente si no incluyéramos este capítulo como parte de su contenido. Y mencionamos esto porque vivimos en una generación pragmática, utilitarista, terapéutica, relativista, situacional, minimalista, desconectada, emocional y, por tanto, enemiga del pensamiento sobrio y profundo. A la gente de nuestros días no le gusta pensar porque le cuesta trabajo y porque quiere resultados rápidos y autocomplacientes. Para aquellos que están menos familiarizados con estos términos, procederemos a definirlos.

---

[89] John Piper, «Books Don't Change People, Paragraphs Do» [Los libros no cambian a las personas; los párrafos lo hacen], *Desiring God,* 16 de julio de 2013, acceso el 9 de enero de 2017, http://www.desiringgod.org/articles/books-don-t-change-people -paragraphs-do.

- **Pragmática**: juzga los hechos como buenos o válidos según los resultados.
- **Utilitarista**: juzga el valor de algo por la utilidad que represente.
- **Terapéutica**: ve el pecado como una enfermedad; por tanto, la persona necesita terapia y no arrepentimiento.
- **Relativista y situacional**: lo moral lo determinan las personas y sus circunstancias.
- **Minimalista**: todo es reducido a su mínima expresión, incluyendo lo sagrado.
- **Desconectada**: desconoce lo que está ocurriendo dentro y fuera de sí.
- **Emocional**: las decisiones se toman por las emociones y no por la razón.

Todo esto impide que el individuo de nuestros días tenga alguna motivación para pensar seriamente sobre su vida y la sociedad que lo rodea. Si conocemos las circunstancias en medio de las cuales nos encontramos, podemos entender perfectamente bien las razones a la luz de lo que acabamos de decir.

A continuación, presentamos algunas ideas, frases de otros y frases propias que nos han servido para afinar nuestro pensamiento y organizar nuestra vida.

SÉ UNA PERSONA BÍBLICA:
TRES PREGUNTAS DE EVALUACIÓN

En nuestros años iniciales en la fe cristiana, cuando comenzábamos a leer literatura para alimentar nuestra alma, encontramos en uno de esos tantos libros que leímos, cuyo título hoy no recordamos, tres preguntas que deben estar presentes en nuestras mentes a la hora de tomar decisiones o simplemente de vivir el día a día. Estas son:

- ¿Esto es bíblico?
- ¿Cuál es nuestra motivación?
- ¿De quién es la gloria? o ¿quién se llevará la gloria?

227

Esas tres preguntas son relativamente sencillas, pero tienen el potencial de causar un profundo impacto en cómo pensamos y vivimos. Como médico, podríamos preguntarnos si la manera en que ejercemos la medicina es bíblica; podríamos preguntarnos si nuestra motivación es hacer dinero o servir a otros; y finalmente, podríamos preguntarnos a la hora de contribuir a la sanación de un paciente, ¿quién se llevará la gloria? De igual modo, podríamos hacernos las mismas tres preguntas con relación a cada sermón que hemos predicado o con relación a nuestra vida matrimonial.

El filósofo Protágoras erróneamente afirmó: «El ser humano es la medida de todas las cosas». En contraste, el autor de Proverbios nos recuerda que hay caminos que al hombre le parecen correctos, pero que al final son caminos de muerte (Prov. 14:12). Por tanto, debe preguntarse continuamente si es bíblica su manera de trabajar o de vivir. Para Dios es tan importante lo que perseguimos como la motivación detrás de lo que perseguimos. La motivación de por qué hacemos algo en particular tiene que ver con la condición de nuestro corazón y la orientación que tiene nuestra vida: vertical u horizontal. En ocasiones, no queremos hacer algo porque consideramos que no está a la altura de quienes somos o no queremos hacerlo porque entendemos que debieron preguntarnos a nosotros primero antes que a cualquier otro. Pero cuando esos pensamientos surgen, entonces estas tres preguntas podrían ayudarnos a evaluar nuestra actitud.

SÉ UNA PERSONA DE PROPÓSITO DEFINIDO: LA GENTE ES EL PROPÓSITO; SU GLORIA ES LA META

Nosotros muchas veces estamos tan enfocados en hacer las cosas bien (y debemos hacerlas bien) que se nos olvida que hacemos lo que hacemos no por la tarea misma, sino por la gente a quien la tarea sirve. En otras palabras, podemos vivir orientados hacia las tareas u orientados hacia las personas. Nota la orientación de Cristo en este pasaje:

Los apóstoles se reunieron con Jesús, y le informaron sobre todo lo que habían hecho y enseñado. Y Él les dijo: Venid, apartaos de los demás a un lugar solitario y descansad un poco. (Porque había muchos que iban y venían, y ellos no tenían tiempo ni siquiera para comer). Y se fueron en la barca a un lugar solitario, apartado. Pero la gente los vio partir, y muchos los reconocieron y juntos corrieron allá a pie de todas las ciudades, y llegaron antes que ellos. Al desembarcar, Él vio una gran multitud, y tuvo compasión de ellos, porque eran como ovejas sin pastor; y comenzó a enseñarles muchas cosas. Y cuando era ya muy tarde, sus discípulos se le acercaron, diciendo: El lugar está desierto y ya es muy tarde; despídelos para que vayan a los campos y aldeas de alrededor, y se compren algo de comer. Pero respondiendo Él, les dijo: Dadles vosotros de comer. Y ellos le dijeron: ¿Quieres que vayamos y compremos doscientos denarios de pan y les demos de comer? Y Él les dijo: ¿Cuántos panes tenéis? Id y ved. Y cuando se cercioraron le dijeron: Cinco, y dos peces. Y les mandó que todos se recostaran por grupos sobre la hierba verde. Y se recostaron por grupos de cien y de cincuenta. Entonces Él tomó los cinco panes y los dos peces, y levantando los ojos al cielo, los bendijo, y partió los panes y los iba dando a los discípulos para que se los sirvieran; también repartió los dos peces entre todos. Todos comieron y se saciaron. Y recogieron doce cestas llenas de los pedazos, y también de los peces. Los que comieron los panes eran cinco mil hombres (Mar. 6:30-44).

Notemos cómo los discípulos se habían retirado a descansar porque ni siquiera tenían tiempo para comer. Pero tan pronto Jesús vio la multitud tuvo compasión de ellos. Los discípulos estaban orientados a las tareas: «[D]espídelos para que vayan a los campos y aldeas de alrededor, y se compren algo de comer» (v. 36). Pero Jesús «tuvo compasión de ellos, porque eran como ovejas sin pastor» (v. 34). La manera como vivimos y trabajamos marca la diferencia. En una iglesia, comenzar y terminar a tiempo el servicio dominical no es lo más importante, aunque tiene importancia. Lo más importante es si Dios le habló a Su pueblo por medio de Su Palabra lo que quería comunicar ese día. ¿Honramos a Dios? ¿Ministramos a la congregación?

¿Predicamos Su Palabra? Las respuestas a esas tres preguntas son más importantes que cualquier otra cosa.

SÉ UN SIERVO DE SU VOLUNTAD:
LA NECESIDAD NO CONSTITUYE EL LLAMADO DE DIOS

Continuamente tendremos más demandas de las que podemos satisfacer y esto puede constituirse en un motivo de frustración. Sin embargo, tenemos que recordar que solo somos responsables de hacer aquello que Dios nos ha llamado a hacer. Cuando Jesús bajó al estanque de Betesda, no sanó a cada enfermo que estaba allí. El texto dice que había cientos de enfermos, pero Él solo sanó a uno (Juan 5:1-9). Jesús pudo multiplicar los panes todos los días para dar de comer a aquellos que estaban hambrientos, pero los Evangelios solo registran dos ocasiones cuando lo hizo. Él entendió perfectamente bien que había venido para hacer la voluntad de Su Padre (Juan 6:38) y no la suya propia ni tampoco la de los hombres. Al final de Sus días, Jesús no dijo: «Padre, gracias porque sané a todos los enfermos». Tampoco dijo: «Padre, gracias porque di de comer a todos los hambrientos». Más bien, estas fueron Sus palabras: «Yo te glorifiqué en la tierra, habiendo terminado la obra que me diste que hiciera» (Juan 17:4). Nada más ni nada menos. En otra ocasión, Jesús manifestó: «No he sido enviado sino a las ovejas perdidas de la casa de Israel» (Mat. 15:24). Él entendió Su misión. Otros vendrían después con la misión de extender la evangelización más allá, pero Él sabía a qué había venido. Asimismo, en otro momento, Cristo expresó: «Todavía no ha llegado mi hora» (Juan 2:4b). Si no tenemos cuidado, abrazaremos una cantidad de tareas que Dios nunca nos llamó a hacer.

SÉ UNA PERSONA DE EXCELENCIA:
LA EXCELENCIA HONRA A DIOS

Decía Ted Engstrom, quien fue director de *Youth for Christ* y *World Vision International*, que «un líder cristiano nunca equipara la mediocridad con las cosas de Dios, pero siempre está comprometido con perseguir la excelencia».[90] No tratamos de hacer las cosas excelentemente para que nos aplaudan; debemos tratar de hacerlo porque todo lo que está fuera de la excelencia no refleja el carácter de Dios. Ahora bien, excelencia no es hacer las cosas mejor que otros; excelencia es hacer lo que tú puedes hacer de la mejor manera posible; esa es la excelencia. No podemos predicar de la manera en que alguien como Charles Spurgeon predicó; esa no debe ser tampoco nuestra medida. La medida de nuestra excelencia se basa en si a la hora de pararnos en el púlpito podemos estar confiados delante de Dios de que hemos hecho nuestro mejor trabajo de preparación, de que hemos dado nuestro mejor tiempo de dedicación, de que hemos logrado escudriñar la Palabra de la mejor manera posible y de que hemos tratado de entregar lo que Dios nos dio de la mejor manera posible. Esa es la excelencia a la que nos referimos.

La holgazanería no es excelencia. Posponer lo que se puede hacer hoy para hacerlo mañana no es excelencia. Excelencia es hacer lo que debemos hacer, cuando lo debemos hacer, de la mejor manera posible. La excelencia tiene un precio que hay que pagar todo el tiempo. «No hay victorias a precio de ganga»,[91] decía un pasado presidente de Estados Unidos.

La mediocridad niega el carácter de Dios. Jesús afirmó: «En esto es glorificado mi Padre, en que deis mucho fruto, y así probéis que sois mis discípulos» (Juan 15:8). No dijo que el Padre se sentía complacido con que diéramos fruto, sino mucho fruto. Nuestro Dios es un Dios de abundancia y de excelencia. El profeta Daniel se distinguió por tener un espíritu extraordinario: fue un hombre diligente, íntegro y fiel. Eso forma parte de la excelencia. No olvidemos que, si algo merece ser hecho, merece ser bien hecho. Una de las críticas que más frecuentemente hemos oído de parte del mundo inconverso es la falta de excelencia en los servicios dominicales de muchas iglesias

---

[90] Ted W. Engstrom, *The Making of a Christian Leader* [Un líder no nace, se hace] (Grand Rapids: Zondervan, 1978), 199.

[91] Dwight D. Eisenhower, «The Best Dwight D. Eisenhower Quotes» [Lo mejor de las frases de Dwight D. Eisenhower], acceso el 11 de enero de 2017, https://www.brainy quote.com/quotes/quotes/d/dwightdei124736.html.

evangélicas. Solo basta con ver la hermosura y la maravilla de la creación de Dios para saber de qué manera nuestro Padre quiere que lo reflejemos.

SÉ UN VERDADERO SIERVO:
«LA MEDIDA DE UN HOMBRE NO ESTÁ EN CUÁNTOS SIERVOS TIENE, SINO EN EL NÚMERO DE PERSONAS A LAS CUALES SIRVE»[92]

Se cuenta que un gran grupo de pastores europeos llegó a una de las Conferencias Bíblicas de Northfield organizada por D. L. Moody en Massachusetts, a finales del siglo XIX. Siguiendo la costumbre europea de la época, cada huésped puso sus zapatos fuera de su habitación para que los empleados del vestíbulo los limpiaran durante la noche. Sin embargo, no había quien los limpiara porque no era la costumbre estadounidense.

Al caminar por los dormitorios esa noche, Moody vio los zapatos y decidió no avergonzar a sus hermanos. Les mencionó esta necesidad a algunos estudiantes ministeriales, pero nadie estuvo dispuesto. Moody recogió los zapatos y solo en su habitación comenzó a limpiarlos y pulirlos. Un amigo llegó y lo vio, pero Moody nunca dijo nada.

Cuando los visitantes extranjeros abrieron sus puertas a la mañana siguiente, los zapatos estaban limpios. Moody nunca contó nada, pero su amigo se lo dijo a algunas personas. Entonces, durante el resto de la conferencia, diferentes hombres se ofrecieron a dar brillo a los zapatos en secreto. Esto es un gran ejemplo de lo que es un verdadero siervo y de cómo puede influenciar a otros con su ejemplo.[93]

Tenemos que vernos como siervos que sirven a otros. El servicio no es simplemente una tarea, sino un gran privilegio. Un privilegio es algo que tú cuidas, algo que valoras, algo que entiendes que no mereces, pero que por gracia Dios te ha otorgado. Los privilegios son tratados con santidad, con cuidado, con esmero, con integridad. Si vamos a servir tenemos que orar; tenemos que orar por nuestro ser-

---

[92] Esta frase se le atribuye a D. L. Moody.
[93] Gary Inrig, *A Call to Excellence* [Un llamado a la excelencia] (Wheaton: Victor Books, 1985), 98.

vicio, por la tarea que hacemos. Esta fue nuestra oración por mucho tiempo: «Señor, hazme un ministro de tu gracia». No importa dónde sirvamos; debemos ser ministros de Su gracia: al predicar, al enseñar, al orar, al hablar, al ser un amigo, al escuchar, etc. Al final, si no podemos ser ministros de Su gracia, no estamos listos para servir para la gloria de Dios. Dios desea instrumentos, vasos preparados, para poder hacer fluir Su gracia a través de esos vasos. Las cosas salen bien cuando la gracia de Dios fluye. Lo único que detiene el trabajo de Dios, por así decirlo, es un obstáculo en nosotros que impida el fluir natural de Su gracia. De manera natural, Él hace fluir Su carácter a través de Sus instrumentos.

SÉ UNA PERSONA JUSTA:
«NO HAY NADA MÁS DESIGUAL QUE TRATAR IGUAL A LOS QUE NO SON IGUALES»

Leímos esta frase cuando apenas teníamos doce años de edad en un libro propiedad de mi padre titulado *La educación del niño excepcional*. Nuestro padre había muerto y estábamos revisando algunos de los documentos que había dejado en gavetas y en una de esas gavetas nos encontramos con dicho libro. Por alguna razón, esa frase se grabó en nuestra memoria desde entonces hasta el día de hoy. A la hora de servir tenemos que recordar que el estándar de Dios no cambia, pero la aplicación de dicho estándar necesita sabiduría. No le pedirías a un niño de un año que haga sus necesidades por sí solo en el lugar adecuado, aunque lo exigirías de un niño de diez años. Si como pastor pecamos después de más de 30 años en la fe cristiana, Dios nos juzgará de manera diferente que a alguien que acaba de convertirse anoche. Santiago, uno de los autores del Nuevo Testamento, nos recuerda esta verdad de otra manera: «Hermanos míos, no os hagáis maestros muchos de vosotros, sabiendo que recibiremos un juicio más severo» (Sant. 3:1). En una misma congregación hay personas en diferentes estadios de santificación; por tanto, nuestro nivel de paciencia tiene que ser mayor para con aquellos que hace mucho menos tiempo que están dentro de la familia de Dios. Tenemos que ser justos a la hora de juzgar.

SÉ UN ADORADOR DEL ÚNICO DIOS VERDADERO:
«NOS CONVERTIMOS EN LO QUE ADORAMOS»

G. K. Beale escribió un libro titulado *We Become What We Worship* [Nos convertimos en lo que adoramos], el cual encierra una verdad revelada en el Libro de los Salmos:

Los ídolos de ellos son plata y oro, obra de manos de hombre. Tienen boca, y no hablan; tienen ojos, y no ven; tienen oídos, y no oyen; tienen nariz, y no huelen; tienen manos, y no palpan; tienen pies, y no caminan; no emiten sonido alguno con su garganta. Se volverán como ellos, los que los hacen, y todos los que en ellos confían (Sal. 115:4-8).

El profeta Jeremías reveló que lo que el salmista advirtió pasó a ser una realidad entre los judíos: «Anunciad esto en la casa de Jacob y proclamadlo en Judá, diciendo: "Oíd ahora esto, pueblo necio e insensible, que tienen ojos y no ven, tienen oídos y no oyen"» (Jer. 5:20-21). Ezequiel denunció la misma condición en el pueblo (Ezeq. 12:1-2).

Piensa por un momento en lo que eres. Lo que somos hoy es un reflejo de lo que hemos adorado a lo largo de nuestras vidas. Si te fijas en el apóstol Pablo y en cómo vivió, te darás cuenta de que era un reflejo de lo que adoraba. De esa misma manera, nosotros tenemos muchos ídolos en el corazón y esos ídolos nos dan sus formas. Las siguientes preguntas pueden ayudarnos a encontrar algunos de nuestros ídolos:

- ¿Está dispuesto a pecar para conseguirlo?
- ¿Está dispuesto a pecar si piensa que lo perderá?
- ¿Es eso lo que le da sentido de valor o de importancia?
- ¿Se irrita tan pronto alguien le habla negativamente sobre esa persona o esa cosa?
- ¿Es eso lo que necesita para sentirse seguro?
- ¿Está dispuesto a sacrificar relaciones para no perderlo o para defenderlo?

Nuestros ídolos representan parte del esfuerzo humano de vivir independientemente, confiando en cosas o personas en vez de confiar en Dios. «El hombre rehúsa admitir que es una criatura dependiente del Creador y entonces hace esfuerzos continuos para construir para sí mismo una vida independiente y segura».[94] Nuestro corazón no tolera que le toquen sus ídolos. De ser así, necesitamos renunciar a dichos ídolos. Si no destruimos nuestros ídolos, ellos terminan destruyéndonos a nosotros.

SÉ UNA PERSONA FRUCTÍFERA:
«EL AHORA CUENTA PARA SIEMPRE»

Apenas comenzábamos a dar nuestros primeros pasos en la fe cristiana cuando escuchamos esta frase de R. C. Sproul: «El ahora cuenta para siempre». Nuestra cultura latina no se caracteriza por el sentido de urgencia con el que vive. En nuestro medio hay un refrán que dice: «No dejes para mañana lo que puedes hacer hoy». De manera jocosa, en ocasiones hemos dicho que algunos al parecer han cambiado ese refrán para que diga: «No hagas hoy lo que puedes dejar para mañana». Cuando vivimos así, nuestras vidas se complican. Como bien decía alguien, un trabajo dificultoso no es más que la acumulación de muchas tareas pequeñas que no se hicieron a su debido tiempo o de la manera correcta. Necesitamos un mayor sentido de urgencia porque nosotros no tenemos toda la eternidad de este lado de la gloria para llevar a cabo la tarea que Dios nos encomendó. Cuando el día de hoy transcurra, ya jamás volveremos a ver ese tiempo.

El apóstol Pablo instruía a los efesios y les decía: «[T]ened cuidado cómo andáis; no como insensatos, sino como sabios, aprovechando bien el tiempo, porque los días son malos» (Ef. 5:15-16). Cada mañana al despertar debemos pensar de qué forma Dios quiere que llevemos a cabo Su voluntad en ese día. No podemos continuar viviendo de manera irreflexiva porque perderemos mucho tiempo y con

---

[94] Vinoth Ramachandra, *Gods that fail* [Dioses que fallan] (Westmont: InterVarsity Press, 1996), 174.

ello perderemos muchos galardones al llegar al reino de los cielos. Obviamente, no trabajamos para acumular galardones, sino para la gloria de Dios; pero, en la parábola de los talentos, el que había recibido cinco talentos los convirtió en diez y el que había recibido dos talentos los multiplicó y devolvió cuatro. Sin embargo, el que había recibido un solo talento, lo guardó y asimismo lo devolvió. El amo elogió la actitud de los dos primeros siervos y dio órdenes de quitar el talento de la mano de aquel que no usó su tiempo para invertir dicho talento. Así, Cristo ilustra qué ocurrirá a la hora de rendir cuentas con aquellos que no han usado los privilegios y las oportunidades que Dios nos ha entregado para glorificar Su nombre aquí en la tierra y contribuir a expandir Su reino.

Esta otra frase atribuida a Jim Elliot resume bastante bien el sentido de intensidad con el cual deberíamos vivir: «Donde quiera que estés, está allí por completo; vive al máximo cada situación que entiendas que es la voluntad de Dios». Cuando junto a mi esposa nos mudamos a Estados Unidos, de donde ella es oriunda, no vivimos allí por quince años añorando lo que habíamos dejado atrás, porque entendimos que eso nos restaría concentración, esfuerzo y dedicación a la voluntad de Dios para con nosotros en aquella nación. Ahora hace más de quince años que regresamos a República Dominicana, nuestro país de origen, y tampoco añoramos todas las cosas que dejamos atrás en aquella otra nación por las mismas razones que acabamos de mencionar. Cristo, a Su paso por la tierra, lo dio todo para completar la tarea asignada por Su Padre y en esto estuvo Su complacencia. Terminado el tiempo, se propuso volver a disfrutar del amor del Padre y de la gloria de Dios que había disfrutado desde la eternidad pasada.

SÉ UN SIERVO SABIO:
«LAS IDEAS TIENEN CONSECUENCIAS»

Esta es una frase muy conocida en nuestros días. En medio de una generación que ha creado una revolución moral y que ha querido eliminar todo valor de aquellas verdades que han sostenido a la humanidad por cientos y miles de años, tenemos que recordar siempre que las nuevas ideas tendrán sus consecuencias por muchos años. Creemos que G. K. Chesterton tenía toda la razón al decir: «Cada vez que vayas a mover una verja, siempre detente durante un buen tiempo para preguntar por qué la pusieron allí en un principio». Esta es también la idea detrás de Prov. 22:28 y son palabras sabias. Si se coloca un muro de contención para contener la crecida de un río y luego pasan muchos años y el río no crece, podría venir una generación que desconoce las crecidas del pasado y, al no haber visto nunca una, decidir remover dicho muro, lo cual probaría ser una medida fatal si en el día de mañana dicho río creciera otra vez. Dios y la sabiduría acumulada por los hombres nos han dejado con muros de contención contra la maldad del hombre. ¡Cuidado! Nuestra generación parece estar removiendo todos los muros de contención que generaciones anteriores colocaron. Nuestra generación ha removido de nuestro medio el sentido del deber, de la culpa y de la vergüenza, y hoy ya comenzamos a recoger los malos frutos de la primera cosecha.

Las ideas frecuentemente se discuten primero en centros académicos de una manera muy intelectual y lógica. Pero no quedan allí. Estas ideas comienzan a circular en la sociedad y muchos comienzan a sustentar ideas erróneas, a menudo aceptadas en base a las emociones o sentimientos. Por ejemplo, muchos preguntan hoy: ¿por qué es inmoral que dos personas del mismo sexo se casen si se aman? Ya la lógica y la razón no juegan ningún rol en esta discusión, solo las emociones. El próximo paso es crear leyes que regulan la conducta para toda la sociedad.[95]

En el caso de la Iglesia de Cristo, tenemos unos 20 siglos de historia y, por tanto, necesitamos conocer la sabiduría colectiva del pasado proveniente de aquellos hombres que Dios dio a Su Iglesia como maestros para navegar en estos tiempos turbulentos. Nada es tan simple como parece. Después de Génesis 3, todo se complicó. En ocasiones, alguien nos detiene para hacernos alguna pregunta y nos dice, «Pastor, es solo un minuto» y luego la persona procede con su pregunta. Con frecuencia comienzo diciendo: «¿Quiere que

---

[95] Ver Ravi Zacharias, «Living an Apologetic Life» [Vivir una vida de arrepentimiento], publicado por Ravi Zacharias International Ministries, 18 de octubre del 2003, acceso el 11 de enero de 2017, http://rzim.org/just-thinking/living-an-apologetic-life.

le responda eso antes de Génesis 3 o después de Génesis 3?». Porque antes de Génesis 3 esa pregunta era sumamente fácil; después de Génesis 3, es otra historia, justo por la pecaminosidad del corazón y de la mente humana.

SÉ UNA PERSONA PRUDENTE AL HABLAR: *EL SILENCIO SUELE SER SU MEJOR DEFENSA. CON FRECUENCIA, MIENTRAS MÁS NECESITA JUSTIFICAR ALGO, MENOS RAZONES TIENE PARA DEFENDERLO*

Santiago, en la carta del Nuevo Testamento que lleva su nombre, nos advierte y nos aconseja «que cada uno sea pronto para oír, tardo para hablar, tardo para la ira» (Sant. 1:19b). Somos propensos a emitir opiniones sin conocer todos los hechos y a hablar sin conocer de qué manera hemos pecado contribuyendo a lo que está ocurriendo. El hombre sabio sabe cuándo hablar y cuándo callar. La persona humilde sabe que no necesita defensa en la gran mayoría de los casos. Dios y su testimonio representan su mejor defensa. Si Dios y su testimonio no lo pueden defender, ninguna de sus palabras podrán hacerlo. Durante los juicios injustos llevados a cabo contra Jesús, el Hijo de Dios permaneció en silencio en la mayoría de los interrogatorios o respondió con pocas palabras. Él conoce mejor que nadie la sabiduría detrás del Libro de Proverbios: «No respondas al necio de acuerdo con su necedad, para que no seas tú también como él. Responde al necio según su necedad, para que no sea sabio ante sus propios ojos» (Prov. 26:4-5).

Hay tiempo de hablar y tiempo de callar. Nuestras defensas en ocasiones irritan al otro mucho más y otras veces nos llevan a pecar aún más. A veces, en medio de la confusión, mentimos en la defensa o torcemos la verdad intencional o subconscientemente; otras veces, somos nosotros los que nos irritamos en medio de la defensa y, cuando eso ocurre, perdemos toda objetividad. El hombre sabio y prudente no está interesado en ganar, sino en ganarse al otro haciendo uso de la gracia y la verdad… en ese orden. La humildad no es defensiva; el orgullo sí. El amor no es argumentativo; el egocentrismo sí lo es.

SÉ UNA PERSONA DE ORACIÓN:
«LA ORACIÓN NO SE MIDE POR CUÁNTO HEMOS RECIBIDO DE DIOS, SINO POR CUÁNTO DE DIOS SE HA FORMADO EN NOSOTROS»

Esta es una de las muchas frases de E. M. Bounds, un hombre altamente conocido por su vida de oración. Todos nosotros estamos convencidos de la gran necesidad que tenemos de orar continuamente y, al mismo tiempo, la mayoría de los hijos de Dios están insatisfechos con su vida de oración. A nuestro parecer, todo comienza con una mala comprensión del propósito de la oración. La mayoría de los creyentes miden la eficacia de su oración por el número de respuestas positivas que reciben de parte de Dios. Cuando Dios responde con un «no», cuando dice «todavía no» o cuando dice «bástate mi gracia», el creyente considera que todas esas respuestas son oraciones no contestadas. Cuando decimos que Dios es inmutable y que nadie puede cambiar Su voluntad, casi inmediatamente escuchamos a la otra persona decir: «Entonces, ¿para qué oramos?». Tenemos que volver a recordar que la oración no fue diseñada para cambiar la voluntad de Dios, sino para entrar en Sus propósitos.

Cuando Jesús enseñó a Sus discípulos a orar, una de las cosas por la que les enseñó a orar fue para que se hiciera la voluntad del Padre «así en la tierra como en el cielo» (Mat. 6:10). Y cuando al mismo Jesús le tocó estar en la hora difícil, en el huerto de Getsemaní, estas fueron Sus palabras: «Padre mío, si es posible, que pase de mí esta copa; pero no sea como yo quiero, sino como tú quieras» (Mat. 26:39b). La segunda persona de la Trinidad, con todos los derechos y privilegios, y con toda la sabiduría posible, no oró para cambiar la voluntad del Padre. Cambiar la voluntad de Dios para dar paso a nuestra voluntad es pasar de lo sagrado a lo carnal, de lo perfecto a lo imperfecto y de la sabiduría a la necedad humana. En oración, Dios prepara nuestra mente y nuestro corazón para las circunstancias que vienen de camino. Es en la intimidad donde Dios nos recuerda Su Verdad, Su amor para con nosotros y Su fidelidad para con los Suyos. Además, es en esa intimidad donde nuestra fortaleza es renovada. Necesitamos orar antes de hacer. No podemos hacer nada sin orar; mas podemos hacer cualquier cosa (hiperbólicamente hablando) después de orar. Jesús lo dijo de una manera diferente: «[S]eparados de mí nada podéis hacer» (Juan 15:5).

SÉ UN SIERVO ENTENDIDO EN EL DOLOR: *«ES DUDOSO QUE DIOS PUEDA BENDECIR A UN HOMBRE EN GRAN MANERA SI ANTES NO LO HA HERIDO PROFUNDAMENTE»*

Esta es una frase que aquellos que están familiarizados con A. W. Tozer pueden conocer. Se encuentra en su libro *The Root of the Righteous* [La raíz de los justos], en el capítulo titulado «Praise God for the Furnace» [Gracias a Dios por el horno].[96] Este fue un hombre que entendió a través del registro bíblico que Dios usa el dolor del sufrimiento para quebrantar nuestro orgullo y destruir las murallas que hemos construido alrededor de nuestro corazón y que están impidiendo la formación del carácter de Cristo en nosotros. Ese fue el caso en la vida de José, Moisés, Job, Jeremías, Pedro, Pablo y muchos otros, algunos de los cuales aparecen en el capítulo 11 de Hebreos. Además, como Dios reveló al apóstol Pablo, Dios perfecciona Su poder en la debilidad (2 Cor. 12:9). En otras palabras, nada permite el despliegue del poder de Dios y de Su gloria como la debilidad del hombre. El mejor ejemplo de esto que acabamos de decir es el mismo Señor Jesús colgado de una cruz después de haber sido lacerado y burlado. Solo Dios entiende lo que Él está haciendo porque Su sabiduría es inescrutable. Pero un verdadero siervo de Dios necesita confiar en la bondad de su Señor, en Su soberanía, en Su Providencia y en Su obrar. El hombre muchas veces empeora su situación emocional y espiritual al cuestionar el carácter de Dios en medio de la prueba. Eso no nos produce paz y aumenta con creces nuestro dolor.

El salmista, con menos revelación de la que tenemos hoy, porque aún la mayor parte de la Biblia no había sido escrita, entendió que

---

[96] A. W. Tozer, *The Root of the Righteousness* [La raíz de los justos] (Chicago: Moody Publishers, 2015), 165.

Dios tiene buenos propósitos para con Sus hijos en medio de las dificultades. Por eso escribió en el salmo 119: «Bueno es para mí ser afligido, para que aprenda tus estatutos» (v. 71). Con estas palabras, el autor del salmo nos da a entender que muchas veces no aprendemos los estatutos de nuestro Dios hasta que no hemos sido quebrantados porque hasta ese momento en nuestra necedad insistíamos en hacer las cosas a nuestra manera y estorbábamos así los propósitos de Dios, por lo menos de manera temporal, como fue el caso de Jonás. Más adelante, el salmista habla de cómo pudo atravesar por la dificultad del momento y así dice: «Si tu ley no hubiera sido mi deleite, entonces habría perecido en mi aflicción» (v. 92). Si el salmista se hubiera airado contra Dios, como muchos hacen, se habría consumido en la autoconmiseración, que es un sentimiento pesimista y egocéntrico donde la persona se ve como la mayor víctima de todo lo que ha acontecido o acontece a su alrededor. José, aun después de que sus hermanos lo vendieran, no se sintió así porque sabía que Dios no estaba ajeno a su experiencia; por eso, cuando sus hermanos se encontraron con él años después, no encontraron a un José resentido como vemos en estas palabras: «Vosotros pensasteis hacerme mal, pero Dios lo tornó en bien para que sucediera como vemos hoy, y se preservara la vida de mucha gente» (Gén. 50:20).

REFLEXIÓN FINAL

Si quieres «ser antes de hacer», necesitas cultivar tu mente; así que no la desperdicies. Ahora bien, recuerda que tu mente no es el cerebro. El cerebro es un órgano, mientras que la mente es una habilidad dada por Dios al hombre, que usa las capacidades cerebrales, pero que al mismo tiempo hace uso de la conciencia y de la imagen de Dios en el hombre para razonar las ideas que tarde o temprano tendrán consecuencias. Dios nos llamó a amarlo con todo nuestro corazón, alma y mente (Mat. 22:37), como ya habíamos visto. También nos llamó a ser transformados por medio de la renovación de nuestra mente (Rom. 12:2). Él conoce la importancia de cómo el hombre piensa porque toda acción estará precedida de un pensamiento. Nosotros pecamos con el pensamiento mucho antes de pecar con la acción. Por eso dijo Jesús «que todo el que mire a una mujer para codiciarla ya cometió adulterio con ella en su corazón» (Mat. 5:28).

No cultivar nuestra mente es malgastar o desperdiciar uno de los mayores regalos que Dios le haya dado al hombre. Los animales no tienen tal capacidad ni ningún otro ser sobre la tierra. Es algo que forma parte de la imagen de Dios en el hombre. Entonces, si es así, ¿cómo no hacer el mayor esfuerzo para alimentar nuestra mente con la sabiduría de Dios?

Otra forma de renovar y transformar nuestra mente es analizar de continuo los eventos de la vida a través de la lente bíblica. Leer literatura cristiana escrita por personas que han sido dotadas por Dios de sabiduría y discernimiento contribuye a hacernos cada vez más sabios. Y en ese sentido quisiéramos enfatizar que tenemos un legado de 2000 años de historia durante los cuales miles de siervos de Dios han dejado plasmado para la posteridad aquello que han aprendido acerca de nuestro Dios. No hacer uso de ese legado no es humilde ni sabio.

14

Sé un siervo no seducido por el éxito

*Solamente sé fuerte y muy valiente;
cuídate de cumplir toda la ley que Moisés
mi siervo te mandó; no te desvíes de ella
ni a la derecha ni a la izquierda, para que
tengas éxito dondequiera que vayas. Este
libro de la ley no se apartará de tu boca,
sino que meditarás en él día y noche, para
que cuides de hacer todo lo que en él está
escrito; porque entonces harás prosperar
tu camino y tendrás éxito.*

(Jos. 1:7-8)

INTRODUCCIÓN

S in lugar a dudas, la prosperidad y el éxito han hecho sucumbir a muchas más personas que la adversidad. «Por cada hombre que puede manejar la prosperidad, hay 100 que pueden manejar la adversidad».[97] La prosperidad tiende a volver al hombre orgulloso, autosuficiente, indiferente hacia los demás e insensible hacia las precariedades de otros. La adversidad, por otro lado, con frecuencia acerca al hombre a Dios. La sociedad siempre ha estado en búsqueda

---

[97] Thomas Carlyle, *On Heroes, Hero-Worship, & the Heroic in History: Six Lectures* [Sobre héroes, la adoración de héroes y los heroicos en la historia] (Nueva York: Wiley and Putnman, 1846), 174. Disponible en HathiTrust: https://hdl.handle.net/2027/nyp.33433074966502

de seguridad y de fama; estas dos condiciones por sí solas hacen que el hombre busque el éxito y la prosperidad. Es lamentable que la misma sed pecaminosa del hombre se haya infiltrado en la Iglesia de nuestros días y, como consecuencia, haya originado todo un movimiento, concebido en el infierno mismo, conocido como el evangelio de la prosperidad. Este movimiento se originó en el Hades y se dirige a su lugar de origen. Decimos esto sin temor a equivocarnos porque es un movimiento que ha distorsionado el evangelio y ha hecho del dinero y las riquezas la búsqueda número uno del hombre. Además, este movimiento enseña que las enfermedades no forman parte de la voluntad de Dios para ninguno de Sus hijos. Con frecuencia, ha hecho del evangelio un mensaje de riqueza, salud y felicidad que bien podría representar la medida del éxito para mucha gente.

Prestemos atención al testimonio de Malcolm Muggeridge a sus 75 años:

> Puedo decir con completa certidumbre que todo lo que he aprendido en mis 75 años en este mundo, cada cosa que verdaderamente ha mejorado e iluminado mi existencia, ha sido a través de la aflicción y no a través de la felicidad, sin importar que lo haya perseguido u obtenido. En otras palabras, si alguna vez fuera posible eliminar la aflicción de nuestra existencia terrenal por medio de alguna droga o cóctel médico, como Aldous Huxley visualizó en su novela *Brave New World* [Un mundo feliz], el resultado no sería una vida exquisita, sino una vida demasiado superficial y trivial para ser tolerada.[98]

Si regresamos al tema de este capítulo, nos percatamos de que hay más de una forma de ser próspero: una según Dios y la otra según los humanos. La mayoría de las personas asocian la palabra *prosperidad* con bonanza económica, lo cual es totalmente erróneo. Tal es así que ni siquiera el diccionario define la palabra *prosperidad* de

---

[98] Malcolm Muggeridge, *A Twenty Century Testimony* [Un testimonio del siglo XX] (Nashville: Thomas Nelson, 1978), 35.

esa manera. El diccionario de la Real Academia Española define la prosperidad así:

1. Curso favorable de las cosas.
2. Buena suerte o éxito en lo que se emprende, sucede u ocurre.

Estas definiciones no dicen nada sobre la parte económica de la vida. Sin embargo, cuando hablamos de prosperidad, todo el mundo la asocia con el dinero. Ahora bien, lo que sí podemos ver en la segunda definición es que hay una conexión entre la prosperidad y la idea de tener éxito. De hecho, quisiéramos citar una vez más la segunda definición: **«Buena suerte o éxito en lo que se emprende, sucede u ocurre».** De ahí que, para muchos, la prosperidad sea sinónimo de éxito. Por consiguiente, para fines del desarrollo del tema de este capítulo, usaremos las palabras *éxito* y *prosperidad* de forma indistinta.

Si prosperidad es éxito en lo que se emprende, la pregunta sería ¿qué es entonces el éxito? Uno de los diccionarios consultados define el éxito como «obtener lo deseado». Si es así, creemos que habría diferentes definiciones de lo que es el éxito según cada persona. Lamentablemente, la forma como la sociedad define el éxito está muy mal enfocada debido al sistema de valores con el que vive. Steven Burglas, en su libro *The Success Syndrome* [El síndrome del éxito], dice que «el éxito en Norteamérica es más que meramente obtener lo que uno desea; es obtener un resultado final deseado que provee un alto nivel de riqueza material y reconocimiento público».[99]

Antes de continuar, quisiéramos recordar que nuestra sociedad es altamente materialista y esto es importante a la hora de hablar del tema que estamos tratando porque es esa sociedad materialista la que pretende definir a una persona como exitosa o como fracasada. El hombre de hoy valora lo material por encima de lo espiritual y esto lo lleva a preocuparse excesivamente por las cosas materiales,

---

[99] Steven Burglas, *The Success Syndrome: Hitting Bottom When You Reach The Top* [El síndrome del éxito: Tocar fondo cuándo uno llega a lo más alto], 1.ª edición (Nueva York: Springer, 1986), 6.

por aquellas cosas temporales que no tienen valor eterno. Nuestra sociedad exhibe una actitud de descontento en todos los niveles y en todas las edades: nadie está contento con su trabajo, con su pareja ni con su nivel de ingreso, y hasta los niños se quejan de estar aburridos. *Aburrimiento* es una palabra que ni siquiera existía en el vocabulario de las generaciones de antaño. El *Oxford Old English Dictionary* [Diccionario de inglés antiguo Oxford] menciona que la palabra *aburrimiento* (en inglés) aparece por primera vez en 1852 en la novela *Bleak House* [Casa desolada] de Charles Dickens, aunque la actitud de estar aburrido es anterior a ese tiempo.[100] Esto hace que nuestra sociedad viva con un espíritu de queja continuo y con una actitud de ingratitud. Por esta razón, el hombre y la mujer de hoy han puesto un énfasis desmedido en las cosas materiales pensando que la adquisición de dichas cosas calmará su espíritu de descontento. Sin embargo, estas condiciones que acabamos de describir están presentes tanto en personas que son prósperas como en aquellas que no han tenido éxito, lo cual nos deja ver claramente que la prosperidad no llena las verdaderas necesidades del hombre.

Si queremos saber el estado o la condición de nuestra sociedad, solo tenemos que ver cómo la gente define la prosperidad o el éxito, y luego cómo trata de vivirlo o de exhibirlo.

LA PROSPERIDAD O EL ÉXITO SEGÚN DOS SISTEMAS DE VALORES DISTINTOS

Para muchos, el éxito o la prosperidad consisten en la acumulación de bienes materiales, en tener un millón de dólares en el banco o quizás más, en tener una buena casa, un buen vehículo o una combinación de todas ellas. Para otros, el éxito consiste en obtener una maestría o un doctorado en algún área del saber. Para algunos, alcanzar el éxito equivale a tener un trabajo de alto nivel en una de las mejores compañías del área. Independientemente de las aspiraciones de cada

---

[100] Daniel Paliwoda, *Melville and the Theme of Boredom* [Melville y el tema del aburrimiento] (Jefferson: McFarland & Company, Inc., Company, 2010), 15.

persona, la gran mayoría considera que tener éxito es como una combinación de las cinco «P» que mencionamos en un capítulo anterior: *prosperidad, posición, poder, prestigio y placer.* Así es como el ser humano define el éxito o la prosperidad, que no es exactamente como Dios lo define. Son dos definiciones muy distintas de lo que es el éxito y de cómo alcanzarlo. En la sociedad, el éxito se obtiene haciendo lo que sea necesario para tener prosperidad, posición, poder, prestigio y placer. Cuando la sociedad tilda a alguien de exitoso, usualmente evalúa estas cinco características y algunas otras como producción, posesiones, estatus, apariencia, atractivo físico, felicidad, dinero, inteligencia, etc. Si fuéramos a juzgar por estos criterios, la persona que más ha influenciado el mundo fue un total fracaso. Por supuesto, nos referimos a la persona de Cristo, quien durante Su vida no tuvo prosperidad ni posición, ni poder ni prestigio; no buscó el placer ni tuvo posesiones, ni estatus ni atractivo físico, ni inteligencia a la manera del mundo; sin embargo, no ha existido un hombre con tanto éxito como Él. Jesús ha sido la persona que más vidas ha impactado; por Su influencia, dividió la historia entre «antes de Cristo» y «después de Cristo». El impacto de la persona de Jesús en 2000 años de historia ha sido monumental; no obstante, a los ojos del mundo, Su vida, que terminó a los 33 años, fue un fracaso.

Cada una de las cualidades que el mundo reconoce como cualidades de éxito tiene que ver con el mundo exterior, pero no debemos olvidar lo que Dios le reveló al profeta Samuel en un momento en que estaba enfocado en las formas externas de las cosas. El Señor le dijo a Su profeta: «No mires a su apariencia, ni a lo alto de su estatura, […] pues Dios ve no como el hombre ve, pues el hombre mira la apariencia exterior, pero el Señor mira el corazón» (1 Sam. 16:7). El hombre vive preocupado por lo externo y Dios por lo interno. El hombre vive obsesionado con tener una buena reputación, mas Dios está interesado en que nos ocupemos primero de nuestro carácter. Recuerda que, como ya hemos mencionado, el carácter representa lo que somos, nuestra esencia, aquello que hay en nuestro interior; mientras que la reputación es lo que otros piensan que somos. Debemos enfocarnos en cultivar nuestro carácter, pues luego Dios se encargará de nuestra reputación.

LA MOTIVACIÓN DEL HOMBRE PARA PROSPERAR

Antes de seguir adelante, quizás valga la pena preguntarnos: ¿qué es lo que mueve al hombre continuamente a buscar el éxito y la prosperidad? ¿Qué lo mueve a buscar prestigio, poder, posesión, posición, popularidad y demás? Si analizamos bien lo que los estudios han revelado, nos daremos cuenta de que el hombre nace con una necesidad inmensa de aprobación; sin esa aprobación se siente infeliz, inseguro, incompleto, inferior, inquieto e insatisfecho. Por tanto, debido a esa insatisfacción interna, se propone adquirir las cosas que cree que calmarán su sed. Piensa que, si es próspero económicamente, su prosperidad le permitirá comprar las cosas materiales que le ganen la aprobación de aquellos que miden el éxito por las apariencias. Muchos piensan que, si compran un auto de una marca prestigiosa, una casa de cierto nivel o adquieren cierta posición, estarán a la altura de aquellos con quienes se relacionan; entonces eso los hace buscar el éxito económico.

Por su parte, la mujer piensa que, si luce al último estilo de la moda, atraerá a los hombres que le interesan y que, cuando esos hombres la vean lucir así, terminarán valorándola y apreciándola por lo que ella es. Sin embargo, en realidad ocurre todo lo contrario. Cuando un hombre es atraído simplemente por la forma como una mujer luce, aprende a valorar su apariencia externa y no tiene ninguna apreciación por lo que ella realmente es. De ahí que, cuando los años avanzan y la mujer ya no luce como en sus años de juventud, el hombre comienza a buscar en otra dirección.

Por otro lado, hay personas que se percatan de su inseguridad en algún momento y piensan que la manera de sentirse seguros es comprando pólizas de seguro: seguros de vida, seguros para la casa, seguros médicos y cosas parecidas. Pero esas pólizas cuestan dinero y, como cuestan dinero, entienden que necesitan ser prósperos para poder comprar seguridad, lo cual es imposible porque nada los puede proteger contra la eventualidad de un terremoto o una enfermedad.

Las pólizas proveen dinero para reparar los daños causados por ciertas circunstancias de la vida, pero no previenen las circunstancias.

Aún la adicción al trabajo de nuestros días es un reflejo de los problemas que hemos estado viviendo. La gente trabaja más para comprar más o para sentirse que es alguien importante en la vida. Aquellos que se sienten inferiores quieren alcanzar un peldaño más en la escalera del éxito para sentirse que están por encima del otro. De esta manera, podemos hacer toda una lista de las más frecuentes motivaciones humanas para alcanzar el éxito.

El ser humano busca lo siguiente:

* PROSPERIDAD adquiriendo cosas que le provean seguridad. Pero como bien dijo Salomón: «El que ama el dinero, no se saciará de dinero; y el que ama el mucho tener, no sacará fruto [...]. Cuando aumentan los bienes, también aumentan los que los consumen» (Ecl. 5:10-11, RVR1960).
* UNA ALTA POSICIÓN para no sentirse inferior o por debajo de los demás.
* PODER porque eso lo hace sentir que controla a los demás.
* PRESTIGIO para llenar el sentido de vacío con el cual nace.
* PLACER que compra con dinero tratando de anestesiar el dolor con el que vive.
* POSESIONES para poder impresionar a otros y poder sentirse a su altura, como ya hemos mencionado. Con dichas posesiones, la persona busca decirles a los demás que ha tenido éxito en la vida.
* MEJORAR SU ATRACTIVO FÍSICO porque quiere sentir que otros lo buscan y, si lo logra, con eso pretende anestesiar su sentido de soledad.
* INTELIGENCIA para demostrar cuánto sabe y, por tanto, cuánto vale. Con su inteligencia, ese hombre se propone adquirir conocimiento y frecuentemente lo hace, pero eso tampoco lo llena. Lo que el hombre necesita no es conocimiento; necesita sabiduría. El conocimiento nos permite vivir conforme a nuestros propósitos, pero la sabiduría nos permite vivir conforme a

los propósitos de Dios.

- **SENTIRSE JOVEN** y, por tanto, con sentido de que aún puede. Las cirugías plásticas no son más que un esfuerzo desmedido de parte del hombre que lucha contra el reloj y que no quiere que llegue la muerte. El problema de la cirugía plástica es que nos rejuvenece por fuera, pero nos deja intactos por dentro.
- **PERPETUAR UN NOMBRE.** Por eso, hoy en día vemos tantos filántropos que hacen obras de caridad porque buscan perpetuar un nombre para no ser olvidados.

Dios creó al hombre con el sentido de la eternidad en su corazón (Ecl. 3:11) y ese sentir debiera llevarlo a buscar a su Creador. Él es quien trasciende el «aquí y el ahora». No obstante, ese hombre que tiene el deseo innato de ser eterno, en vez de buscar a Dios, busca la forma de extender su vida: tomando sol, tomando vitaminas, yendo al gimnasio, investigando cómo detener el proceso de envejecimiento; y, como resultado, ha cambiado la imagen del Dios eterno por actividades temporales que continúan dejando al hombre sin sentido de propósito.

Se cuenta la historia de un hombre que fue a visitar a su psiquiatra porque estaba muy deprimido. Después de probarlo todo, el psiquiatra le recomienda que vaya a un circo que había llegado a la ciudad, en el cual trabajaba un payaso que aparentemente hacía reír a todo el mundo. El psiquiatra le dice: «Cada vez que voy a ver a este payaso, él tiene la peculiaridad de levantar mi espíritu. Quizás pueda ayudarlo en algo con su depresión». El paciente le dice al psiquiatra: «Doctor, usted no entiende; ese payaso soy yo».[101] Obviamente, el payaso tenía mucho éxito, ya que la gente venía a él en masa para divertirse, pero él no se sentía exitoso ni próspero. No siempre lo que se ve es en realidad lo que es.

Raramente en la sociedad alguien considera la prosperidad o el éxito en términos que no sean materiales. Sin embargo, la pregunta que necesitamos hacernos es la siguiente: si un hombre alcanza una

---

[101] Adaptación de la historia narrada por Charles Swindoll en su libro *Living on the Ragged Edge*, traducido al español como *Diario de un viajero desesperado* (Miami: Editorial Betania, 1989), 42.

posición encumbrada y logra acumular mucho dinero, pero en el proceso descuida y pierde a su esposa e hijos, ¿puede considerarse exitoso? Algunos opinarían que sí, que fue exitoso en su trabajo, aunque haya sido un fracaso en su familia. De hecho, esa es la realidad de una gran cantidad de personas en la sociedad de hoy. A las personas con esas condiciones se las considera exitosas solamente por lo materialista que es nuestra sociedad.

El 20 de julio de 1993, en Washington D. C., Vincent Foster, quien fuera ayudante personal del presidente Bill Clinton, se sentó en el jardín de rosas de la Casa Blanca a escuchar al presidente que anunciaba la renuncia del director del FBI. Foster retornó a su oficina después de la ceremonia, revisó algunos papeles legales y luego de hablar con el presidente Clinton, a quien conocía desde su juventud, almorzó en su escritorio. Poco después de la una de la tarde, salió de su oficina y le dijo a sus ayudantes que regresaría. Salió en su vehículo y se dirigió a un pequeño parque nacional al lado del río Potomac. Una vez allí, salió del auto portando un revólver; se aproximó a un cañón que apuntaba hacia el bosque y allí Vincent Foster se quitó la vida. Cuando el presidente se enteró, llamó a sus ayudantes y les dijo: «Sería errado definir la vida de Vincent Foster simplemente por cómo murió». Y aunque es cierto, no es menos cierto que resulta muy difícil catalogar como exitosa una vida que termina en suicidio. No podemos fijarnos únicamente en el desempeño laboral de una persona para definir lo que es prosperidad o éxito; tenemos que mirar a la persona completa.

Por consiguiente, quisiéramos proponer un término con el cual nos encontramos recientemente y es el término *prosperidad integral.* La prosperidad integral puede definirse como la habilidad de una persona para tener éxito en todas las áreas de la vida, incluyendo su carácter, su familia y el mundo a su alrededor. Uno de los grandes problemas de nuestra generación es que no ha sabido priorizar sus propósitos y, por tanto, no ha sabido medir su nivel de éxito. En marzo de 1991, una revista estadounidense de nombre *OMNI*, en su artículo «Why Successful People Fail» [Por qué la gente exitosa fracasa], hablaba de que las personas exitosas sufrían o eran víctimas de las tres «A»:

- *Aloneness* (soledad)
- *Adventure seeking* (búsqueda de aventuras)
- *Adultery* (adulterio)

La misma revista manifestaba que muchas veces, cuando en apariencia esa persona lo tiene todo, de repente las cosas parecen derrumbarse y todo se vuelve basura. ¿Realmente podemos catalogar como prosperidad la condición de un ser humano que está en la cima de su carrera, pero que se siente solo, deprimido e insatisfecho y cuya familia se va a la deriva producto de un adulterio? No lo creo.

EL ÉXITO A LA MANERA DE DIOS

Dios define la prosperidad y el éxito de maneras muy diferentes. Cuando Moisés murió, Josué lo sucedió y Dios quiso definirle el camino del éxito para que no se desviara y esto es lo que le dice:

Solamente sé fuerte y muy valiente; cuídate de cumplir toda la ley que Moisés mi siervo te mandó; no te desvíes de ella ni a la derecha ni a la izquierda, para que tengas éxito dondequiera que vayas. Este libro de la ley no se apartará de tu boca, sino que meditarás en él día y noche, para que cuides de hacer todo lo que en él está escrito; porque entonces harás prosperar tu camino y tendrás éxito (Jos. 1:7-8).

Para Dios, el éxito o la prosperidad dependen de la obediencia a Su Palabra. Josué debía aprender la ley, meditar en ella día y noche y obedecerla; solo entonces haría prosperar su camino y tendría éxito. Dios define la prosperidad de manera distinta al mundo y lo expresa en las siguientes palabras de Jesús: «Pues ¿qué provecho obtendrá un hombre si gana el mundo entero, pero pierde su alma? O ¿qué dará un hombre a cambio de su alma?» (Mat. 16:26). La prosperidad en este mundo suele significar fracaso en el reino de los cielos. Si Dios nos creó con un propósito y al final de nuestros días no hemos cumplido con ese propósito, ante los ojos de Dios somos un enorme fracaso.

Cuando alguien nos dice: «Eres un fracaso», esas son palabras mayores; pero cuando Dios nos dice: «Eres un fracaso porque no cumpliste con mis propósitos», estas palabras son de mayor peso aún.

En otras porciones de este libro, hemos establecido principios que están íntimamente relacionados con lo que es tener éxito a la manera de Dios. Cuando hablamos en el capítulo dos sobre la necesidad de tener un mundo interior organizado, lo que enseñamos contribuye a una vida de éxito espiritualmente hablando. Lo mismo podemos decir al hablar de cultivar una mente bíblica (cap. 3) o de vivir una vida con propósito (cap. 11) para la gloria de Dios (cap. 8). Por tanto, dedicaremos el resto de este capítulo para hablar de cómo no dejarnos seducir por el éxito.

SÉ UN SIERVO NO SEDUCIDO POR EL ÉXITO

La clave del hombre de Dios exitoso y no seducido por el éxito es su identidad en Cristo Jesús. En toda la historia no ha existido ni habrá un hombre más exitoso que Jesús. La Palabra de Dios dice que Él fue tentado en todo; sin embargo, el mundo no pudo seducirlo. Jesús tenía y tuvo una relación tan estrecha con Su Padre que ni las tentaciones ni el poder, ni los privilegios ni los infortunios pudieron desviarlo de Su curso. Tampoco necesitó de las cinco famosas «P» de las que hablamos antes para sentir que Su vida realmente era valiosa. En nuestra opinión, las siguientes palabras nos dejan ver lo que es un hombre fracasado ante los ojos del mundo, pero con el mayor éxito de acuerdo a los patrones de Dios:

Nació en una aldea aislada, hijo de una campesina. Nunca escribió un libro; nunca tuvo una posición. Nunca tuvo una familia ni poseyó una casa. No fue a la universidad. Nunca visitó una gran ciudad. Nunca viajó más allá de 200 millas de su lugar de origen. Nunca hizo las cosas que usualmente acompañan la grandeza. No tuvo ninguna credencial que no fuera Él mismo. Tenía solamente 33 años cuando la opinión pública se volvió en Su contra. Sus amigos lo abandonaron. Uno de ellos lo negó. Fue entregado a Sus enemigos y sometido a una burla de juicio. Fue clavado en una cruz entre dos ladrones. Diecinueve siglos han venido y pasado [hoy 20 siglos], y hoy es la figura central de la raza humana. Todos los ejércitos que han marchado, todas las flotas que han navegado, todos los parlamentos que se han convocado, todos los reyes que han reinado, todos juntos no han afectado la vida de los hombres en esta tierra tanto como esta vida solitaria.[102]

Comparemos esta historia con la de nueve hombres considerados en su momento los más ricos del mundo. En 1923, estas personas se reunieron en el hotel Edge Water Beach de la ciudad de Chicago en Estados Unidos. Se estimaba que su riqueza combinada superaba la del Gobierno de Estados Unidos en ese momento. A dicha reunión asistieron los siguientes hombres:

1. el presidente de la mayor empresa siderúrgica,
2. el presidente de la mayor empresa de servicios públicos,
3. el presidente de la mayor compañía de gas,
4. el presidente de la Bolsa de valores de Nueva York,
5. el presidente del Banco de Acuerdos Internacionales;
6. el mayor especulador de trigo,
7. el «oso» más grande de Wall Street,
8. el jefe del mayor monopolio del mundo y
9. un miembro del gabinete del presidente Harding.

Sin embargo, es triste ver lo que fue de ellos 25 años después (1948):

1. El presidente de la entonces mayor empresa siderúrgica (Bethle-hem Steel Corp.), Charles M. Schwab, vivió de capital prestado en sus últimos cinco años antes de morir en bancarrota.
2. El presidente de la entonces mayor compañía de gas, Howard

---

[102] James Allan Francis, *One Solitary Life* [Una vida solitaria], págs. 1–7 (1963), acceso el 10 de enero de 2017, http://www.bartleby.com/73/916.html.

Hubson, perdió la razón.

3. Uno de los mayores comerciantes de productos básicos (especulador de trigo), Arthur Cutten, murió insolvente.

4. El entonces presidente de la Bolsa de valores de New York, Richard Whitney, fue enviado a la cárcel.

5. El miembro del gabinete del presidente Harding, Albert Fall, fue indultado de la cárcel solo para poder irse a casa a morir en paz.

6. El mayor «oso» de Wall Street, Jesse Livermore, se suicidó.

7. El presidente del entonces monopolio más grande del mundo, Ivar Krueger, también se suicidó.

8. El presidente del Banco de Acuerdos Internacionales, Leon Fraser, también se suicidó.

9. El presidente de la mayor empresa de servicios públicos, Samuel Insull, murió sin dinero.[103]

Jesús conocía la historia de Salomón en el pasado y las futuras historias de estos nueve hombres y muchos otros más. Por eso enseñó estas palabras que el mundo aún no cree:

Uno de la multitud le dijo: Maestro, dile a mi hermano que divida la herencia conmigo. Pero Él le dijo: ¡Hombre! ¿Quién me ha puesto por juez o árbitro sobre vosotros? Y les dijo: Estad atentos y guardaos de toda forma de avaricia; porque aun cuando alguien tenga abundancia, su vida no consiste en sus bienes. También les refirió una parábola, diciendo: La tierra de cierto hombre rico había producido mucho. Y pensaba dentro de sí, diciendo: «¿Qué haré, ya que no tengo dónde almacenar mis cosechas?». Entonces dijo: «Esto haré: derribaré mis graneros y edificaré otros más grandes, y allí almacenaré todo mi grano y mis bienes. Y diré a mi alma: Alma, tienes muchos bienes depositados para muchos

---

[103] Fola Ojo, «Money by all means necessary? What a miserable life after all!», [¿Es necesario el dinero por todos los medios? ¡Qué vida miserable después de todo!], acceso el 12 de enero de 2017, http://bioreports.net/money-by-all-means-necessary-what-a-miserable-life-afterall-by-fola-ojo/.

años; descansa, come, bebe, diviértete». Pero Dios le dijo: «¡Necio! Esta misma noche te reclaman el alma; y ahora, ¿para quién será lo que has provisto?». Así es el que acumula tesoro para sí, y no es rico para con Dios (Luc. 12:13-21).

Esta parábola de Jesús nos enseña que la avaricia no es un pecado nuevo; es algo que ha acompañado al hombre desde sus inicios. El ser humano gasta más tiempo y energía construyendo una vida en un mundo temporal de lo que emplea en prepararse para la vida venidera. Ricos en esta tierra y pobres en el reino venidero. El éxito según Dios requiere lo siguiente:

• Alcanzar la vida eterna.
• Vivir una vida de obediencia y dependencia de Dios.
• Llenar el propósito para el cual fuimos creados.
• Pelear la buena batalla y terminar la carrera.
• Guardar la fe, como lo hizo el apóstol Pablo.

Después que Pablo escribe a su discípulo Timoteo acerca de cómo había vivido y de cómo había ya terminado de correr bien, escribe estas palabras que verdaderamente describen el éxito según Dios: «En el futuro me está reservada la corona de justicia que el Señor, el Juez justo, me entregará en aquel día; y no sólo a mí, sino también a todos los que aman su venida» (2 Tim. 4:8).

Mencionamos anteriormente que Jesús no permitió que nada ni nadie lo desviara del plan de Dios porque tenía su sentido de identidad bien claro como el Hijo de Dios y el Mesías encarnado. De esa misma forma, nosotros tenemos que recordar siempre esto:

• El éxito no define quiénes somos. Nuestra posición en Cristo sí.
• Lo que hacemos tampoco define quiénes somos; pero sí lo que Cristo hizo.
• El éxito nos puede costar caro; a veces nos cuesta todo.
• La mayoría viola su integridad en la escalera del éxito; por

tanto, no terminan bien.
- El éxito como resultado no es un pecado; su búsqueda como único objetivo sí lo es.

Salomón, aun con toda su sabiduría, no supo manejar el éxito. No fue simplemente que no supo manejar las riquezas, sino que tampoco supo manejar el éxito. Salomón fue (y seguirá siendo) el hombre más sabio que la humanidad caída haya tenido. Además, fue un hombre de negocios, arquitecto-constructor, millonario; fue un hombre que poseyó una flota de barcos, tuvo mil mujeres, se convirtió en un escritor y poeta famoso, fue músico y probó todo placer. No obstante, al final de sus días seguía vacío y esto lo llevó a dejarnos la siguiente recomendación:

La conclusión, cuando todo se ha oído, es esta: teme a Dios y guarda sus mandamientos, porque esto concierne a toda persona. Porque Dios traerá toda obra a juicio, junto con todo lo oculto, sea bueno o sea malo (Ecl. 12:13-14).

Al inicio de este capítulo, compartimos un par de definiciones sobre el éxito según los diccionarios, pero obviamente Dios inspiró la Biblia y no los diccionarios. Por tanto, la definición de Dios sobre el éxito es muy distinta a la que nos brindan los diccionarios seculares. Kent y Barbara Hughes definen el éxito según Dios de esta manera:

- El éxito es fidelidad.
- El éxito es servir.
- El éxito es amar.
- El éxito es creer.
- El éxito es oración.
- El éxito es santidad.
- El éxito es actitud.

Cada uno de estos enunciados representa un capítulo en el libro escrito por los esposos Hughes titulado *Liberating Ministry from The Success Syndrome* [Liberemos al ministerio del síndrome del éxito].[104] Los títulos de estos capítulos nos dejan ver por sí solos cuán diferente es la opinión de Dios sobre el éxito en la tierra.

REFLEXIÓN FINAL

Al final de este capítulo sobre la prosperidad y el éxito, creemos que vale la pena reflexionar sobre las palabras de Malcolm Muggeridge en un discurso pronunciado en 1985 con el título *«The Real Crisis of Our Time»* [La verdadera crisis de nuestro tiempo]. Muggeridge fue un periodista inglés, un intelectual que se autodenominó agnóstico la mayor parte de su vida, pero que finalmente se encontró con Jesús y en el año 1969 publicó su primer libro sobre Cristo titulado *Jesus Rediscovered* [Redescubrir a Jesús]. Estas fueron las palabras de ese analista social y gran intelectual:

Miramos hacia atrás en la historia y ¿qué vemos? Imperios que suben e imperios que descienden, revoluciones y contra-rrevoluciones que ocurren una detrás de la otra, acumulación de riquezas y disipación de esas mismas riquezas, una nación que domina y luego otra. Como el rey Lear de Shakespeare lo expresa, «la subida y la caída de los grandes que se mueven como las mareas causadas por la luna».

En una sola vida he visto a mis compatriotas [ingleses] gobernando sobre más de un cuarto del mundo, y la gran mayoría de ellos convencidos (en las palabras de lo que todavía es una canción favorita) que el Dios que los había hecho poderosos los haría más poderosos aún.

He oído a un enloquecido austríaco [refiriéndose a Hitler] anunciar el establecimiento de un Reich [o imperio alemán] que duraría 1000 años; escuché a un payaso italiano [refirién-

---

[104] Kent & Barbara Hughes, *Liberating Ministry From The Success Syndrome* [Liberemos al ministerio del síndrome del éxito] (Wheaton: Crossway, 2008).

dose a Mussolini] anunciar que el calendario comenzaría de nuevo con su ascenso al poder; he visto a un bandido asesino de la nación de Georgia [refiriéndose a Stalin] en el Kremlin aclamado por la élite intelectual como más sabio que Salomón, más ilustrado que Ashoka [emperador indio] y más humano que Marco Aurelio [emperador romano].

He visto a Estados Unidos más rico que el resto del mundo en su conjunto y con la superioridad de armamento que le hubiera permitido, si así lo hubiera deseado, superar a un Alejandro Magno o un Julio César en el alcance de sus conquistas. Todo se ha ido en un poco tiempo de vida; todo se ha ido con el viento: Inglaterra ahora forma parte de una isla de la costa de Europa, amenazada con más desmembramientos; a Hitler y a Mussolini se los ve como bufones; Stalin hoy es un nombre siniestro en el régimen que ayudó a fundar y que dominó totalmente durante tres décadas. Los estadounidenses se sienten perseguidos por el temor a quedarse sin el precioso líquido [petróleo] que mantiene rugiendo sus motores y por el smog que se sedimenta, por los recuerdos de una campaña militar desastrosa en Vietnam y los vientos de Watergate...

La cita continúa y Muggeridge termina haciendo la siguiente pregunta: ¿es este el verdadero sentido de la vida? Hace más de 30 años que Malcolm Muggeridge pronunció esas famosas palabras. Hoy vivimos tiempos posteriores y peores a esos descritos por Muggeridge en una época que ha sido llamado «era poscristiana»..., un momento cuando la influencia de los valores cristianos ya no juega un papel importante en las decisiones de la mayoría de las sociedades occidentales.

Es precisamente en momentos como estos cuando no podemos dejarnos seducir por el éxito ni por las ofertas del mundo ni por las artimañas del enemigo. Esto requerirá una vida cristocéntrica, una mente bíblica saturada por la Palabra y una orientación completamente vertical en toda nuestra vida.

Bibliografía

Adams, Linda. «Learning a New Skill is Easier Said Than Done». http://www.gordontraining.com/free-workplace-articles/learning-a-new-skill-is-easier-said-than-done/#.

Aristóteles. *Politics* (Parte IV), traducido por Benjamin Jowett. http://classics.mit.edu/Aristotle/politics.3.three.html.

Barclay, William. *The New Daily Study Bible: The Letters to the Philippians, Colossians, and Thessalonians,* edición revisada. Louisville: Westminster, 1975.

Bartholomew, Graig G. *Ecclesiastes (Baker Commentary on the Old Testament Wisdom and Psalms)* Tremper Longman III, ed. Grand Rapids: Baker Academic, 2009.

Blackaby, Henry T. & Roy T. Edgemon. *The Ways of God: How God Reveals Himself Before a Watching World.* Nashville: B&H Publishers, 2000.

Blackaby, Henry. *Spiritual Leadership.* Nashville: Broadman & Hollman Publishers, 2001.

Blamires, Harry. *The Christian Mind.* Regent College Publishing, 2005.

Blowe, Vendetta. *R.I.P.: Rebellion, Idolatry, Pride = A Spiritual Death Sentence.* Enumclaw: Pleasant Word, una división de WinePress Publishing Group, 2007.

Bruce, A. B. *The Training of the Twelve.* Grand Rapids: Kregel Publications, 1971.

Burglas, Steven. *The Success Syndrome: Hitting Bottom When You Reach The Top,* 1.ª edición. Nueva York: Springer, 1986.

Butler, John G. *Moses: The Emancipator.* Clinton: LBC Publications, 1996.

Calvino, Juan. *Institución de la religión cristiana.*

Carlyle, Thomas. *On Heroes, Hero-Worship, & the Heroic in History: Six Lectures.* Nueva York: Wiley and Putnman, 1846.

Carroll, Lewis. *Las aventuras de Alicia en el país de las maravillas.* Siglo xix Editores, 2012.

Chester, Tim. *You Can Change.* Wheaton: Crossway, 2010.

Ciampa, Roy E. *The First Letter to the Corinthians,* The Pillar New Testament Commentary. Grand Rapids: W. B. Eerdmans, 2010.

Clinton, Robert. *The Making of a Leader.* Colorado Springs: NavPress, 1988.

Colson, Charles. *The Problem of Ethics.* Charla impartida en la Escuela de Negocios de Harvard en abril de 1991.

Diccionario expositivo de palabras del Antiguo y del Nuevo Testamento de Vine. Nashville: Grupo Nelson, 2007.

Eisenhower, Dwight D. «The Best Dwight D. Eisenhower Quotes». Acceso el 11 de enero de 2017. https://www.brainyquote.com/quotes/quotes/d/dwightdei124736.html.

Engstrom, Ted W. *The Making of a Christian Leader.* Grand Rapids: Zondervan, 1978.

Farrar, Steve. *Finishing Strong.* Sisters: Multnomah Publishers, Inc., 1995.

Fee, Gordon. *The first Epistle to the Corinthians,* The New International Commentary on the New Testament. Grand Rapids: W. B. Eerdmans, 2014.

Foster, Richard. *The Celebration of Discipline,* 3.ª edición. San Francisco: HarperSanFrancisco, 1998.

Francis, James Allan. *One Solitary Life,* pp. 1–7 (1963). Acceso el 10 de enero de 2017. http://www.bartleby.com/73/916.html.

Garden, Allen. *Puritan Christianity in America.* Grand Rapids: Baker, 1990.

Garland, David E. *Philippians,* The Expositor Bible Commentary, edición revisada, Vol. 12. Grand Rapids: Zondervan, 2006.

Gellman, Marc. «How We See Sharon—and Israel». *Newsweek,* 9 de enero de 2005. Acceso el 14 de enero de 2017. http://europe.newsweek.com/how-we-see-sharon-and-israel-108309?rm=eu.

Harmon, Matthew. *Philippians: A Mentor Commentary.* Gran Bretaña: Christian Focus Publications, 2015.

Bibliografía

Hughes, Kent & Barbara. *Liberating Ministry From The Success Syndrome*. Wheaton: Crossway, 2008.

Hughes, Kent. *Disciplines of a Godly Man*. Wheaton: Crossway Books, 2001.

Hughes, Kent. *Philippians*. Wheaton: Crossway Books, 2007.

Inrig, Gary. *A Call to Excellence*. Wheaton: Victor Books, 1985.

Jones, Robert D. *Uprooting Anger*. Phillipsburg: P&R Publishing, 2005.

Keller, Timothy *Every Good Endeavor*. Nueva York: Penguin Group, Inc., 2012.

Kittel, Gerhard & Gerhard Friedrich. *Theological Dictionary of The New Testament*, en *doxa*. Grand Rapids: W. B. Eerdmans Publishing Company, 1985.

Lanem, Timothy S. & Paul David Tripp. *How People Change*. Greensboro: New Growth Press, 2008.

Lloyd Jones, Martyn. *Studies in the Sermon on the Mount*. Grand Rapids: Wm. B. Eerdmans Publishing Company, 1976.

Lutero, Martín. *Luther Lecture on Romans*. Editado por Wilhelm Pauck. Louisville: Westminster John Knox Press, 1961.

MacArthur, John. *Slave*. Nashville: Thomas Nelson, 2012.

Maxwell, John. *The 21 Indispensable Qualities of a Leader*, 2.ª edición. Nashville: Thomas Nelson, 2007.

McGrath, Alister E. *Reformation Thought: An introduction*, 4.ª edición. Hoboken: Wiley-Blackwell, 2011.

Miller, Darrow L. *LifeWork: A Biblical Theology for What You Do Every Day*. Seattle: YWAM Publishing, 2009.

Mohler, Albert. «The Scandal of Biblical Illiteracy: It's Our Problem». Christian Headlines.com. Acceso el 2 de enero de 2017. http://www .christianheadlines.com/columnists/al-mohler/the-scandal-of-biblical -illiteracy-its-our-problem-1270946.html.

Mohler, Albert. «The Way the World Thinks: Meeting the Natural Mind in the Mirror and in the Marketplace». En *Thinking, Loving, Doing*. Editado por John Piper and David Mathis. Wheaton: Crossway, 2011.

Montgomery Boice, James. *Romans,* Vol. 4. Grand Rapids: Baker Books, 1995.

Moreland, J. P. *Love Your God With All Your Mind.* Colorado: NavPress, 1997.

Morley, Patrick. *El hombre frente al espejo.* Grand Rapids: Zondervan, 2002.

Muggeridge, Malcolm. *A Twenty Century Testimony.* Nashville: Thomas Nelson, 1978.

Murray, Andrew. *Humility: The Beauty of Holiness.* Abbotsford: Aneko Press, 2016.

Naugle, David K. *Worldview: The History of a Concept.* Grand Rapids: W.B. Eerdmans Publishing Company, 2002.

Noll, Mark. *The Scandal of the Evangelical Mind.* Grand Rapids: Eerdmans 1995.

Northouse, Peter G. *Leadership: Theory and Practice*, 7.ª edición. Thousand Oaks: SAGE Publications, Inc., 2015.

O' Donnell, Douglas Sean. *Ecclesiastes: Reformed Expository Commentary*. Phillipsburg: P&R Publishing, 2014.

Ojo, Fola. «Money by all means necessary? What a miserable life after all!». Acceso el 12 de enero de 2017. http://bioreports.net/money-by-all-means-necessary-what-a-miserable-life-afterall-by-fola-ojo/.

Paliwoda, Daniel. *Melville and the Theme of Boredom.* Jefferson: McFarland & Company, Inc., Company, 2010.

Pentecost, J. Dwight. *The Joy of Living: A Study of First John.* Grand Rapids: Lamplighter Books, 1973.

Piper, John. «Books Don't Change People, Paragraphs Do». *Desiring God,* 16 de julio de 2013. Acceso el 9 de enero de 2017. http://www.desiringgod.org/articles/books-don-t-change-people-paragraphs-do.

Piper, John. *John G. Paton: You will be eaten By Cannibals!* Minneapolis: Desiring God, 2012. http://www.desiringgod.org/books/john-g-paton.

Piper, John. «La batalla contra el alma y la gloria de Dios». Predicado el 22 de mayo de 1994. Transcripción y audio disponible en: http://www .desiringgod.org/messages/the-war-against-the-soul-and-the-glory-of -god?lang=es.

Ramachandra, Vinoth. *Gods that fail.* Westmont: InterVarsity Press, 1996.

Ryken, Phillip Graham. *Exodus.* Wheaton: Crossway Books, 2005.

Ryken, Phillip Graham. *Galatians, Reformed Expository Commentary.* Phillipsburg: P & R Publishing, 2005.

Sanders, Oswald. *Spiritual Leadership.* Chicago: Moody Press, 1994.

Scazzeno, Peter. *The Emotionally Healthy Leader.* Grand Rapids: Zondervan, 2015.

Schopenhauer, Authur. *The World as Will and Representation.* Nueva York: Dover Publications,Inc., 1958.

Seifrid, Mark A. *The Second Letter to the Corinthians.* Grand Rapids: W. B. Eerdmans Publishing Company, 2014.

Spurgeon, Charles. *John Ploughman's Talk,* 1898.

Spurgeon, Charles. «The Heart of The Gospel». *Sermón* (n.° 1910) predicado en la mañana del Día del Señor, el 18 de julio de 1886, en la iglesia Metropolitan Tabernacle de Newington, Londres. www.spurgeon.org /sermons/1910.php.

Stott, John. *La fe cristiana frente a los desafíos contemporáneos.* Grand Rapids: Libros Desafío, 2002.

Swindoll, Charles. *Diario de un viajero desesperado.* Miami: Editorial Betania, 1989.

Swindoll, Charles. *The Tale of The Tardy Oxcart.* Nashville: Thomas Nelson, 1998.

Thielman, Frank. *Ephesians.* Grand Rapids: Baker Academics, 2010.

Tozer, A. W. «The Great God Entertainment». En *The Best of A. W. Tozer.* Baker Book House, 1978.

Tozer, A. W. *The Root of the Righteousness.* Chicago: Moody Publishers, 2015.

Tozer, A. W. «The Saint Must Walk Alone». En *The Best of A. W. Tozer*. Baker Book House, 1978.

Verbrugge, Verlyn D. *The Expositor Bible Commentary* (1 Corinthians), Tremper Longman III & David E. Garland. Grand Rapids: Zondervan, 2008.

Washer, Paul. *The Gospel's Power & Message*. Grand Rapids: Reformation Heritage Books, 2012.

Welch, Edward T. *When People Are Big and God Is Small: Overcoming Peer Pressure, Codependency, and the Fear of Man*. Phillipsburg: P & R Publishing, 1997.

Wiersbe, Warren. *On Being a Servant of God*. Grand Rapids: Baker Books, 2007.

Wiersbe, Warren. *Ten Power Principles for Christian Service*. Grand Rapids: Baker Books, 2008.

Wiersbe, Warren. *Ephesians through Revelation,* The Bible Exposition Commentary, Vol. 2. Colorado Springs: Victor, Cook Communications Ministries.

Willard, Dallas. *Renovation of the Heart: Putting on the Character of Christ*. Colorado Springs: NavPress, 2002.

Williams, Ray. «The decline of fatherhood and the male identity crisis». *Psychology Today*, 19 de junio de 2011. Nota: el autor estaba citando estadísticas de *Fatherless America* por David Blankenhorn.

Zacharias, Ravi. *Jesus Among Other Gods*. Nashville: W. Publishing Group, 2000, citando a Henry Parry Liddon, *Liddon's Bampton Lectures 1866*. Londres: Rivingtons, 1869.

Zacharias, Ravi. «Living an Apologetic Life», publicado por Ravi Zacharias International Ministries, 18 de octubre de 2003. Acceso el 11 de enero de 2017. http://rzim.org/just-thinking/living-an-apologetic-life.